GOLDMANN KLASSIKER
Band KL 130

Quintilian. Über Pädagogik und Rhetorik

Quintilian

Über Pädagogik und Rhetorik

Eine Auswahl
aus der »Institutio oratoria«

Übertragen, eingeleitet und erläutert
von Marion Giebel

WILHELM GOLDMANN VERLAG
MÜNCHEN

Umschlagbild: Lehrer und Schüler. Ausschnitt aus einem römischen Sandsteinrelief der Zeit um 190 n. Chr., früher auf einem Grabmal in Neumagen an der Mosel, jetzt im Landesmuseum Trier.

70410 · Made in Germany · I · 1110
 Umschlagentwurf: Ilsegard Reiner. Umschlagfoto: Staatsbibliothek Berlin, Bildarchiv. Gesetzt aus der Linotype-Garamond-Antiqua. Druck: Presse-Druck Augsburg. Verlagsnummer: KL 130 · MV/Hu
ISBN 3-442-12130-2

INHALT

EINLEITUNG

1. Der römische Redner und sein Wirkungskreis

Quintilians *Institutio oratoria*, die Erziehung zum Redner, stellt einen Lehrgang der rednerischen Ausbildung im Rahmen eines umfassenden Erziehungs- und Bildungssystems dar. Sie vertritt das Bildungsziel der römischen Welt, den jungen Römer zu einem vollkommenen Redner zu machen. Im Mittelpunkt seiner Ausbildung steht die Rhetorik, die Kunst, eine Rede wirkungsvoll und überzeugend zu gestalten. Der Redner erscheint als der Grundtypus des römischen Menschen, und wir werden, vom zielorientierten Titel der *Institutio* ausgehend, nach dem gesellschaftlichen Rahmen der rednerischen Wirksamkeit zu fragen haben, um das rhetorische Bildungsziel in seiner Ausprägung wie in seiner Bedeutung zu erkennen.

Der Redner ist – dem ursprünglichen Sprachgebrauch des Wortes *orator* entsprechend – der politisch handelnde Bürger, der in den öffentlichen Angelegenheiten das Wort ergreift. Und da die Teilnahme an der *res publica*, der »gemeinsamen Sache«, die Pflicht jedes römischen Bürgers war, hatte jeder auch als Redner aufzutreten. Von den Anfängen Roms bis in die Kaiserzeit war die politische Tätigkeit in der ehrenamtlichen Verwaltung der Staatsämter der einzige legitime Weg für den Römer, zu Ansehen und Einfluß zu gelangen. Er durchlief die Ämterlaufbahn von der Quästur möglichst bis zum Konsulat und nahm einen Sitz im Senat ein. Dabei hatte er zum Volk und zum Senat zu sprechen. Er stellte sich in der Volksversammlung den Wählern als Bewerber um ein Staatsamt vor und suchte ihre Gunst zu gewinnen. Als Beamter unterrichtete er das Volk über die Innen- und Außenpolitik, befürwortete Gesetzesanträge und sprach sich für oder gegen die Wahl eines Kandidaten aus. Im Senat gab der Römer seine Stimme *(sententia)* ab und nahm zu politischen Fragen Stellung. In der politischen Debatte war er bestrebt, die Stimmenmehrheit auf sich zu vereinen.

Daneben gab es einen weiteren Bereich, der in besonderem Maße rednerische Fähigkeiten erforderte: das Auftreten als Anwalt vor Gericht. Das politische Leben Roms beruhte auf einem dichtverzweigten Netz von Verbindungen der einzelnen Adelsfamilien untereinander. Man leistete einander Beistand vor Gericht, wenn etwa, was nicht selten vorkam, einer der adligen Standesgenossen wegen Wählerbestechung oder Übergriffen als Provinzstatthalter angeklagt war. Außerdem besaß jede Adelsfamilie ihre Klientel, eine Anzahl von Leuten geringeren Standes, die sich unter ihren Schutz begeben hatten. Es gehörte zu den Pflichten des Patrons, seine Schutzbefohlenen vor Gericht zu vertreten. Die Prozesse hatten ebenso wie die Volksversammlung öffentlichen Charakter, sie wurden unter freiem Himmel im Herzen der Stadt, auf dem Forum Romanum, verhandelt. Dort sprach der Redner von den Rostra herab zum Volk, dort hielt er auch sein Plädoyer, von einer zahlreichen Zuhörermenge umringt. Hier enthüllte Cicero dem Volk die Verschwörung des Catilina und trat für die Erteilung eines Kommandos an Pompeius ein, hier klagte er Verres, den räuberischen Statthalter Siziliens, an und verteidigte den wegen politischen Mordes angeklagten Milo.

Außerdem hatte sich der erfolgreiche römische Politiker als Truppenführer zu bewähren. Die Rede des Feldherrn an die Soldaten belebte nicht nur ihren Mut in der Schlacht, sie war auch – man denke an Caesar – ein wirkungsvolles Mittel, um eine persönliche Bindung der Truppe an den Befehlshaber zu schaffen.

Wer also im öffentlichen Leben eine Rolle spielen wollte, mußte die Kunst der Rede beherrschen. Dies erklärt, warum die Rhetorik, die Wissenschaft, gut und überzeugend zu reden, in der römischen Erziehung und Bildung eine zentrale Stellung einnimmt: Sie bezieht sich auf die gesamte politische und gesellschaftliche Existenz des Römers, und die rhetorische Erziehung schafft eine gemeinsame geistige Ebene für alle Gebildeten Roms und des gesamten römischen Reiches.

2. Die Geschichte der Rhetorik in Griechenland

Ihren Anfang hatte die kunstmäßige Beredsamkeit, die sich im Lauf der Zeit zu einem umfangreichen System entwickeln sollte, in der griechischen Welt des 5. Jahrhunderts v. Chr. genommen. Nach der Aussage des Aristoteles waren die sizilischen Griechen Teisias und Korax die ersten, die Grundregeln des Redens formulierten.

Die Rhetorik wurzelt in der politischen Situation der griechischen

Polis. Nach der Vertreibung der Tyrannen in den Griechenstädten Siziliens und im Mutterland entstand die griechische Polisdemokratie, die der Rede ein weites Betätigungsfeld bot. Jeder freie Bürger konnte sich in der Volksversammlung politisch äußern, er mußte Rechenschaft ablegen über seine Amtsführung und hatte, da es keine Berufsanwälte gab, seine Sache vor Gericht selbst zu vertreten. Um seine Argumente wirksam vorzubringen, bediente er sich der Erfahrungsgrundsätze, die Teisias und Korax und deren Nachfolger boten.

Wesentliche Impulse erhielt die Redekunst durch die Sophisten, die als Lehrer einer praktischen, im öffentlichen Leben anzuwendenden Lebensweisheit auftraten. Sie waren die ersten, die Rhetorik berufsmäßig lehrten. Einer ihrer bedeutendsten Vertreter, Gorgias, definierte die Rede als Mittel der Überredung und als Werkzeug der politischen Einflußnahme. Um ihre Wirkung zu erhöhen, erfand er einen besonders effektvollen Stil, die gorgianische Kunstprosa. Seinem Einfluß ist es zuzuschreiben, daß die Redner nun besonderen Wert auf eine gewählte, kunstvolle Ausdrucksweise legten.

Die sophistische Bildung war in der Hauptsache rein formal, ihr Maßstab allein der Nutzen, nicht das sachlich Wahre oder das ethisch Richtige. Die Sophisten versprachen zu lehren, wie man mit Hilfe der Rede die schwächere Sache zur stärkeren machen könne. Die daraus entstehenden Gefahren sah Platon besonders deutlich, er hielt die Rhetorik für eine Unglückskunst, sofern sie nicht auf Wahrheit und Gerechtigkeit gegründet sei. Nur eine philosophische Redeweise vermochte er gelten zu lassen, die allein der Wahrheitsfindung diente. In seinem Dialog *Gorgias* entlarvte er das Scheinwissen der Sophisten und warnte vor den skrupellosen Machtmenschen in ihrem Gefolge.

Bei Isokrates, der als Redelehrer im Athen des 4. Jahrhunderts wirkte, bildete die Rhetorik den Kern des Ausbildungssystems. Er suchte in seiner Schule eine ganzheitliche, auf das Leben in der Polis bezogene Erziehung zu verwirklichen: εὖ λέγειν und εὖ πράττειν, gut zu reden und gut zu handeln, sollten seine Schüler lernen. Seine Rhetorik ist ethisch bestimmt; das Nützliche ist, so korrigiert er das sophistische Lernziel, auf längere Zeit nur wirklich nützlich, wenn es mit dem Guten und dem Gerechten verbunden ist. Der erzieherisch-rationale, praktische Charakter seiner Beredsamkeit hat mittelbar wie unmittelbar großen Einfluß ausgeübt.

Aristoteles klassifizierte die Rhetorik als im wesentlichen formale Disziplin, er konstatierte ihre ethische Indifferenz und beschäftigte sich hauptsächlich mit der Logik ihrer Beweise sowie mit ihren psychologischen Grundlagen. Die Einwirkung auf die Gefühle der Hörer nimmt dem Überzeugungs- und Beeinflussungscharakter der Rede entsprechend als Lehre von den Affekten einen zentralen Platz in der Redetheorie ein, sie wird von Aristoteles grundsätzlich formuliert.

Seine Schüler, die Peripatetiker, beschäftigten sich vor allem mit dem Stil der Rede. Sie analysierten die Werke der Literatur, um daraus Regeln für einen guten Stil abzuleiten, und bezogen damit die Literaturkritik in die Rhetorik ein.

Die Redekunst war von ihren Anfängen an mit den politisch-gesellschaftlichen Zuständen verknüpft. Zur Zeit der Polisdemokratie befand sie sich auf dem Höhepunkt; als die griechischen Stadtstaaten ihre Selbständigkeit verloren und im Reich Philipps von Makedonien aufgingen, war die Macht der freien Rede gebrochen. Der größte Redner Griechenlands, Demosthenes, der in seinen *Philippischen Reden* ganz Hellas zum Freiheitskampf gegen Makedonien aufgerufen hatte, büßte seinen Einsatz mit dem Tode.

Im Zeitalter des Hellenismus zog sich die Beredsamkeit aus der großen Politik in die Schulstube zurück. Sie wurde zur Fachdisziplin, die dogmatisch in immer kompliziertere Systeme eingeteilt und an Hand meist recht trockener Lehrbücher gelehrt wurde. In dieser Zeit kam der Brauch auf, erfundene Themen und Streitfragen abzuhandeln, die Praxis der Deklamation entstand, des schulmäßigen Vortrags einer Rede vor einem Publikum, das nicht belehrt, sondern unterhalten werden sollte.

Die Rhetorik hatte ihre öffentliche Wirksamkeit eingebüßt, doch verhalf ihr das Zeitalter des Hellenismus zu einer neuen Blüte, als sie Eingang in das griechische Erziehungssystem fand.

3. Erziehung und Rhetorik

Die griechische Bildung der Poliszeit war auf das Ideal der Kalokagathie gegründet, einer Harmonie von körperlicher Schönheit und sittlichem Adel, die in den berühmten Bildwerken der Epoche ihren Ausdruck fand. Die Zeit des Hellenismus war geprägt von der Idee einer universalen Bildung, der ἐγκύκλιος παιδεία. In ihr waren Vernunft und Sprache die höchsten Güter: νοῦς und λόγος, was

Cicero sehr einprägsam mit *ratio* und *oratio* wiedergibt (*De inventione* I 2). Der Geist ist das Kriterium des Menschen, und er findet durch die Sprache seinen Ausdruck. In ihr verhält sich der Mensch geistig ordnend und wirkend der Welt gegenüber, die Sprache ist es, die ihn über alle anderen Geschöpfe erhebt, sie ist das besondere Geschenk der Gottheit an den Menschen. Vor allem stiftet die Sprache Gemeinschaft, dies verleiht den literarischen Fächern einen höheren Rang als dem esoterischen Fachwissen der Naturwissenschaften. Diese im griechischen wie im römischen Sprachraum vertretene Überzeugung erklärt, daß die antike Kultur eine primär sprachliche war; in ihr mußte der Rhetorik als der Wissenschaft von der Beherrschung der Sprache eine besondere Rolle zukommen.

Die ἐγκύκλιος παιδεία umfaßte die Fächer Grammatik, d. h. Sprach- und Literaturwissenschaft, Rhetorik, Dialektik, Geometrie, Arithmetik, Astronomie, Musik. Daraus entwickelte sich das abendländische Bildungssystem der Sieben freien Künste, der *artes liberales,* d. h. der eines freien Mannes würdigen geistigen Beschäftigungen. Das Wort ἐγκύκλιος bezeichnet die Bildung jedoch in keiner Weise als eine enzyklopädische im heutigen Sinne, sie hatte vielmehr propädeutisch-bildenden Charakter und war auf eine ganzheitliche Erziehung des Menschen, auf eine Ausbildung seiner intellektuellen und ethisch-sozialen Fähigkeiten ausgerichtet.

Als die Römer im 2. Jahrhundert vor Christus auf die hellenistischen Länder des Mittelmeeres ausgriffen und Griechenland eroberten, kamen sie in engere Berührung mit griechischer Bildung, mit Kunst, Literatur und Philosophie:

> *Graecia capta ferum victorem cepit et artes*
> *intulit agresti Latio –*

das eroberte Griechenland bezwang seinerseits den rauhen Sieger, indem es seine Kultur in Rom einführte (Horaz, *Episteln* II 1, 156 f.). Griechen kamen als Lehrer nach Rom, und die griechischen Bildungsinhalte fanden Aufnahme in die Erziehung des jungen Römers. Diese war bis zu dieser Zeit ganz von der persönlichkeitsbildenden Kraft des Vorbildhaften aus der Umgebung des jungen Menschen bestimmt.

Bis zum Jugendalter befand sich das Kind in der Obhut der Eltern, die ihm aus dem lebendigen römischen Erfahrungsschatz, den *exempla,* ihre Belehrungen zuteil werden ließen und ihm die traditionellen Werte, den *mos maiorum*, vermittelten: *religio* und *pietas,* das rechte Verhalten gegenüber den höheren Mächten und den Angehörigen. Bis zum siebten Lebensjahr blieb das Kind der Mutter anvertraut, dann leitete der Vater die Erziehung. Gleichzeitig besuchten die Kinder – und zwar Knaben wie Mädchen – die Elementarschule beim *magister ludi,* wo sie Lesen, Schreiben und Rechnen lernten. Ein griechischer Hauslehrer erteilte sehr früh schon Griechischunterricht. Mit etwa zwölf Jahren gingen die Kinder vom Grundunterricht auf eine weiterführende Stufe über. Der *grammaticus,* der Sprach- und Literaturlehrer, betrieb Grammatik und hielt in die Rhetorik einführende Übungen. Außerdem wurde – freilich in beschränktem Maße – der Fächerkanon der *artes liberales* gelehrt.

Die weitere Ausbildung des jungen Römers vollzog sich in der Form der *deductio,* einem auf persönliche Autorität gegründeten Formungsprozeß: Der Vater brachte seinen Sohn zu einem angesehenen Politiker, der sich durch Rechtskenntnis und Beredsamkeit auszeichnete und in dessen Gefolge er Zeuge des praktischen Wirkens der führenden Persönlichkeiten auf dem Forum und im Senat wurde. So lernte der junge Mann das politische Leben und die Gerichtspraxis aus eigener Anschauung kennen und wurde heimisch in der Welt, in der er einmal eine Rolle zu spielen hatte.

Die Schule ging also über in das *tirocinium fori,* die Lehrzeit auf dem Forum. Zu dieser Ausbildung, die Theorie und Praxis in ausgewogener Weise vereinte, kam oft noch ein Studienjahr in Griechenland bei namhaften Lehrern der Philosophie und Rhetorik. Dabei konnte man nicht nur seine theoretischen Grundlagen vertiefen, man konnte sich auch, wie das Beispiel Ciceros zeigt, eine gereiftere Vortragsweise aneignen.

Etwa seit der Wende zum 1. vorchristlichen Jahrhundert hatte das griechische Erziehungssystem die altrömische Ausbildung verdrängt. Es entstanden lateinische Rhetorenschulen, die die jungen Leute nach Abschluß ihrer bisherigen Schulzeit besuchten. Der Unterricht entsprach in der Form einem College- bzw. Hochschulstudium und umfaßte die Theorie der Rhetorik sowie Redeübungen, oft auch Philosophie. Diese Ausbildung wurde von den Römern vielfach mit Mißtrauen angesehen und getadelt, da sie zu wenig praxisbezogen sei; sie entsprach jedoch den gewandelten Anschauungen einer neuen Zeit, die auf Wissenschaft und Bildung ausgerichtet war, und trug den politisch-gesellschaftlichen Veränderungen Rechnung, die sich mit dem Prinzipat ergaben.

4. Die Entwicklung der Redekunst in Rom

Die kunstmäßige Beredsamkeit, die mit den Kunst- und Bildungsgütern Griechenlands nach Rom gekommen war, brauchte dort einige Zeit, um ihre Wirksamkeit zu entfalten. Man sah in den politisch entmachteten Griechen mit ihrer nicht auf die römische Praxis bezogenen Gelehrsamkeit keine geeigneten Lehrer für die Herren des Imperiums. Stolz einerseits und Unterlegenheitsgefühl andererseits ließen den Topos vom Gegensatz griechischer Theorie und römischer Praxis entstehen, den Cicero zugunsten einer Verschmelzung beider Standpunkte aufzuheben trachtete.

Schon vor der Begegnung mit der Redekunst Griechenlands hatte es in Rom große Redner gegeben, wie Marcus Porcius Cato, den Censor, der durch sein Votum für die Zerstörung Karthagos heute noch bekannt ist. Er hatte u. a. für seinen Sohn eine Abhandlung über Rhetorik verfaßt. Um die Wende zum 1. Jahrhundert treffen wir dann auf eine Reihe berühmter Redner, die eine theoretische Grundlage ihres Redens erkennen lassen, so z. B. Marcus Antonius, den Großvater des gleichnamigen Triumvirn, und Lucius Crassus, die Cicero in seinem Werk *De oratore (Vom Redner)* auftreten läßt. Es erscheinen auch die ersten lateinischen Handbücher, erhalten ist uns die *Rhetorik an Herennius*, die Schrift eines unbekannten Autors aus der Jugendzeit Ciceros, und schließlich dessen erstes rhetorisches Werk, *De inventione (Von der rednerischen Erfindungskunst)*. Dieses Jugendwerk Ciceros zeigt bereits deutlich, daß es ihm um mehr als um eine bloße Übernahme griechischen Gedankenguts geht: Er will ein Rednerideal schaffen, in dem sich Griechisches und Römisches zu einer Einheit verbinden. Der *doctus orator* ist das Ideal, das er in seinen rhetorischen Schriften *De oratore, Brutus, Orator (Der Redner)* aufstellt: der römische Bürger und Staatsmann, der umfassende Kenntnisse in allen Künsten und Wissenschaften besitzt und vor allem philosophisch gebildet ist. Diesem hohen Anspruch wurde er selbst gerecht, indem er praktisch-politische Beredsamkeit mit Bildung und einer philosophischen Haltung verband. Das von Platon aufgeworfene Problem des Verhältnisses zwischen der Rhetorik und den Grundsätzen der Moral ist in Ciceros Ideal aufgehoben. Die ethische Grundhaltung des Römers gegenüber der *res publica* sowie die Pflicht des Patrons, zum Schutz der Schwachen aufzutreten, die Schlechten anzuklagen und die Bedrängten zu verteidigen, verbietet jeden Mißbrauch von selbst.

Redekunst ist für Cicero auf die Person des Redners bezogen, sie entfaltet sich auf dem Hintergrund der *dignitas*, des Ansehens, das dieser aufgrund seines Wirkens in der *res publica* genießt und das er bei jedem Auftreten in die Waagschale wirft. Nicht ohne Grund haben Ciceros drei Hauptwerke über die Rhetorik die Person des Redenden und nicht die *ars* als Titel. So setzte er auch selbst in seinen Reden seine Persönlichkeit zugunsten seines Klienten oder seiner politischen Überzeugung ein, und der häufige Verweis auf seine Erfolge im politischen Leben ist kein Selbstlob, sondern ein legitimes Mittel, um Glaubwürdigkeit zu gewinnen.

In Cicero erreichte die römische Beredsamkeit ihren Höhepunkt. Man hat seine Reden schon zu seinen Lebzeiten mit denen des Demosthenes verglichen; Ciceros Ende bewies, daß dieser Vergleich auch für das Leben beider Redner gilt: Auch der Römer starb als ein Opfer seiner politischen Überzeugung, der er in seinen *Philippischen Reden* gegen Marcus Antonius Ausdruck verliehen hatte, und die von ihm so leidenschaftlich verfochtene *libera res publica* starb mit ihm.

Wie in Griechenland bedeutete der Verlust der bürgerlichen Selbstbestimmmung auch in Rom das Ende der großen Redekunst, die unter den mehr und mehr tyrannisch regierenden Kaisern des julisch-claudischen Hauses ihren Freiheitsraum verlor und zur Dienerin der Mächtigen wurde. Wie im Griechenland des Hellenismus zog sich die Beredsamkeit in die Schule zurück und pflegte dort eine rhetorische Übung, die ursprünglich als Vorbereitung auf die öffentliche Redetätigkeit gedient hatte: die Deklamation. Sie verlor in kurzer Zeit ihren propädeutischen Charakter und wurde zum Selbstzweck, zum künstlerischen Vortrag. Es gab zwei Arten von Deklamationen, die *controversiae*, Reden über einen fingierten Rechtsfall, und die *suasoriae*, Beratungsreden, in denen einer historischen Person in einer Entscheidungssituation ein Rat erteilt wurde. An den uns überlieferten Themen der Deklamationen kann man erkennen, wie lebensfremd diese Reden waren: In den Suasorien wurde z. B. Hannibal beraten, ob er auf Rom marschieren solle, oder man malte sich aus, Cicero sei vor die Möglichkeit gestellt, von Marcus Antonius sein Leben zu erkaufen, indem er seine *Philippischen Reden* verbrannte, und man gab ihm entweder den Rat, dies zu tun und so dem Nützlichen zu folgen oder das Ehrenhafte und damit den Tod zu wählen. In den *controversiae*, der beliebteren Art, war von grausamen Vätern die Rede, die ihre Söhne dem Gericht überantworteten, von Giftmord durch rasende Stiefmütter, von entehrten Jungfrauen und der Gefangennahme durch Seeräuber. Die bunte, abenteuerliche Welt der Deklamationen diente der Unterhaltung der Gebildeten und schuf einen willkommenen Kontrast zum grauen und eintönigen Leben unter der Alleinherrschaft eines Princeps. Durch Förderung der Rhetorenschulen und Auszeichnung der Lehrer waren die Herrscher darauf bedacht, diese Insel der Phantasie zu erhalten. So durfte auch das Thema des Tyrannenmordes diskutiert werden, während freimütige Äußerungen in der Öffentlichkeit nicht erwünscht waren.

Die unrealistischen und theatralischen Themen wurden in einem entsprechend überladenen und effektvollen Rede- und Vortragsstil dargeboten. Der Rhetoriklehrer trat wie ein Schauspieler auf, und das Publikum spendete ihm Beifall, wenn eine Stelle besonders gelungen war. Besonderen Schmuck erhielten die Deklamationen durch die überreiche Verwendung von Sentenzen, geschliffenen, pointierten Aussprüchen, die wichtiger waren als ein logischer Aufbau und eine klare Durchführung. Man schrieb sie auf und verbreitete sie zum Ruhme des Rhetors und seiner Schule.

Die einsichtsvollsten Geister der Zeit erkannten bald, daß das Unwesen der Deklamationen und die Freude an einem übertriebenen, affektierten Stil das Zeichen einer allgemeinen Dekadenz waren. Seneca nimmt in seinen Briefen auf das griechische Sprichwort Bezug: »Der Mensch redet, wie er lebt« und fährt fort: »Überall, wo du siehst, daß man an einer entarteten Redeweise Gefallen findet, kannst du mit Sicherheit auch auf einen Sittenverfall schließen. Wie der Luxus der Gastmähler und der Mode Merkmale eines kranken Staatslebens sind, so bezeugt die Willkür des Stils, ist sie einmal in weite Kreise gedrungen, den Verfall des Geistes, denn er ist es ja, der die Rede hervorbringt« (*ep.* 114, 11; vgl. Quintilian XI 1, 30).

Der Niedergang der Beredsamkeit und das Problem der literarischen Dekadenz, bei dem sich Ethik und Ästhetik in enger Verbindung zeigen, wurden auch in der Folgezeit diskutiert, am tiefgründigsten im Rednerdialog des Tacitus. Man machte verschiedene Ursachen für diese Erscheinung verantwortlich, vor allem einen allgemeinen Sittenverfall, und dem neu erwachten Erziehungsoptimismus des flavischen Zeitalters entsprach es, die Mängel der Erziehung im privaten und schulischen Bereich dafür verantwortlich zu machen. Ausschlaggebend war die veränderte politische Situation der Kaiserzeit, was Tacitus auch klar zum Ausdruck bringt. Freilich kann man hier nicht von zwei Betrachtungsweisen sprechen, einer individuell-moralischen und einer politisch-gesellschaftlichen. Beides war in antiker Sicht stets miteinander verbunden. Die Monarchie war eine Folge des mangelnden Gemeinsinnes und des hemmungslosen Machtstrebens einzelner, die den Staat in eine Krise gestürzt und ihn Caesars Diktatur ausgeliefert hatten. Der Verfall der Sitten hat die gewandelte politische Situation erst heraufgeführt. So sah es schon Cicero, und ein griechischer Schriftsteller des 1. Jahrhunderts n. Chr., der sogenannte Longinos, schreibt: »Aber sieh, es ist nicht die Befriedung des Erdkreises, was die Menschen verdirbt, sondern weit mehr dieser grenzenlose Krieg unserer Begierden und Leidenschaften, die das Leben zugrunde richten. Vielleicht ist es für Menschen wie uns besser, beherrscht zu werden als frei zu sein, sonst würden die unersättlichen Begierden, wie aus einem Kerker entwichen, die ganze Welt überfluten« (*Über das Erhabene* 44, 6; 10). Auch im Rednerdialog des Tacitus wird die Meinung vertreten, daß man sich die turbulenten Zustände, die die Republik immer wieder in Bürgerkriegswirren gerissen hatten, guten Gewissens nicht zurückwünschen könne, obwohl sie der Nährboden für die große Redekunst gewesen waren. Wenn man die Redekunst nicht überhaupt verloren geben wollte, wie Tacitus, gab es nur den Weg einer Erneuerung von innen heraus, die auf die Persönlichkeit des Redners gerichtet war und diesen zum Träger einer Neuorientierung des öffentlichen Lebens zu machen versuchte.

5. Quintilian und sein Werk

Einen solchen Weg der Erneuerung versuchte Marcus Fabius Quintilianus zu beschreiten. Auch er hatte sich mit den Ursachen für den Verfall der Beredsamkeit auseinandergesetzt – seine Schrift *De causis corruptae eloquentiae (Von den Ursachen des Verfalls der Beredsamkeit)* ist verloren – und wollte durch ein neues Rede- und Rednerideal die Schäden seines Zeitalters heilen helfen.

Er war um das Jahr 30 n. Chr. als Sohn eines Redelehrers in Calagurris (heute Calahorra, am oberen Ebro) in Spanien geboren, das Rom so bedeutende geistige Persönlichkeiten wie Seneca, Lucan und Martial schenkte. Nach seiner Ausbildungszeit in Rom hatte sich Quintilian in seiner Heimat als Anwalt und Lehrer niedergelassen. Kaiser Otho holte ihn 68 nach Rom, und er wirkte dort einundzwanzig Jahre lang als Redelehrer und Leiter einer Schule.

Er war der einflußreichste Lehrer der Hauptstadt und zählte viele bedeutende Männer zu seinen Schülern, z. B. Plinius, Juvenal, vielleicht auch Tacitus. Sein Landsmann Martial rühmt ihn (*Epigramme* II 90, 1–2) als Lehrer der Jugend:

Quintiliane, vagae moderator summe iuventae,
Gloria Romanae, Quintiliane, togae.

Quintilian, du bester Lehrer der unbeständigen Jugend,
Quintilian, du Stolz der römischen Toga.

Kaiser Vespasian übertrug Quintilian den ersten staatlich besoldeten Lehrstuhl für Rhetorik, Domitian übergab ihm die Erziehung der Thronfolger und zeichnete ihn mit dem konsularischen Rang aus. Als er sich von seiner Lehr- und Anwaltstätigkeit zurückgezogen hatte, faßte er die Grundsätze seines erzieherischen Wirkens in seinem Hauptwerk zusammen, das er *Institutio oratoria*, Ausbildung des Redners, nannte. Es umfaßt zwölf Bücher und ist das ausführlichste rhetorische Handbuch der Antike.

Das Werk ist nach dem Schema der hellenistischen Einführungsschriften gegliedert und behandelt folgende Gebiete:

Buch I und II, 1–10: Erziehung des Kindes und erster Unterricht;

Buch II, 11 – Ende: Definition der Rhetorik;

Buch III–VII: technische Unterweisung; Behandlung der Rede und ihrer Teile;

Buch VIII–X: Fragen des Stils, Lektüre;

Buch XI: Fragen des Vortrags (Gedächtnis, Gestik);

Buch XII: Das Bild des vollkommenen Redners: Redekunst und Moral.

Die *Institutio oratoria* umfaßt also Themen pädagogischen, rhetorischen, literaturkritischen und ethischen Inhalts. Unter ihnen verdient die Pädagogik besonderes Interesse.

6. Die Pädagogik Quintilians

Quintilian knüpft an die griechische Tradition an, die die Erziehung als Charakterbildung ansah. ἀρετή, sittliche Tüchtigkeit und Vollkommenheit, ließ sich durch Erziehung erreichen, das hatte schon der sagenhafte spartanische Gesetzgeber Lykurg seinen Landsleuten vor Augen gestellt, indem er ihnen zwei von den gleichen Eltern stammende, aber getrennt aufgezogene Hunde vorführte, von denen einer durch die Erziehung verweichlicht und träge, der andere aber ein tüchtiger Jagdhund war. Aristoteles hatte dieser Auffassung die wissenschaftliche Grundlage gegeben, indem er die zum Erlernen der Künste und Wissenschaften erforderlichen Bedingungen auf die Aneignung der ἀρετή übertrug. Er definierte den Charakter als eine langdauernde Gewöhnung (ἦθος – ἔθος). Diese Auffassung bleibt auch in späterer Zeit noch lebendig, wie die dem Plutarch zugeschriebene Schrift *Über Kindererziehung* zeigt, die ungefähr zur gleichen Zeit wie die *Institutio oratoria* anzusetzen ist und sich mit dieser mehrfach berührt. Quintilian übernimmt die optimistische griechische These von der Lehrbarkeit der Tugend, er bindet sich im einzelnen jedoch an kein festes System. Natur, Erfahrung und gesunder Menschenverstand scheinen ihm ausreichende Richtlinien für eine Erziehung zu bieten, die sich auf die gesamte intellektuelle und ethische Natur des Menschen zu richten hat. Daher beschränkt er sich in seinem Werk auch nicht auf die Vermittlung rhetorischer Fertigkeiten, er spannt den Bogen von der Erziehung des Kleinkindes bis zur Darstellung der vollkommenen Rednerpersönlichkeit.

Quintilians Originalität besteht darin, daß er als erster auch die Kindererziehung in das rhetorische Erziehungssystem einbezogen hat und eine kindgemäße Pädagogik forderte. Begabung ist für ihn keine erbliche Konstante, alle Kinder sind vielmehr von Natur aus begabt und lernwillig, sie bedürfen nur der Förderung, die ihre Anlagen zur Entfaltung bringt. Bleiben die Kinder später hinter den Erwartungen zurück, so ist dies nicht auf einen Mangel der Begabung (*natura*), sondern auf fehlende Zuwendung und Förderung (*cura*) zurückzuführen. Diese sorgsame Betreuung muß sogleich nach der Geburt einsetzen: Jedes Kind hat das Recht darauf, eine so sorgsame Erziehung zu erhalten, als ob es ein Alexander der Große sei. Da die intellektuellen und ethischen Fähigkeiten als beeinflußbar angesehen werden, verdienen die Umweltfaktoren besondere Beachtung. Die Kommunikationsfähigkeit des Menschen ist an die Sprache gebunden, das Kleinkind heißt *infans*, der Mensch, der noch nicht sprechen kann. Daher muß der Sprachentwicklung des Kindes besonderer Wert beigemessen werden. Quintilian weiß, daß die Sprache von der Umwelt beeinflußt wird (familien- und schichtenspezifisches Sprachverhalten), er weiß auch, daß die Eindrücke der frühesten Kinderjahre den Menschen besonders nachhaltig prägen, und stellt aus diesem Grunde besondere erzieherische wie sprachliche Anforderungen an alle, die mit dem kleinen Kind zu tun haben. Auch soll die Bildung nicht auf einen bestimmten soziologischen Kreis beschränkt bleiben: Eltern, die selbst nicht in der Lage waren, sich eine vorbildliche Sprache anzueignen, sollen dies durch besondere Förderung und Umsicht in der Erziehung auszugleichen versuchen. Kommt das Kind dann in die Schule, soll es seinem Alter und seiner individuellen Begabung entsprechend unterrichtet werden. Gerade die Kleinsten brauchen die besten Lehrer. Besonderen Wert legt Quintilian auf die Lernmotivation. Bei Kindern muß der Anreiz zum Lernen nicht so sehr aus dem Stoff und dem Lernen selbst als vielmehr aus der Welt des kindlichen Spiels genommen werden. Kleine Wettkämpfe, Belohnungen und Auszeichnungen sollen dem Kind Gelegenheit bieten, den natürlichen, jedem Individuum innewohnenden Ehrgeiz und die nötige Selbstbehauptung zu entwickeln. Im Spieltrieb des Kindes, den der auf Würde und Ernsthaftigkeit bedachte Römer im allgemeinen zu unterdrücken bemüht war, sah Quintilian ein willkommenes Zeichen für Aktivität (Funktionslust). An den Lehrer werden hohe charakterliche wie didaktische Anforderungen gestellt: Er darf nicht autoritär sein – dahinter verbirgt sich oft Unwissenheit und Unsicherheit –, denn dadurch lähmt er den Lerneifer der Schüler (Gefahr der Frustration). Er muß sie zu selbständigem Urteil ermuntern, jede Kritik begründen und die Schüler häufig loben. Die Freude an der eigenen Leistung ist der beste Ansporn zum Lernen (Erfolgserlebnis).

Die hohe Achtung, die Quintilian dem Kind als einem selbständigen Individuum entgegenbringt, findet ihren Ausdruck in seiner scharfen Ablehnung der Prügelstrafe, eine Haltung, die damals wie selbst noch in neuerer Zeit keineswegs als selbstverständlich gelten kann. Einen Menschen zu schlagen, ob groß oder klein, hält Quintilian nicht für ein Erziehungsmittel, sondern für ein Unrecht. Zugleich ist es einem schutzlosen, in die Obhut des Erwachsenen gegebenen Wesen gegenüber unverantwortlich, ein Kind kann dadurch in seiner Entwicklung schwer geschädigt werden. Um jeden Mißbrauch auszuschließen, darf niemandem zuviel Macht über ein Kind eingeräumt werden. Quintilians Schüler, der Satirendichter Juvenal, fordert *maxima reverentia*, die höchste Achtung, vor dem Kind. Das Verhältnis zwischen Lehrer und Schüler soll einer Vater-Kind-Beziehung gleichen, die geistig-seelische Verbindung wird eine freie, gelöste Atmosphäre schaffen, in der das Lernen Freude macht und jeder Schüler sich seinen Fähigkeiten gemäß entwickeln kann.

7. Quintilian und die Rhetorik

Quintilian definiert die Rhetorik als die Wissenschaft, gut zu reden (*bene dicendi scientia*), und behandelt sie unter drei Aspekten: als theoretisches System, als pädagogische Disziplin und als praktische Tätigkeit. Wie in der Kindererziehung lehnt er auch hier jeden Dogmatismus ab. Die Natur, die Erfahrung und der praktische Nutzen sollen den Vorrang haben vor einem allzu starren Regelsystem. Zwar vermittelt er Lehren für jeden denkbaren Fall, er betont jedoch stets, daß diese keine Gesetze seien, an die man sich sklavisch halten müsse, es gelte vielmehr, ein selbständiges Urteil anzuwenden und den Besonderheiten jedes Falles Rechnung zu tragen. Das eigene Urteilsvermögen *(iudicium)* zu schärfen ist die vorrangige Aufgabe des Unterrichts.

Freilich soll der Schüler auch nicht in den Fehler verfallen, überhaupt keine Kunstregeln (*ars*) gelten zu lassen und nur seiner frei schweifenden Eingebung (*ingenium*) zu folgen. Das war die Mode seines Zeitalters, die Quintilian in satirischer Form geißelt. Die nur auf Unterhaltung gerichtete Redekunst der Schuldeklamationen findet seine schärfste Mißbilligung. Seine Kritik an ihrem bombastischen Stil, ihrer Effekthascherei und ihrer Lust am Unnatürlichen, Gekünstelten zeigt die Antithese zwischen Klassizismus und Manierismus, wie sie uns aus dem Streit der Attizisten und Asianer bei Cicero bekannt ist, der Anhänger des schlichten attischen und des pompösen, in Kleinasien beheimateten Redestils. Quintilian stellt dem Manierismus seiner Zeit als Ideal den Ciceronianismus entgegen, die Besinnung auf Cicero. Quintilian konnte sich dabei auf keine ungebrochene Tradition berufen, vielmehr ist er es, der Cicero für seine Zeit neu entdeckt. Zu Beginn des Prinzipats war Cicero aus politischen Gründen totgeschwiegen worden, auch hatte er schon zu Lebzeiten Kritiker gefunden, die römischen Attizisten, denen sein Stil zu pathetisch und zu wenig schlicht war. Zu Quintilians Zeit wiederum galt er als altmodisch, da er zu sachlich, zu umständlich und zu wenig auf das Vergnügen der Hörer bedacht sei. Für Quintilian gilt gerade diese an der forensischen Praxis orientierte Sachlichkeit als vorbildlich und empfehlenswert für eine Zeit, in der die Rhetorik zur Schaustellung zu werden drohte.

Jedoch will Quintilian keineswegs, daß man Ciceros Stil kopiert; das wäre Stillstand oder Rückschritt, wie bei den von Quintilian belächelten Archaisten, die die Redner des römischen Altertums nachahmen und jede Konzession an den Zeitgeist ablehnen. Quintilian erkennt, daß sich jede Kunst und Wissenschaft in stetem Fortschreiten befindet, er bejaht die Weiterentwicklung der Rhetorik. Im Laufe der Zeit verfeinert sich der Geschmack, durch die zunehmende Bildung wächst auch die Vertrautheit mit der rhetorischen Kunst, und damit entstehen veränderte Hörgewohnheiten, denen man durch eine Differenzierung der Mittel Rechnung zu tragen hat. Ein maßvoller Gebrauch des Redeschmucks ist durchaus zu begrüßen, keinesfalls soll man vor der Verwendung einer Redefigur – etwa der Sentenz – zurückschrecken, weil Cicero sie nicht oder nur wenig gebraucht habe. Der Bezugs- und Vergleichspunkt ist vielmehr die *sanitas*, die gesunde, natürliche und unaffektierte Redeweise Ciceros, die durchaus auch Vergnügen bereitet. Doch soll die Rede auf ihren Inhalt und ihre Funktion bezogen bleiben, man soll sie bewundern, aber nicht anstaunen wie ein Monstrum.

Quintilians Rhetorik zielt auf die Praxis ab, er will einen Redner ausbilden, der in allen Bereichen des Lebens zu Hause ist. Daher legt er Wert auf eine gründliche Ausbildung in den *artes liberales*, was zu seiner Zeit keineswegs eine Selbstverständlichkeit war. Seiner Meinung nach hat es keinen Sinn, nur rhetorische Regeln zu lehren, wenn der Redner nicht auch über genügendes Sachwissen verfügt, um über jedes Thema reden zu können. So fordert Quintilian juristische, historische und philosophische Kenntnisse, die den rhetorischen Unterricht ergänzen sollen. In Ciceros Rednerideal hatte die Philosophie die führende Rolle gespielt. Quintilian verhält sich ihr gegenüber zurückhaltender. Zwar ist die Rhetorik für ihn stoischer Definition gemäß eine *virtus*, eine sittliche Größe, gut zu reden ist bei ihm stets fachlich und moralisch zu verstehen, aber seine Ethik leitet sich nicht von den Berufsphilosophen her, gegen die er ein tiefeingewurzeltes Mißtrauen hatte. Die Philosophie seiner Zeit nahm keinen Anteil mehr am öffentlichen Leben, sie hatte den Rückzug in die Innerlichkeit angetreten. Domitian hatte mehrfach Philosophen ausweisen lassen, um sich der stoischen Opposition gegen den Prinzipat zu entledigen. Ihren Platz hatten Modephilosophen eingenommen, deren anmaßendes Auftreten in keinem Verhältnis zu ihrer wahren Bedeutung stand und denen Quintilian jeden Anspruch auf eine führende Rolle in der Jugenderziehung abspricht. Die Lehren der großen, von ihm hochgeschätzten Philosophen der Vergangenheit nimmt er in seine Rhetorik auf, sie ersetzt die Philosophie als Lebenslehre. Da sie eine Tugend im philosophischen Sinne ist, umfaßt sie auch alle philosophischen Kategorien, sie bildet den *sapiens Romanus* aus, den römischen Weisen, der philosophische Bildung und Haltung mit römischer Praxis und Tradition verbindet.

8. Das rhetorische System Quintilians

Quintilian folgt in seiner Einteilung und Terminologie der griechisch-römischen Tradition, wie sie uns aus den rhetorischen Schriften des Aristoteles und Cicero bekannt ist. Im Mittelpunkt steht auch bei ihm die gerichtliche Beredsamkeit. Er beginnt mit den fünf Teilen der Rede, die von anderen auch Aufgaben des Redners genannt werden:

1. *inventio*, die Gedankenfindung, Stoffsammlung und Überlegung der Gesichtspunkte, unter denen das Thema abzuhandeln ist;
2. *dispositio* (oder *collocatio*), die Anordnung des Stoffes;
3. *elocutio*, die stilistische Ausarbeitung, die Darstellung;
4. *memoria*, das Gedächtnis (Mnemoneutik, Gedächtniskunst);
5. *pronuntiatio* (oder *actio*), der Vortrag, die Durchführung (Stimme und Gestik).

Die Beredsamkeit umfaßt drei Redegattungen (*genera causarum*):

1. *genus iudiciale*, die gerichtliche oder forensische Beredsamkeit;
2. *genus deliberativum*, die Beratungs- und Volksrede;
3. *genus demonstrativum*, die (epideiktische) Lob- und Tadel-, Preis- und Festrede (Panegyrik).

Die Rede besteht aus Inhalt und Worten (*res et verba*). Die Voraussetzung für die Redekunst ist ein Zusammenwirken von Naturanlage *(natura)*, theoretischer Unterweisung *(ars, doctrina)* und Übung (*exercitatio*). Der Redner hat eine dreifache Leistung zu erbringen: Er muß seine Hörer belehren (*docere*), sie unterhalten bzw. für sich einnehmen (*delectare, conciliare*) und sie durch den Appell an ihre Gefühle rühren *(movere)*.

Die behandelten Themen sind entweder unbegrenzte oder allgemeine Fragen (*quaestiones infinitae*, auch *generales* genannt, die ϑέσεις) oder begrenzte, spezielle (*quaestiones finitae*, auch *speciales* genannt, die ὑποϑέσεις), z. B.: Milo hat Clodius in Notwehr zu Recht getötet. Aus dieser speziellen Frage läßt sich die allgemeine ableiten, ob es berechtigt sei, einen Angreifer in Notwehr zu töten.

Die Gerichtsrede hat 5 Teile:

1. *prooemium* (oder *exordium*), die Einleitung;

2. *narratio*, die Erzählung des Tatbestands;

3. *probatio* (oder *argumentatio*), die Beweisführung; ihr kann die *propositio*, die Darlegung des Beweisgangs, bzw. die *partitio*, die Gliederung der Beweispunkte, vorausgehen;

4. *refutatio*, die Widerlegung der gegnerischen Argumente;

5. *peroratio* (oder *epilogus*), das Schlußwort.

Die einzelnen Redeteile haben bestimmte Funktionen. Das *prooemium* soll den Richter und die Zuhörer wohlwollend, gespannt und aufnahmebereit machen (*benevolum, attentum, docilem facere*). Die *narratio* soll klar, knapp und einleuchtend sein (*lucida, brevis, verisimilis*), denn sie dient der Information. Die *probatio* stützt sich auf zwei Arten von Beweismitteln: 1. die äußeren (*inartificiales*, d. h. die von der Kunst unabhängigen): gerichtliche Vorentscheidungen (Präzedenzfälle), Urkunden, Eidesleistungen, Zeugenaussagen; 2. die aus dem Fall selbst genommenen (*artificiales*, die auf der Kunst des Redners beruhenden): a) Indizien, b) Beweisgründe aus dem Motiv, aus Ort, Zeit, Art und Weise und Tatwerkzeug sowie mit Hilfe von Definitionen und logischen Schlüssen, c) historische Beispiele als Präzedenzfälle. In der *refutatio* müssen die gegnerischen Vorwürfe entweder abgestritten oder in ihrer Beweiskraft geschwächt werden. Die *peroratio* ist vor allem der Erregung der Affekte gewidmet. Sie üben eine stärkere Wirkung aus als logische Beweise. Die Lehre von der psychologischen Beeinflussung der Hörer gilt Quintilian als der wichtigste Teil der forensischen Beredsamkeit. Die Griechen unterschieden zwei Arten: πάθος und ἦθος, die Erregung leidenschaftlicher Gefühle wie Zorn, Haß, Abscheu, Mitleid sowie die Sympathie, die durch ein positives Persönlichkeitsbild des Anwalts wie des Klienten entsteht. Der Redner muß selbst von den Gefühlen ergriffen sein, die er in seinen Zuhörern erregt und im Schlußappell zu pathetischer Wirkung steigert.

Die Behandlung der *elocutio*, des Stils, nimmt bei Quintilian einen breiten Raum ein. Die in der *inventio* gefundenen Gedanken erhalten in der *elocutio* ihre passende Ausdrucksweise. Dabei müssen die *virtutes dicendi*, die stilistischen Tugenden, beachtet werden: vor allem das *aptum* (πρέπον), das Passende und Geziemende, dann die *perspicuitas*, die Klarheit, der *ornatus*, der Redeschmuck, und die *puritas*, die sprachliche Reinheit und Korrektheit (*pure* oder *latine dicere*).

Der *ornatus* gliedert sich in eine gedankliche und eine sprachliche

Form: Zur gedanklichen gehören die Gedanken- oder Sinnfiguren (*figurae sententiarum*), zur sprachlichen die Wortfiguren (*figurae elocutionis*). Zu den Sinnfiguren zählen: Antithese, Syllogismus (logischer Schluß), allgemeine Erörterung (*locus communis*, Gemeinplatz), Gleichnis, Allegorie, rhetorische Frage, Prosopopoiie (Personifizierung von Begriffen oder Dingen, z. B. Tempel, Gesetze), Apostrophe (*aversio*, Abwendung von den Zuhörern und Hinwendung zur Gegenpartei oder zu als anwesend gedachten oder fiktiven Personen wie den Göttern oder dem Vaterland). Wortfiguren sind z. B.: Wiederholung (Anapher), Steigerung (Klimax), Sperrung (Hyperbaton), Schlußassonanz (Homoioteleuton). Zu den Redefiguren gehören auch die Tropen, die übertragenen Ausdrucksweisen, wie z. B. Metonymie (»Lorbeeren ernten« statt »Ruhm erwerben«), Litotes (»nicht wenige« statt »viele«), Synekdoche (»pro Kopf« statt »pro Person«), Metapher (»Achill ist ein Löwe in der Schlacht«). Der beliebteste Schmuck der Rede zur Zeit Quintilians war der in einem Satz knapp und pointiert formulierte *locus communis*, die Sentenz (Sinnspruch, Aphorismus), von der reicher Gebrauch gemacht wurde.

Da Sprechen und Denken eng verbunden sind, läßt sprachliches Fehlverhalten auf eine innere Fehlhaltung schließen. Daher warnt Quintilian besonders eindringlich vor dem Fehler eines übertriebenen Redeschmucks. Die Sucht, auf falsche Weise originell zu sein (κακόζηλον, *mala adfectatio*) macht den Stil schwülstig und aufgeblasen, matt und gekünstelt. Dieser schlimmste Fehler tritt auf, wenn der Einfall nicht durch das kritische Urteil kontrolliert wird, denn das *ingenium* benötigt das *iudicium* als Regulativ.

Zur Stillehre gehören auch die drei Stilarten (*genera dicendi*):

1. der schlichte Stil (*genus subtile* oder *tenue*, ἰσχνόν);
2. der mittlere Stil (*genus medium* oder *floridum*, ἀνθηρόν);
3. der kraftvoll-erhabene Stil (*genus sublime* oder *grande*, ἁδρόν).

Diese Stilformen sind innerhalb der Rede abwechselnd zu gebrauchen, wie es der Situation entspricht. So eignet sich der schlichte Stil am besten, um den Richter zu informieren, also für die *narratio*, den mittleren wird man zur Unterhaltung der Zuhörer verwenden, also etwa in einem Exkurs, der dritte und wichtigste aber dient der Erregung der Affekte. Der Redner soll sich nicht auf eine Redeweise beschränken, etwa nur auf den schlichten Stil, wie es die Attizisten fordern, er muß vielmehr alle Stilarten in gleicher Weise beherrschen und in der Rede zur Geltung bringen. Nur so wird er Quintilians Vorstellung vom vollkommenen Redner entsprechen.

9. Quintilians Literaturkritik

Um seinen Stil zu bilden und sich gleichzeitig einen reichen Vorrat an Themen zu schaffen, empfiehlt Quintilian dem künftigen Redner die Lektüre der besten griechischen und lateinischen Schriftsteller, deren Vorzüge er nachahmen solle. Der Gedanke der Nachahmung (μίμησις, *imitatio*) ist in der Antike vor allem seit Aristoteles von großer Bedeutung. Die Nachahmung ist ein natürlicher Trieb des Menschen; das Kind lernt durch Nachahmung, und auch der Erwachsene ist bestrebt, sich das selbst anzueignen, was er bei anderen bewundert. Die *imitatio* des fortgeschrittenen Schülers, dem Quintilians Empfehlung gilt, ist ein Prozeß der Auseinandersetzung und Aneignung, der dem künftigen Redner zu einer eigenen Ausdrucksform verhelfen soll, die sich am Beispiel der großen Autoren zu formen hat.

Diesem Zweck dient das erste Kapitel des zehnten Buches, das als kurzgefaßte antike Literaturgeschichte lange Zeit das bekannteste Stück aus Quintilians Werk war. Quintilian konnte sich auf die griechische Tradition stützen; schon Isokrates hatte die Belesenheit für den Redner gefordert, und der Hellenismus hatte eine große Anzahl literaturkritischer Schriften hervorgebracht. Der griechische Redelehrer und Geschichtsschreiber Dionys von Halikarnaß, der zur Zeit des Augustus in Rom lebte, hat in seiner Abhandlung *Über Nachahmung* Musterautoren für Schulzwecke ausgewählt, und Quintilian stimmt in seinem Urteil mehrfach mit ihm überein. Im Römischen sind zu nennen: Varros Schriften über Dichter und Dichtung, Ciceros *Brutus* und *De oratore* III 28, dann Horaz' *Ars Poetica* und sein *Brief an Augustus*. Die literarkritischen Stellungnahmen dieser Autoren hat Quintilian in seinem Werk verarbeitet.

Bei der Beurteilung seiner Auswahl ist zu berücksichtigen, daß er die Autoren unter dem Gesichtspunkt ihrer Verwendbarkeit für den Redner vorstellt. Deshalb zieht er Euripides dem Sophokles vor, und ein Dichter wie Lukrez wird nur kurz gestreift. Bei der ausführlichen Behandlung, die das Gebiet bereits erfahren hatte, ist es nicht verwunderlich, daß Quintilians Urteile meist konventionell sind. Sein eigener Standpunkt wird sichtbar, wenn er unter den Musterautoren wieder diejenigen besonders hervorhebt, die klar und kraftvoll im Ausdruck wie in ihren Gedanken sind. Sein erklärtes Ziel ist es, die Schüler von einem manieristischen Redestil abzubringen und ihnen strengere Maßstäbe an die Hand zu geben.

Als das Muster des guten Stils gilt ihm Cicero, an dem sich jede ernstzunehmende Redekunst auszurichten hat. Er besaß alle rednerischen Vorzüge, an erster Stelle das kritische Urteilsvermögen. Ihm stellt er Seneca als einen Anti-Cicero gegenüber, dessen *ingenium* nicht durch das Regulativ des *iudicium* in rechte Bahnen gelenkt wird. Zwar läßt Quintilian dem Moralphilosophen Seneca Gerechtigkeit widerfahren, in seinem abgehackten Aphorismenstil verkörpert sich jedoch für ihn die ganze Dekadenz seines Jahrhunderts.

Offenbar war Quintilian in der Erziehung seiner Schüler zu einer ciceronianischen Redekunst nicht erfolglos. Er kann mit Stolz bemerken, daß das Forum heutzutage eine Fülle von Talenten aufzuweisen habe, von denen manche den Vergleich mit den alten Rednern nicht zu scheuen brauchten. Dennoch konnte sich sein Ideal auf die Dauer nicht durchsetzen. Die Überzeugung Quintilians, daß eine Abkehr vom Überfeinerten und Extravaganten notwendig sei, wurde vom 2. Jahrhundert übernommen, doch griff das Zeitalter Trajans, Hadrians und Marc Aurels nicht auf Cicero, sondern auf noch ältere Autoren zurück, wie etwa Cato und die Gracchen. Der Archaismus wird zur herrschenden Stilrichtung in Literatur und Rhetorik, zugleich gewinnt in der sogenannten 2. Sophistik der reiche Stil des Asianismus wieder Anhänger.

10. Redekunst und Moral: vir bonus dicendi peritus

Das zwölfte Buch der *Institutio oratoria* ist der Darstellung des vollkommenen Redners gewidmet, der nach den Worten des alten Cato als *vir bonus dicendi peritus* definiert wird, als der charakterlich hochstehende, redekundige Mann. Der Rückgriff auf Cato den Älteren, in dem sich der Typ der ungebrochenen, nichtintellektuellen, primär moralischen Persönlichkeit verkörpert, steht im Einklang mit Quintilians Zeit- und Stilkritik, dem Unbehagen an einer Rhetorik, die zur eitlen Selbstdarstellung geworden war. Die Verbindung von Sprache und Charakter ist in der *Institutio oratoria* allenthalben faßbar, doch ist damit die überaus starke Betonung des Ethischen bei Quintilian noch nicht erklärt. Seit Platon hat niemand mit solcher Entschiedenheit eine auf das sittlich Gute gegründete Redekunst gefordert. Der Nachdruck und der große Ernst, mit dem Quintilian auf dem Vorrang des Moralischen besteht, verschaffen ihm Glaubwürdigkeit, mag auch seine Beweisführung oft genug recht bemüht wirken. Es liegt nahe, Quintilians Postulat einer sittlichen Persönlichkeit in Beziehung zu einem aktuellen Phänomen zu sehen. Quintilians ethisch bestimmte Rhetorik wäre dann der Gegenentwurf zu einer Rhetorik ohne Moral, die von weitreichender Wirkung in der Öffentlichkeit gewesen sein müßte, um Quintilians nachdrückliche Forderung begreiflich erscheinen zu lassen. Ob er hiermit nur eine allgemeine griechisch-römische, meist als 2. Sophistik bezeichnete Richtung in der Rhetorik treffen wollte, die sich mit bloßer Redefertigkeit ohne sittlichen Halt begnügte, bleibt fraglich. Es liegt nahe, an einen aktuelleren Zeitbezug zu denken.

Von einem Mann, der unter der drückenden Herrschaft Domitians lebt und von ihm bestallt ist, werden wir keine ausführlichen Schilderungen öffentlicher Mißstände erwarten können. Tacitus, dessen Werke nach Domitians Tod entstanden sind, als mit den Kaisern Nerva und Trajan der Druck des Despotismus gewichen war, berichtet uns in seinen *Annalen* (I 74; IV 28ff., 52, 66; XVI 22ff.), daß es seit der Einführung der Majestätsprozesse unter Tiberius die üble Zunft der *delatores* bzw. *accusatores* gab, der Denunzianten, die als Ankläger vor Gericht auftraten, um im Auftrag des Princeps oder aus persönlichem Interesse mißliebige Mitbürger aus dem Wege zu räumen. Diese wurden verurteilt und hingerichtet, und die Ankläger, denen meist das Vermögen ihrer Opfer zufiel, gelangten zu Reichtum und Ansehen und wurden unentbehrlich bei Hofe. Sueton bezeugt dieses Unwesen, dem Vespasian und Titus zu steuern suchten, für die Zeit Domitians: »Zu den Übeln der Zeitläufte gehörten auch die Denunzianten und ihre Anstifter, die seit langem ihr freches Wesen trieben . . .« (*Titus* 8), »Das Vermögen der Lebenden wie der Verstorbenen wurde auf jede beliebige Anklage und Anschuldigung hin mit Beschlag belegt. Es genügte, jemanden der belanglosesten Handlung oder Äußerung gegen die Majestät des Kaisers zu beschuldigen« (*Dom.* 12).

Auch Quintilian gibt Hinweise auf die Denunzianten: »Ich bin der Meinung, es hat viele gegeben und gibt noch einige, die aus der Redegabe ein Mittel zum Verderben der Menschen gemacht haben . . . Das Leben eines Anklägers zu führen und sich durch die Aussicht auf Gewinn verleiten zu lassen, Menschen anzuklagen und vor Gericht zu bringen, das kommt gleich nach dem Straßenraub« (II 20,2; XII 7,3). Auf dem Hintergrund eines solchen Mißbrauchs der Redekunst erscheint Quintilians Forderung nach der sittlichen Vollkommenheit des Redners verständlich. Sein *vir bonus* war dann das Gegenbild zu den *delatores* seiner Zeit. Er sollte reinigend und mäßigend auf das öffentliche Leben einwirken, wenn er auf dem Forum als Anwalt auftrat oder im Senat seine Stimme abgab.

Bot sich aber im Prinzipat überhaupt noch Raum für einen solchen Mann? Angesichts der Schreckensherrschaft des Domitian ist man geneigt, dies zu verneinen und Quintilians Rednerbild für eine Utopie zu halten. Doch hatte Quintilian die Blüte seiner Jahre unter den ersten flavischen Kaisern erlebt, die nach den Wirren und dem Untergang der julisch-claudischen Dynastie einen hoffnungsvollen neuen Anfang gesetzt hatten, er war nicht wie Tacitus von einem »Domitian-Erlebnis« negativ geprägt. Zwar waren die großen, glanzvollen Tage der Redekunst vorüber, die flavischen Kaiser legten jedoch großen Wert auf gewissenhafte, unbestechliche Beamte in den Staatsämtern und wandten ihre besondere Aufmerksamkeit dem Gerichtswesen zu. Auch der junge Domitian hat noch, wie wir aus Sueton erfahren, häufig und in vorbildlicher Weise auf dem Forum Recht gesprochen, ungerechte Urteile aufgehoben und bestochene Richter streng bestraft.

Quintilian berichtet von seiner eigenen Tätigkeit als Anwalt auf dem Forum, und so scheint seine auf eine öffentliche Tätigkeit ausgerichtete Rednerausbildung angesichts des flavischen Erneuerungsstrebens nicht völlig eines realen Hintergrundes zu entbehren. Was die politische Betätigung im Senat angeht, so klagen Tacitus und Plinius oft genug über die mangelnde Einsatzbereitschaft der Senatoren, die aus Bequemlichkeit alles dem Princeps zuschieben (vgl. Plin. *ep.* IV 25). Das zeigt, daß auch im Prinzip – zumindest unter Kaisern, die nicht dem Caesarenwahnsinn verfallen waren – noch ein politischer Freiraum vorhanden war, den es zu nutzen galt. Hier bot sich ein – wenn auch im Vergleich zur Zeit der Republik eingeschränktes – Betätigungsfeld für den von Quintilian ausgebildeten Redner.

Während der Abfassung der *Institutio oratoria* ergaben sich – in Übereinstimmung mit dem allgemeinen Erziehungsoptimismus der Zeit – auch Hoffnungen aus der Tatsache, daß Quintilian mit der Erziehung der Thronfolger, der Neffen Domitians, beauftragt war. Zwar erfüllten sich die Hoffnungen nicht, da seine Zöglinge eines gewaltsamen Todes starben; daß solche Erwartungen jedoch nicht unberechtigt waren, zeigt später die Wirkung des Redelehrers Fronto auf seine Schüler Marc Aurel und Lucius Verus, den zukünftigen Kaiser und seinen Mitregenten. Das Ideal des vollkommenen Redners findet Erfüllung in der Person des Kaisers, der durch seine Rede seine Untertanen leitet.

Quintilian sah mit der optimistischen Betrachtungsweise des geborenen Erziehers Möglichkeiten einer Reform, er glaubte an Heilung und Besserung der Zeitverhältnisse, und diesem Ziel sollte sein Erziehungsprogramm dienen.

11. Das Nachleben Quintilians

In einer Zeit, da die Rhetorik in Gefahr war, ein starres Regelsystem zu werden, und sich in wirklichkeitsfremden Deklamationen zum Selbstzweck machte, hatte sie Quintilian in ein Erziehungsprogramm gefaßt und so der Nachwelt überliefert. In der Spätantike, im Mittelalter und im Humanismus gehörte er zu den meistgelesenen Autoren und genoß als Pädagoge und Redelehrer höchste Autorität. Erst als in der zweiten Hälfte des 18. Jahrhunderts die geprägten Formen gesprengt wurden und das subjektive Gefühlserleben sich neue Ausdrucksformen schuf, verlor die rhetorische Kultur ihre Bedeutung, und damit begann auch der Einfluß Quintilians zu schwinden. Die einseitige Fixierung der neueren Zeit auf die lateinischen Autoren der sogenannten klassischen Epoche, von Cicero bis zu den Augusteern, tat ein übriges, so daß Quintilians Bedeutung für vergangene Jahrhunderte heute kaum mehr vorstellbar erscheint.

Eine erste Wirkung Quintilians ist bei Hieronymus (348–420) zu spüren. In seinem Brief an Laeta, die ihn um Richtlinien für die Erziehung ihrer Tochter gebeten hatte, übernimmt er vieles aus den pädagogischen Kapiteln Quintilians. Hatte dieser gefordert, die Kinder sollten das Lesen nicht an beliebigen Wörtern, sondern anhand von Dichterversen lernen, so ersetzt Hieronymus die heidnischen Autoren durch die Heilige Schrift und beweist damit die Brauchbarkeit des rhetorischen Erziehungssystems für das Christentum. Im 4. Jahrhundert entstanden auch vielgelesene Abrisse der Rhetorik, die auf Quintilian fußten: die *Ars rhetorica* des Julius Victor, eines römischen Rhetors, und das Rhetoriklehrbuch des Chirius Fortunatianus. Auch das weitverbreitete Handbuch der Sieben freien Künste *De nuptiis Mercurii et Philologiae (Von der Hochzeit Merkurs und der Philologie)* des Martianus Capella geht in seiner Darstellung der Rhetorik im fünften Buch auf Quintilian zurück. Cassiodor, der Kanzler Theoderichs des Großen, gründete ein Kloster, in dem zuerst antike Handschriften gesammelt und abgeschrieben wurden. Er empfahl die Lektüre des Quintilian, den er den *doctor egregius,* den ausgezeichneten Lehrer, nannte.

Nach den Wirren des 7. und 8. Jahrhunderts, die das kulturelle Leben weitgehend zum Erliegen gebracht hatten, wurde das Frankenreich zur neuen kulturtragenden Macht. Das mittelalterliche, auf der Antike aufbauende Bildungssystem entstand. Die Sieben freien Künste bildeten den Unterbau. Sie wurden eingeteilt in das Trivium (Grammatik, Rhetorik, Dialektik), die Grundstufe (daher »trivial«), und das Quadrivium (Arithmetik, Geometrie, Astronomie, Musik). Danach folgte das Studium der Philosophie und Theologie. Der Rhetorik fällt dabei eine Aufgabe zu, die sie weit über den Rang einer Fachdisziplin erhebt. Karl der Große, der die Bildung in seinem Reich fördern will, schreibt ihr eine hermeneutische Funktion zu: Sie sei zum Verstehen der Heiligen Schrift nötig und somit eine Gott wohlgefällige Kunst. Damit wurde die zuvor noch von Papst Gregor dem Großen als heidnisch bekämpfte Wissenschaft in besonderem Maße zur Hilfsdisziplin der Theologie. Karl wünscht, daß die Streiter der Kirche »Menschen reiner Sitten und Meister klarer Rede« seien, wobei man an Quintilians Ideal des sittlich hochstehenden Redners erinnert wird.

In den mittelalterlichen Klosterschulen und an den Universitäten wird die Rhetorik anhand von Quintilian, Ciceros *De inventione* und einer lateinischen Übersetzung der Rhetorik des Aristoteles gelehrt. Der *Institutio oratoria* kommt dabei schon aufgrund ihres Umfangs und ihrer Ausführlichkeit ein besonderer Platz zu. Isidor von Sevilla, der Verfasser des enzyklopädischen Hauptwerkes des Mittelalters, erwähnt Quintilian lobend, und der bedeutende Gelehrte und Bildungsreformer Johannes von Salisbury (um 1110–1180) berichtet, wie sich sein Lehrer an der Universität von Chartres für die Lesung und Interpretation der Bibel und der theologischen Schriften die Unterrichtsmethode Quintilians zum Vorbild nahm. Quintilians Gedanken vom Zusammenhang von Bildung, Redegabe und Charakter sowie seine Einschätzung der Beredsamkeit als einer gemeinschafts- und kulturstiftenden Gabe sind Allgemeingut des Mittelalters, wie sich aus den Schriften Johannes von Salisburys und Hugos von St. Victor (1097–1141), des Theologen der Pariser Universität, erkennen läßt.

In der Scholastik verlor der antike Bildungsgedanke in einem erstarrten dogmatischen System seine lebendige Kraft. Man las Quintilian nur noch, um aus ihm die Theorie der Redefiguren zu lernen, die man in der Heiligen Schrift fand. Der Humanismus brachte die große geistesgeschichtliche Wende, und er ist in besonderer Weise mit dem Namen Quintilians verknüpft. Bisher hatte man ihn nur in verstümmelten Handschriften gekannt, mit größeren Lücken im sechsten und siebten Buch und kleineren an Anfang und Ende. Nun entdeckte der italienische Gelehrte Poggio 1416 während des Konzils zu Konstanz im Kloster St. Gallen einen vollständigen Text. Die Entdeckung erfolgte zu einem besonders günstigen Zeitpunkt; es bestand großes Interesse für Erziehung und Bildung und im besonderen für die antiken Schriften, in denen man jetzt kein theologisches Rüstzeug suchte, sondern die Persönlichkeit des Autors, den Dialog mit den großen Geistern des Altertums. Die warmherzige, auf Ethos und Natürlichkeit gegründete Gestalt Quintilians war wie geschaffen für die *studia humanitatis*. Besonders die Einleitung seines sechsten Buches, in der er von seinem Leben und dem Verlust seiner kleinen Söhne berichtet, gewann ihm die Herzen. In Reaktion auf das Mittelalter ist es nun nicht Quintilian, der Rhetoriker, sondern Quintilian, der Pädagoge, den man liest. Petrarca, für den Cicero den ersten Rang unter den antiken Autoren einnahm, widmete auch Quintilian einen Brief und preist sein *acumen*, seine scharfsinnige Verstandeskraft.

Quintilian wird für die Humanisten zur Autorität. Lorenzo Valla (1407–1457) rühmte sich, das gesamte Werk, das ein *terrestre oraculum*, ein irdisches Orakel, sei, auswendig zu wissen. Er schrieb eine Abhandlung, in der er Quintilian und Cicero verglich und dem ersteren den Vorzug gab. Dies wurde freilich in den Kreisen der Humanisten als Lästerung angesehen, und Poggio antwortete in Anspielung auf Quintilians eigenes Urteil über Cicero, es sei der schlagende Beweis des Unverstandes, wenn jemand erkläre, Ciceros Stil gefalle ihm nicht. Angelo Poliziano (1454–1494), der führende klassische Philologe Italiens im 15. Jahrhundert, hielt an der Universität von Florenz eine vielgerühmte Antrittsvorlesung über Quintilian. Wie sehr die Erzieherpersönlichkeit Quintilians auf den Humanismus wirkte, zeigt Vittorino da Feltre (um 1378–1446), die Idealgestalt des humanistischen Lehrers, der 1425 in Mantua eine Schule eröffnete, in der die Schüler individuell und mit Güte behandelt und zu harmonischen Persönlichkeiten erzogen werden sollten. Er wurde von seinen Schülern als die Verkörperung des in der *Institutio* geforderten Lehrers beschrieben und *Quintilianus redivivus*, der wiedererstandene Quintilian, genannt.

Enea Silvio de' Piccolomini, der spätere Papst Pius II., schrieb 1450 an den König von Böhmen einen Brief über Kindererziehung, in dem er sich auf Quintilians pädagogische Grundsätze stützte. Der Florentiner Staatsmann Matteo Palmieri (1406–1475) verfaßte einen Dialog *Della vita civile*, eine Staatsbürgerkunde des Humanismus, in der der ideale Bürger mit den Zügen von Quintilians vollkommenem Redner ausgestattet ist.

Bei Rudolf Agricola (1443–1485) und Erasmus von Rotterdam (1469–1536) hat Quintilians Einfluß seinen Höhepunkt erreicht. Man zitiert ihn nicht nur und schließt sich ihm an, man setzt sich auch kritisch mit ihm auseinander, wie Agricola in seiner Schrift *De formando studio (Von der Gestaltung des wissenschaftlichen Studiums).* Wie groß die Geltung Quintilians im 15. Jahrhundert war, zeigt eine Porträtbüste von ihm im Chorgestühl des Ulmer Münsters aus den Jahren 1468–1474, ein Werk des Meisters Jörg Syrlin des Älteren, der ihn dort als einen der Weisen des Altertums dargestellt hat.

Im 16. Jahrhundert wird an der Universität zu Leipzig der Professor der Redekunst *Quintiliani professor*, Professor des »Faches« Quintilian, genannt, da dessen Werk den Kernpunkt der Studien bildete. Luther empfiehlt Quintilian mit besonderer Wärme. Er meint, man könne eher auf Aristoteles verzichten als auf ihn. Damit zieht Luther einen scharfen Trennungsstrich unter die Scholastik und fordert statt ausgeklügelter Logik die Erziehung zum Menschen: *Quintilianus unus sit, qui optimos reddit adolescentes, immo viros* – er belehrt nicht nur, er macht die Menschen besser (Brief an Georg Spalatin). Auch der *uomo universale*, der Idealtypus des allseitig und höfisch gebildeten Menschen der Renaissance, dargestellt in Baldassare Castigliones *Il cortegiano* (1528), zeigt den Einfluß Quintilians. Redestil und Lebensstil werden eins: Der schlimmste Fehler eines Mannes von wahrem Adel ist ein gezwungenes, affektiertes Wesen (*affettazione*, Quintilians *mala adfectatio*), die größte Tugend ist die Ungezwungenheit, Schlichtheit und Leichtigkeit, die bei Quintilian das Kriterium des guten Stils bilden.

Seit dem 17. Jahrhundert wird Quintilian vor allem als Stilkritiker gelesen. Das Zeitalter des heraufkommenden Absolutismus bot der praktischen Beredsamkeit keinen reichen Nährboden; die Rhetorik wurde immer mehr zu einer literarkritischen Wissenschaft, die Poetik, Grammatik und Ästhetik umfaßte. Quintilians Ablehnung eines überladenen Redestils und sein Eintreten für Natürlichkeit und Ausgeglichenheit wird als exemplarische Gegenposition zu jeder manieristischen Kunstform empfunden. Gegner wie Anhänger des Manierismus des 17. Jahrhunderts zitieren den römischen Klassizisten.

In der spanischen Stiltheorie lebt Quintilians Antithese *ingenium – iudicium* wieder auf. Der spanische Manierismus beruft sich auf das *ingenium:* Baltasar Gracián (*La agudeza y arte de ingenio – Scharfsinn oder die Kunst des Ingeniums,* 1648) und Luis de Góngora (1561–1627) pflegen einen barocken Stil (Konzeptismus, Kultismus), und Gracián erklärt, er ziehe andere Autoren vor als die, die dem kritischen Urteil *(juicioso)* Quintilians standgehalten hätten. Als Spanier verübelt er es diesem sehr, ihren gemeinsamen Landsmann Seneca, der zu Graciáns Lieblingsautoren gehört, so abgewertet zu haben.

Die ästhetische und poetische Theorie der Aufklärung reduziert die Verherrlichung des Ingeniums wieder zugunsten der Urteilskraft. Im Frankreich des 18. Jahrhunderts besitzt die Antike auf ästhetischem und literarischem Gebiet unbedingte Geltung. Quintilian wird in Gesamt- und Auswahlausgaben fleißig gelesen und genießt innerhalb der *belles lettres* hohe Autorität. Racine und Lafontaine berufen sich auf ihn ebenso wie Du Bos in seinem vielgelesenen Werk *Réflexions sur la poésie et sur la peinture* (1719), und die literarische Fehde der an der Antike geschulten Klassizisten und der Modernen (*Querelle des Anciens et des Modernes,* 1688–1696) führt zu einem erneuten intensiven Studium der antiken Autoren, vor allem in Verbindung mit Kunst- und Literaturkritik.

Von Frankreich aus beeinflußte die *Institutio oratoria* die deutsche Rhetorik und Stiltheorie. Der »Vater der deutschen Dichtung«, Martin Opitz, hatte sich bei seinem Bemühen um die Pflege der deutschen Sprache bereits 1624 in seinem *Buch von der deutschen Poeterey* auf Quintilians Kapitel über Grammatik und Sprachreinheit berufen. Die neue Poetik der Aufklärung wendet sich gegen den Schwulst und die Künstelei des Spätbarocks und stellt Quintilian als Vorbild für eine auf Klarheit und Natürlichkeit gegründete Stillehre auf. Johann Christoph Gottsched (*Grundriß zu einer vernunftmäßigen Redekunst,* 1729) und Johann Jakob Breitinger (*Critische Dichtkunst,* 1740) zeigen einen dem antiken Autor verwandten reformerischen Impetus, der Quintilians ästhetische Grundanschauung, seine Ablehnung jeden Extrems, besonders lebendig und wirksam zeigt.

Friedrich der Große wünscht Quintilians Lektüre in den Schulen und fordert zu diesem Zweck eine deutsche Übersetzung.

Die Aufklärung diskutiert auch das Verhältnis von Genie und

Kunstregel. Die Autoren der kritischen Zeitschrift *Bremer Beiträge* (1744–1748), besonders die Brüder Johann Elias und Johann Adolph Schlegel sowie Christian Fürchtegott Gellert, finden ihre Auffassung bei Quintilian bestätigt. Johann Georg Sulzer zieht in seiner *Allgemeinen Theorie der schönen Künste* (1771) Verbindungslinien zwischen bildender und redender Kunst. Auch er rühmt Quintilians gesundes Urteil und seine ausgewogene Haltung in der Frage, wie sich Genie und Regel zueinander verhalten. In Sulzers Nachfolge berufen sich Winckelmann und Wieland auf Quintilian, den »großen römischen Kunstkenner« (Wieland). Bei Lessing erscheint er in der Vorrede zum *Laokoon* neben Aristoteles, Cicero und Horaz als Autorität auf dem Gebiet der Kunst- und Dichtungstheorie.

1738 gab der klassische Philologe Johann Matthias Gesner die erste kritische Ausgabe Quintilians in Deutschland heraus, sie bringt bezeichnenderweise zu einer Stelle über Musik und Musiker einen Lobpreis Johann Sebastian Bachs, einen Beitrag zur musiktheoretischen Diskussion der damaligen Zeit.

Der Repräsentant des englischen Klassizismus, der Dichter Alexander Pope (1688–1744), bekannte sich in seiner Versabhandlung *Essay on Criticism* (1711) zur Herrschaft der Vernunft und pries die antiken Autoren. In Quintilians Werk finde man *»the justed rules and clearest method join'd«* und *»nature methodis'd«*, seine Rhetorik habe nur die Natur in Regeln gefaßt.

Am Ende des 18. Jahrhunderts nimmt Quintilians Einfluß ab, das Interesse an der Rhetorik schwindet, und die Dichtung schafft sich neue Kunstregeln. Rousseau zitiert noch einmal einen pädagogischen Hinweis Quintilians in seinem Erziehungsroman *Émile* (1762), doch ist gerade er mit seiner Darstellung der schwärmerischen Subjektivität der Wegbereiter einer neuen Zeit, in der die Rhetorik mit ihrem auf die objektive Form gegründeten Stilwillen endgültig entthront wird. Rousseau und der ihm folgende Sturm und Drang verkörpern wieder die Vorherrschaft des *ingenium*, im Gegensatz zur Aufklärung, die sich auf das *iudicium* berufen hatte.

In unserer Zeit, in der ein neues Interesse an der Rhetorik als einer alle Medien umfassenden Wissenschaft von der Kommunikation erwacht und gleichzeitig Bildung und Erziehung im Mittelpunkt der kulturellen Diskussion stehen, könnte auch Quintilian wieder Beachtung finden. Freilich entspricht sein umfangreiches Werk in zwölf Büchern nicht den Lesegewohnheiten unserer Zeit. So wird man auf die schon im 18. Jahrhundert bewährte Praxis der

Auswahl zurückgreifen. Man wird sich dabei von den drei aus dem Werk wie aus der Rezeptionsgeschichte abzulesenden Hauptaspekten leiten lassen und versuchen, den römischen Autor als Pädagogen, als Redelehrer sowie als Stil- und Literaturkritiker zu Wort kommen zu lassen.

Am Anfang unserer Auswahl stehen Quintilians Gedanken über Kindererziehung und Schule (Buch I–II 10), es folgen einige Methodenkapitel über die Rhetorik (II 11–16). Den Stil- und Literaturkritiker zeigt das erste Kapitel des zehnten Buches; das zwölfte Buch, die Summe des Werkes, zeichnet das Menschenbild Quintilians, das Ziel seiner Ausbildung, die allseitig gebildete sittliche Persönlichkeit.

MARION GIEBEL

BRIEF AN DEN VERLEGER

Marcus Fabius Quintilianus grüßt seinen lieben Tryphon[1]

1. Du hast mir Tag für Tag zugesetzt mit deinen Mahnreden, ich solle nun endlich mit der Herausgabe der Bücher beginnen, die ich für meinen Freund Marcellus über die Ausbildung des Redners geschrieben habe. Ich selbst war nämlich der Ansicht, sie seien noch nicht genügend ausgereift. Um sie zu verfassen, habe ich, wie du weißt, wenig mehr als zwei Jahre aufgewandt, denn ich war anderweitig stark in Anspruch genommen. Und diese Zeit diente nicht so sehr der Ausarbeitung als vielmehr den Vorstudien für solch ein Werk von nahezu unumschränkter Fülle sowie der Lektüre der Fachschriftsteller, von denen es unzählige gibt. 2. Ferner machte ich mir den Grundsatz des Horaz zu eigen, der in seiner *Dichtkunst* den Rat gibt, nur nichts voreilig herauszugeben: »Neun Jahre lasse man's liegen.«[2] Ich verschaffte meinen Büchern Ruhe, um sie, wenn sich der Schöpfungseifer etwas abgekühlt hätte, um so gewissenhafter wieder hervorzuholen und vom Standpunkt des Lesers aus zu überprüfen. 3. Aber wenn man so sehr nach ihnen verlangt, wie du beteuerst, dann wollen wir die Segel in den Wind richten und beim Lichten der Anker unsere Glück- und Segenswünsche sprechen. Viel hängt dabei aber auch von deiner Verläßlichkeit und Gewissenhaftigkeit ab, daß die Bücher in möglichst korrektem Text in die Hände des Publikums gelangen.

[1] Bekannter Buchhändler und Verleger, den auch der Dichter Martial nennt. – Der Adressat des Werkes, Marcellus Victorius (vgl. Buch I, Einleitung § 6), ist als Freund der Literatur und der schönen Künste bekannt; der Dichter Statius widmete ihm das dritte Buch seiner *Silvae (Die Wälder)*. – Quintilian hatte seine beiden Söhne im Kindesalter verloren; so soll das Werk dem Sohn des Freundes nützen (vgl. Buch I, Einleitung § 6).

[2] Horaz *Ars Poetica (Dichtkunst)* 388.

BUCH I

Einleitung

1. Im Anschluß an meine zwanzigjährige Tätigkeit als Erzieher der Jugend hatte ich mich in den ersehnten Ruhestand begeben. Da wurde ich von Freunden aufgefordert, etwas über den Ausbildungsgang in der Rhetorik zu schreiben. Lange habe ich mich freilich dagegen gewehrt, wußte ich doch, daß die berühmtesten Schriftsteller beider Sprachen bereits viele gründliche Bearbeitungen dieses Themas der Nachwelt überliefert haben. 2. Aber gerade die Begründung, von der ich mir eine leichtere Hinnahme meiner Weigerung versprach, ließ die Gegenseite nur noch mehr in Feuer geraten: Gerade weil es schwierig sei, unter den verschiedenartigen Thesen der Vorgänger und ihren zum Teil widerstreitenden Meinungen das Rechte zu treffen, sei es keineswegs unbillig von ihnen, mir eine solche Aufgabe zuzumuten. Ich solle wenn schon keine neue Theorie vertreten, so doch in jedem Falle mein Urteil über die vorliegenden Lehrmeinungen abgeben. 3. Es war nun freilich nicht so sehr die Zuversicht, die Leistung zu erbringen, die der Forderung entsprach, als vielmehr der Wunsch, niemanden zu kränken, was mich nachgeben ließ. Und doch nahm ich, als sich mir das Thema in seinem ganzen Umfang erschloß, von mir aus noch eine größere Last auf mich, als man sie mir eigentlich hatte aufladen wollen. Einmal wollte ich mir durch ein größeres Entgegenkommen meine Freunde noch geneigter machen, zum andern aber wollte ich nicht nur auf ausgetretenen Pfaden in fremden Spuren wandeln.

4. Fast alle, die über die Kunst der Beredsamkeit geschrieben haben, begannen nämlich unter der Voraussetzung, daß sie Leuten, die bereits den Gipfel aller übrigen Gelehrsamkeit erreicht hätten, nur noch den letzten Schliff in der Redekunst geben sollten. Vielleicht sahen sie auf die Übungen einer früheren Stufe als auf etwas Geringwertiges herab, oder sie glaubten vielleicht, das sei nicht ihre Aufgabe, da die einzelnen Fächer ihre eigenen Lehrer hätten. Oder aber – was der Wahrheit am nächsten kommt – sie erhofften sich keinen Gewinn für ihr Talent von solchen Dingen, die zwar unerläßlich sind, aber keineswegs in die Augen stechen, wie ja auch die Giebel der Gebäude sichtbar sind, ihre Fundamente aber im Verborgenen liegen. 5. Ich stehe jedoch auf dem Standpunkt, zur Rhe-

torik gehöre all das, ohne das man zugegebenermaßen kein Redner werden könne. Auch kann man, meine ich, die höchste Vollkommenheit in einer Sache nur erreichen, wenn man zuerst die Anfangsgründe legt. Daher will ich mir nicht zu schade dafür sein, mich zu den geringeren Dingen herabzulassen – wenn man sie vernachlässigt, erreicht man ja die höheren nicht –, und gerade als ob jemand zu mir käme, um sich zum Redner ausbilden zu lassen, will ich seinen Ausbildungsgang in der frühesten Kindheit beginnen lassen.

6. Dieses Werk widme ich dir, Marcellus Victorius, nicht nur weil ich dich als einen meiner liebsten Freunde und dazu noch als glühenden Liebhaber der Wissenschaften dieses Pfandes unserer gegenseitigen Zuneigung für besonders würdig halte, obwohl das ja schon Grund genug ist. Vielmehr meine ich, bei der Erziehung deines Sohnes Geta, in dessen kindlichem Alter schon deutlich die künftige Begabung aufleuchtet, werden dir diese Bücher nicht ohne Nutzen sein, die wir sozusagen gleich von der Wiege des Redens an durch alle Fachgebiete, die für den künftigen Redner irgendwie von Vorteil sein können, bis zum höchsten Gipfel dieser Kunst führen wollen. 7. Dazu entschloß ich mich um so eher, als schon zwei Bücher über die Redekunst unter meinem Namen in Umlauf waren, die weder von mir herausgegeben noch zu diesem Zweck zusammengestellt worden waren. Den einen Text, einen zweitägigen Vortrag, hatten Sklaven, deren Aufgabe dies war, mitgeschrieben, den anderen, eine über mehrere Tage gehende Vorlesung, hatten junge Leute, soweit sie beim Mitschreiben hatten folgen können, festgehalten. Wohlmeinend, aber in ihrer Verehrung für mich übers Ziel hinausschießend, hatten sie es voreilig einer Veröffentlichung für wert befunden[3]. 8. Deshalb wird auch in diesen Büchern einiges davon stehen, vieles verändert, sehr vieles hinzugefügt, das Ganze aber übersichtlicher angeordnet und nach Möglichkeit ausgestaltet.

9. Es geht mir um die Ausbildung des vollkommenen Redners, und das kann nur einer sein, der zugleich ein guter Mensch ist. Daher verlange ich von ihm nicht nur eine außergewöhnliche Redebefähigung, sondern auch alle charakterlichen Vorzüge. 10. Ich erkläre mich nämlich nicht damit einverstanden, so wie einige das für richtig halten, die Grundsätze eines anständigen und ehrenhaften

[3] Vielleicht handelt es sich dabei um die unter Quintilians Namen überlieferte Sammlung von Redeübungen *Declamationes minores (Kleinere Redeübungen)*.

Lebens seien die Domäne der Philosophie. Denn der wahrhaft politisch gesinnte und zur Führung von Privat- und Staatsangelegenheiten befähigte Mann, der mit seinem Rat Städte leiten, ihnen durch seine Gesetzgebung eine feste Grundlage geben und durch sein richterliches Urteil Besserung verschaffen kann, dieser Mann ist niemand anderes als der Redner. 11. Daher möchte ich, wenn ich auch zugebe, Gedanken aus philosophischen Schriften zu verwenden, doch bei der Anschauung bleiben, daß diese Dinge zu Recht und wahrheitsgemäß unsere Aufgabe sind und im eigentlichen Sinne zur Rhetorik gehören. 12. Oder, wenn doch so häufig über Gerechtigkeit, Tapferkeit, Mäßigung und die übrigen Themen dieser Art gehandelt werden muß – und das geht so weit, daß es kaum einen Gerichtsfall gibt, bei dem keine solche Frage auftaucht – und wenn doch dies alles mit rednerischer Erfindungskunst und künstlerischem Ausdruck entwickelt werden muß, kann es da einen Zweifel geben, daß überall dort, wo Geisteskraft und Redefülle gefordert werden, das eigentliche Wirkungsgebiet des Redners liegt?

13. Und diese beiden Disziplinen [Philosophie und Redekunst] sind ja auch, wie Cicero ganz augenfällig darlegt[4], ihrem Wesen nach eine Einheit gewesen und auch in ihrer Wirkungsweise derart verbunden, daß man die gleichen Männer für weise und für beredt hielt. Dann aber gab es eine Spaltung in diesem Fachbereich[5], und aus Trägheit kam es dahin, daß die Wissenschaft in mehrere Zweige geteilt erschien. Denn sobald einmal das Redenkönnen zum Gewinn diente und es sich eingebürgert hatte, von den guten Gaben der Beredsamkeit einen schlechten Gebrauch zu machen, gaben die, die für gewandte Redner gehalten wurden, die Sorge um die guten Sitten auf. 14. Auf diese Weise preisgegeben, wurde die Morallehre eine Beute minderer Geister. Daraufhin zogen sich einige, die nichts hielten von der mit Mühe verbundenen Kunst der Rede, darauf zurück, den Charakter zu bilden und Grundsätze für die Lebensführung aufzustellen. Damit behielten sie sich den wichtigeren Teil vor, wenn man eine Teilung überhaupt als möglich ansieht, und legten sich einen höchst anmaßenden Namen bei: Sie allein wollten nämlich nach Weisheit Strebende (d. h. Philosophen) genannt werden. Das haben nicht einmal die größten Feldherrn noch Staatsmänner, die durch ihren Rat bei bedeutsamen Entscheidungen oder

[4] *De oratore (Vom Redner)* III 50–65.

[5] Im 4. Jahrhundert legte Aristoteles in seiner Schule den Schwerpunkt auf die Philosophie, während Isokrates (vgl. Anm. 58) die praktische Beredsamkeit in den Mittelpunkt seiner Lehre stellte.

durch ihre Verwaltung des gesamten Staates höchsten Ruhm gewonnen haben, von sich zu behaupten gewagt; im Handeln wollten sie nämlich lieber das Größte erreichen als im Versprechen. 15. Daß von den alten Weisheitslehrern viele die Grundsätze rechten Lebens gelehrt und vorgelebt haben, das will ich gern zugestehen. In unserer Zeit aber halten sich unter diesem Namen bei nicht gerade wenigen die schlimmsten Laster versteckt. Denn nicht aufgrund von sittlicher Größe und wissenschaftlichen Bestrebungen sind sie bemüht, für Philosophen gehalten zu werden, sie suchen vielmehr hinter einer Trauermiene und einem exzentrischen Aufzug eine ganz üble Sittenlosigkeit zu verstecken. 16. Die Probleme aber, die sie als das Eigentum der Philosophie in Anspruch nehmen, behandeln wir ja alle allenthalben. Denn wer redet nicht von Gerechtigkeit und Billigkeit, vom Guten, sogar wenn er der ärgste Schurke wäre? Versuchen nicht selbst die Bauern auf dem Land den Naturerscheinungen auf den Grund zu gehen? Die eigentliche Wortbedeutung und ihr Unterschied muß ja gemeinsames Eigentum aller sein, die sich um die Sprache bekümmern. 17. Doch am besten kennen und ausdrücken wird dies alles der Redner. Und wenn es schon einmal den vollkommenen Redner gegeben hätte, würde man nicht von den Philosophenschulen die Grundregeln für das Sittlichgute zu erhalten suchen. In unserer Zeit muß man sich zuweilen an die als Gewährsmänner halten, die, wie ich sagte, den preisgegebenen Teil der Redekunst in Besitz genommen haben – es ist zudem noch der bedeutendere Teil –, und man muß ihn gleichsam als unser Eigentum zurückfordern, nicht um sich ihrer Erkenntnisse zu bedienen, sondern um darzutun, daß sie Nutznießer fremden Guts sind.

18. Es sei also der Redner der Mann, der in Wahrheit der Weise genannt werden kann, nicht nur in seiner sittlichen Haltung vollkommen – denn das genügt meiner Ansicht nach noch nicht, wenn auch andere anders darüber denken –, sondern auch durch wissenschaftliche Kenntnisse und eine alles umfassende Redegabe. 19. Einen solchen Mann hat es vielleicht bisher noch nicht gegeben, dennoch müssen wir uns auf dieses höchste Ziel hin ausrichten. So handelten auch die meisten der Alten, die, wenn sich auch ihrer Ansicht nach noch kein Weiser gefunden hatte, dennoch die Weisheit lehrten und weitergaben. 20. Es gibt nämlich ganz sicher eine höchste Stufe der Beredsamkeit, und zu ihr zu gelangen verhindert die natürliche Beschaffenheit des menschlichen Geistes keineswegs. Wenn es aber nicht gelingt, so kommen die doch höher hinauf, die zum Gipfel

streben, als die, die von vornherein daran verzweifeln, zum gewünschten Ziel zu gelangen, und gleich ganz unten haltmachen.

21. Ich werde mir um so eher Nachsicht erbitten können, wenn ich jene zwar nicht erstrangigen, aber für das Werk, wie ich es vorhabe, doch notwendigen Dinge nicht übergehe. Das erste Buch wird nämlich das enthalten, was der Tätigkeit des Rhetoriklehrers vorausgeht. Im zweiten Buch werden wir die Elementarstufe des Unterrichts beim Rhetor sowie das Wesen der Rhetorik selbst behandeln. 22. Fünf weitere Bücher werden der rhetorischen Erfindungskunst gewidmet sein – ihr wird auch die Kunst der Anordnung zugeordnet –, vier dem sprachlichen Stil, wozu noch die Lehre vom Gedächtnis und die Kunst des Vortrags tritt. Eines wird noch hinzukommen, in dem wir die Persönlichkeit des Redners selbst gestalten wollen. Dort werden wir, soweit es unsere schwachen Kräfte zulassen, erörtern, wie seine sittliche Haltung sein soll, wie er bei der Übernahme, der Vorbereitung und der Führung von Prozessen vorgehen soll, welche Stilart jeweils Verwendung finde, wann man seine Laufbahn als Anwalt beenden und welchen Studien man sich anschließend widmen soll. 23. Bei der Behandlung all dieser Themen wird nach den jeweiligen Erfordernissen auch die Theorie behandelt, die den Studierenden nicht nur die wissenschaftliche Terminologie vermittelt – worin für manche ausschließlich der wissenschaftliche Charakter der Rhetorik liegt und die sozusagen die Rechtsauslegung der Rhetorik darstellt –, sondern die auch die Redegabe weiterzuentwickeln und die Kräfte der Beredsamkeit zu steigern vermag. 24. Die gängigen bloßen Formelgerüste lähmen und töten nämlich durch ihre allzu große Spitzfindigkeit meist jeden rednerischen Höhenflug, saugen allen Saft geistigen Lebens aus und legen das Knochengerüst bloß, das doch, wenn es leben und mit Hilfe der Muskeln Spannung haben soll, auch den Körper um sich herum braucht. 25. Deshalb haben wir nicht nur den meist üblichen kurzen Abriß, sondern alles, was wir zur Ausbildung des Redners für nützlich halten, in diesen zwölf Büchern zusammengetragen und werden alles kurz vorführen. Wollten wir jeweils alles, was man zu dem betreffenden Thema sagen kann, vortragen, dann fände unser Werk gar kein Ende. 26. Auf etwas möchte ich aber gleich zu Anfang hinweisen: Alle Regeln und Systeme nützen gar nichts, wenn die Natur nicht mithilft. Daher sind diese Schriften für jemanden, dem die Begabung fehlt, nicht mehr wert als ein Buch über Ackerbau bei unfruchtbarem Land. 27. Es gibt auch noch andere Hilfsmittel, die ein jeder von Geburt mitbringen muß:

Stimme, kräftige Lunge, gute Konstitution, Beharrungsvermögen, ein ansprechendes Wesen. Wenn diese Grundlagen in Maßen gegeben sind, dann kann man sie systematisch ausbauen. Manchmal fehlen sie jedoch so völlig, daß sie auch die Vorzüge der Begabung und des Fleißes zunichte werden lassen. Ebenso sind auch diese angeborenen Vorzüge ohne einen erfahrenen Lehrer, beharrliches Studium und umfassende und stetige Übung im Schreiben, Lesen und Reden für sich allein ganz ohne Nutzen.

1. Kapitel

Die Anfänge der Erziehung

1. So soll denn ein Vater, dem ein Sohn geboren worden ist, gleich möglichst große Hoffnungen auf ihn setzen; um so gewissenhafter wird er von Anfang an mit ihm umgehen. Ganz grundlos beklagt man sich nämlich, nur sehr wenigen Menschen werde die Gabe zuteil, ihren Lehrstoff auch wirklich aufzunehmen, bei den meisten sei ihrer geistigen Trägheit wegen alle Mühe und Zeit umsonst verschwendet. Im Gegenteil, man findet nämlich, daß der größere Teil der Menschen mit geistiger Beweglichkeit und rascher Auffassungsgabe ausgestattet ist. So entspricht es ja auch der menschlichen Natur. Wie die Vögel zum Fliegen, die Pferde zum Laufen, die wilden Tiere zur Beutelust geboren sind, so ist uns ein regsamer und erfinderischer Geist eigen, der zu dem Glauben geführt hat, er sei himmlischen Ursprungs. 2. Stumpfsinnige und nicht bildbare Menschen kommen dieser Art der menschlichen Natur entsprechend nicht häufiger zur Welt als solche mit seltsamen und unnatürlichen körperlichen Mißbildungen. Deren geringe Zahl dient gerade zum Beweis, daß man auf die kindlichen Naturanlagen die höchsten Erwartungen setzen kann. Wenn diese im Lauf der Jahre ersterben, so wird damit augenfällig klar, daß es nicht an der Naturanlage gefehlt hat, sondern an der Förderung. 3. »Es übertrifft aber doch der eine den andern an Talent.« Das gebe ich zu, doch wird er dadurch nur ein Mehr oder Weniger an Leistung erbringen, es findet sich jedoch keiner, der durch eifrige Bemühung gar nichts erreicht hätte. Wer diesen Zusammenhang durchschaut, wird gleich, wenn er Vater geworden ist, dem hoffnungsvollen zukünftigen Redner seine aufmerksame Fürsorge in möglichst hohem Maße zuwenden.

4. Vor allem darf die Sprache der Ammen nicht fehlerhaft sein. Diese sollen ja Chrysipp[6] zufolge nach Möglichkeit sogar in der Philosophie unterrichtet sein, auf jeden Fall sollte man aber, soweit es die Umstände gestatten, nur die besten dafür auswählen. Und bei ihnen kommt es sicherlich in erster Linie auf ihre guten Sitten an, aber sie sollen auch einwandfrei sprechen. 5. Sie wird ja der Knabe als erste hören, ihre Worte wird er nachzuahmen versuchen. Und von Natur aus halten wir ja am stärksten an den Eindrücken fest, die wir in unsern Entwicklungsjahren aufgenommen haben. So bleibt ja auch der Geschmack, mit dem neue Gefäße zuerst in Berührung gekommen sind, haften, und die Farben, mit denen man die ursprünglich helle Wolle zuerst gefärbt hat, lassen sich nicht mehr herauswaschen. Und diese Eindrücke haften um so stärker, je schlechter sie sind. Denn Gutes läßt sich leicht zum Schlechten hin verändern, aber hat man je einmal aus Fehlern einen Vorzug machen können? Also soll das Kleinkind, zumal es ja noch keine eigene Sprache hat, sich keine Redeweise angewöhnen, die es wieder ablegen muß.

6. Die Eltern würde ich mir so gebildet wie möglich wünschen. Dabei spreche ich nicht nur von den Vätern. Uns ist ja bekannt, daß zur Redegabe der Gracchen ihre Mutter Cornelia[7] viel beigetragen hat. Ihre äußerst gebildete Redeweise ist in ihren Briefen auch noch der Nachwelt erhalten geblieben. Auch Laelia, die Tochter des Gaius [Laelius], soll in ihrer Unterhaltung die elegante Sprache ihres Vaters widergespiegelt haben. Und die Rede, die Hortensia, die Tochter des Quintus [Hortensius], vor den Triumvirn gehalten hat, liest man auch nicht nur, um dem weiblichen Geschlecht Ehre widerfahren zu lassen[8]. 7. Jedoch sollen die Eltern, die selber nicht in der Lage waren, sich Bildung anzueignen, keine geringere Sorge für die Ausbildung ihrer Kinder aufwenden, sondern gerade

[6] Stoiker, um 281–208, schrieb u. a. eine Schrift über Kindererziehung, aus der das Zitat erhalten ist (*Stoicorum veterum fragmenta [Bruchstücke der alten Stoiker]* 734 ed. Arnim).

[7] Tochter des Scipio Africanus Maior, Mutter der Reformpolitiker Tiberius und Gaius Gracchus. Zwei ihrer Briefe an Gaius sind erhalten. Vgl. auch Cicero *Brutus* 211, Tacitus *Dialogus de oratoribus (Dialog über die Redner)* 28.

[8] Laelia, die Tochter des mit Scipio Africanus Minor befreundeten Laelius Sapiens, wird auch bei Cicero *De oratore* III 45 erwähnt. Während des Triumvirates Antonius-Octavian-Lepidus (42 v. Chr.) hielt die Tochter des berühmten Redners Hortensius (Zeitgenosse und Rivale Ciceros) eine mutige Rede gegen eine Sondersteuer für verheiratete Frauen; vgl. Appian *Bürgerkrieg* IV 32. – Obwohl Quintilian in seinem Werk nur von Knaben spricht, wurden auch Mädchen unterrichtet, wie literarische und bildliche Zeugnisse beweisen.

deshalb umso intensiver in den übrigen Bereichen ihre Fürsorge zeigen. Von den Sklavenkindern, mit denen zusammen unser hoffnungsvoller künftiger Redner erzogen wird, soll dasselbe gelten wie von den Kinderfrauen. 8. Was die Betreuer der Kinder[9] angeht, so soll darüber hinaus noch betont werden, daß sie entweder wirklich gebildet sind, worauf man sein Hauptaugenmerk richten sollte, im andern Falle aber sollten sie sich darüber klar sein, daß sie keine wirkliche Bildung besitzen. Nichts ist schlimmer, als wenn Leute, die selber kaum über das Alphabet hinausgekommen sind, sich einbilden, wunder wie gelehrt zu sein. Denn dann sind sie unwillig darüber, hinter dem Schulunterricht zurücktreten zu müssen. Und als gäbe ihnen ihre Machtbefugnis, die Leuten dieser Art den Kamm schwellen läßt, einen Rechtsanspruch, so fahren sie fort, herrschsüchtig und bisweilen blindwütig ihre Dummheit an den Mann zu bringen. 9. Nicht weniger schadet ihr verkehrtes Verhalten der sittlichen Bildung. So hat zum Beispiel Leonides, der Betreuer Alexanders [des Großen], wie uns Diogenes der Babylonier[10] überliefert hat, ihm manche Unarten beigebracht, die ihm, als er schon erwachsen und der mächtigste König war, immer noch von seiner Erziehung als Kind her anhingen.

10. Wer glaubt, ich schraube meine Forderungen recht hoch, der soll bedenken, daß es um die Ausbildung eines Redners geht, eine schwere Aufgabe, auch wenn es an den Voraussetzungen zu seiner Heranbildung nicht fehlen sollte, und daß außerdem noch weitere und schwierigere Aufgaben vor uns liegen. Denn es bedarf unablässiger Bemühungen, der hervorragendsten Lehrer und einer Fülle von Studienfächern. 11. Daher müssen in den Anleitungen die höchsten Forderungen erhoben werden. Wenn das jemandem zu beschwerlich ist, so liegt das nicht am Ausbildungsgang, sondern an dem Betreffenden selber. Wenn jemand nun nicht in der glücklichen Lage ist, so gute Kinderfrauen, Sklavenkinder und Betreuer zu haben, wie es mir am liebsten wäre, dann soll aber doch auf jeden Fall ständig jemand dasein, der einigermaßen gut zu sprechen weiß. Dieser sollte dann, falls andere sich im Beisein seines Schützlings

[9] Paedagogi (παιδαγωγοί). Das Wort bezeichnet ursprünglich nur die Sklaven, die die Kinder unterwegs und auf dem Schulweg zu begleiten und zu beaufsichtigen hatten, die »Kinderführer«. Erst im Lauf der Zeit entwickelte sich daraus der Begriff Erzieher.

[10] Diogenes von Seleukeia, genannt der Babylonier, Stoiker, Mitglied der Philosophengesandtschaft in Rom (156/5 v. Chr.), die die Römer mit griechischer Philosophie, Rhetorik und Dialektik nachhaltig bekannt machte. Der Ausspruch in den *Stoicorum veterum fragmenta* 51.

nicht korrekt ausdrücken, dies sofort verbessern und dadurch verhindern, daß sich der Fehler festsetzt. Dabei sollte man sich freilich darüber klar sein, daß meine vorherige Anweisung das Wünschenswerte ist, das letztere nur ein Gegenmittel.

12. Mit der griechischen Sprache soll der Knabe beginnen, weil er das Lateinische, das ja allgemein gesprochen wird, selbst wenn wir es nicht wollten, in sich aufnehmen wird. Einen weiteren Grund bildet die Tatsache, daß er ja zuerst in den griechischen Unterrichtsfächern unterrichtet werden soll, von denen die unseren sich herleiten. 13. Damit soll man es aber nicht so übergenau nehmen, daß das Kind nun lange Zeit ausschließlich griechisch spricht oder lernt, wie das bei den meisten Leuten Sitte ist. Dadurch kommt es nämlich zu sehr vielen Fehlern in der Aussprache, die durch den fremden Klang verdorben wird, wie auch in der Sprechweise, an der die griechischen Ausdrücke durch die dauernde Gewohnheit haftenbleiben und sich auch bei der ganz andersartigen lateinischen Sprachform mit Hartnäckigkeit halten. 14. Nicht viel später soll daher das Lateinische nachfolgen und sehr bald gleichberechtigt danebenstehen. So wird, wenn wir von Anfang an gleiche Sorgfalt auf die Ausbildung in beiden Sprachen legen, die eine der anderen nicht im Wege stehen.

15. Manche sind der Meinung, Kinder unter sieben Jahren sollten noch keinen Unterricht erhalten, weil sie erst in diesem Alter genügend Aufnahmefähigkeit für die Unterrichtsfächer hätten und der Anstrengung des Lernens gewachsen seien. Diese Ansicht habe auch Hesiod[11] vertreten, so überliefern es die meisten, die vor der Zeit des Grammatikers Aristophanes gelebt haben. Dieser hat nämlich als erster die Autorschaft dieses Dichters an den *Ratschlägen* bestritten, in denen diese Anschauung vertreten wird. 16. Doch haben auch andere Autoren, unter ihnen Eratosthenes[12], denselben Rat gegeben. Besser raten diejenigen, die keine Zeit ohne besondere Förderung verstreichen lassen wollen, zum Beispiel Chrysipp. Dieser will die Kinder zwar die ersten drei Jahre in der Obhut der Kinderfrauen lassen, spricht sich aber dafür aus, daß auch diese den kindlichen Geist schon möglichst wirksam heranbilden sollten. 17. Warum aber sollte ein Lebensalter zur Geistesbildung nicht fähig sein, das schon zur Charakterbildung fähig ist? Freilich ist mir klar,

[11] Schöpfer des griechischen Lehrgedichts, um 700 v. Chr. – Aristophanes von Byzanz, griechischer Grammatiker und Literaturwissenschaftler, 257–180 v. Chr.

[12] Eratosthenes von Kyrene, Bibliothekar und Erzieher in Alexandria, um 284 bis 202 v. Chr.

daß man in diesem gesamten Zeitraum, von dem hier die Rede ist, kaum soviel erreichen kann, wie später den Ertrag eines einzigen Jahres ausmacht. Dennoch scheinen mir die Gegner meiner Auffassung dabei nicht so sehr auf Schonung der Lernenden als vielmehr der Lehrenden bedacht gewesen zu sein. 18. Was sollen die Kinder auch sonst Besseres tun, wenn sie einmal reden können – tun müssen sie ja irgend etwas. Oder warum sollen wir den Gewinn bis zum siebten Jahr verschmähen, wie gering er auch ausfallen mag? Denn so gering der Ertrag der frühen Jahre auch sein mag, ein bißchen mehr wird der Knabe doch in dem Jahr lernen, in dem er sonst nur die Anfangsgründe gelernt hätte. 19. Diese Vorleistung, die man als Guthaben von einem Jahr zum andern stehen läßt, macht schließlich einen schönen Gewinn aus, und was man in der Kindheit an Zeit eingespart hat, läßt sich der Jugendzeit zuschlagen. Ebenso muß die Vorschrift auch für die folgenden Jahre lauten, mit dem Lernpensum nicht zu spät zu beginnen. Wir wollen also nicht gleich zu Anfang Zeit vergeuden, zumal sich die Anfangsgründe der Bildung ausschließlich auf das Gedächtnis stützen. Und dieses ist bei den Kleinen nicht nur schon vorhanden, es ist sogar gerade dann am zuverlässigsten.

20. Ich bin aber keineswegs so blind gegenüber den Unterschieden in den einzelnen Altersstufen, zu glauben, man dürfe dieses zarte Alter schon hart anfassen und ausgesprochene Leistungen erwarten. Denn vor allem muß man sich davor hüten, daß ein Kind, dem das Lernen noch keine Begeisterung einflößen kann, eine Abneigung dagegen bekommt und sich dann auch noch über die Kinderjahre hinaus von der einmal gekosteten Bitterkeit mit Abscheu abwendet. Das Lernen soll ein Spiel sein, das Kind soll gefragt und gelobt werden und sich freuen, wenn es etwas erreicht hat. Wenn es einmal nicht will, nehme man einen anderen dran, auf den es dann neidisch wird. Zwischendurch soll einmal ein Wettstreit veranstaltet werden, und das Kind soll öfters das Gefühl haben, erster zu sein[13]. Auch mit Belohnungen, wie sie zu diesem Alter passen, soll man das Kind fordern.

21. Kleinkram bringe ich da und habe doch versprochen, einen Redner auszubilden. Aber auch die Ausbildung hat ihre Kindheitsstufe, und wie die Erziehung künftiger Athleten mit der Muttermilch und in der Wiege ihren Anfang nimmt, so hat auch der künftige große Redner einmal quäkende Töne von sich gegeben, mit un-

[13] D. h. es soll häufig ein Erfolgserlebnis haben.

sicherer Stimme die ersten Redeversuche gemacht und die Buchstaben durcheinandergebracht. Wenn etwas als Lernstoff für sich allein nicht ausreicht, so heißt das nicht, daß es unnötig wäre. 22. Niemand tadelt einen Vater, weil er überzeugt ist, diese Dinge bei seinem Sohn keinesfalls vernachlässigen zu dürfen. Warum sollte es dann Tadel finden, das, was man zu Hause mit vollem Recht tut, auch öffentlich auszusprechen? Und das gilt umso mehr, als ja die Kleineren diese kleineren Aufgaben noch leichter auffassen. Wie nämlich der Körper bestimmte Bewegungen der Glieder nur ausführen kann, solange er noch biegsam ist, so führt auch die vollentwickelte Geisteskraft zu einer Verhärtung der Aufnahmefähigkeit gegenüber zahlreichen Lernstoffen. 23. Hätte sonst etwa Philipp von Makedonien gewünscht, daß Aristoteles, der bedeutendste Philosoph seiner Zeit, seinem Sohne Alexander Lesen und Schreiben beibringen sollte, oder hätte Aristoteles diese Aufgabe übernommen, wäre er nicht der Überzeugung gewesen, die Anfangsgründe der Bildung könne nur der allerbeste Lehrer aufs beste vermitteln, und sie gehörten zum Allerwichtigsten überhaupt? 24. Also wollen wir uns vorstellen, ein Alexander sei uns übergeben, ein Kind sei uns in den Schoß gelegt, das solcher Sorge wert ist – aber schließlich sollte ja jeder seinem Kind solche Beachtung schenken. Und da sollte ich mich schämen, schon gleich bei den Anfangsgründen einige kurze methodische Anweisungen für den Unterricht zu geben?

So gefällt es mir zum Beispiel gar nicht, was man doch allenthalben erlebt, daß die Kinder die Namen der Buchstaben und ihre Reihenfolge im Alphabet eher lernen als ihre Formen. 25. Das hindert sie, die Einzelbuchstaben zu erkennen, da sie ihr Augenmerk nicht auf die Schreibform der einzelnen Buchstaben richten, sondern derweil, in Gedanken vorauseilend, dem Zusammenhang des Auswendiggelernten folgen. Deshalb gehen die Lehrer, wenn die Buchstaben bei den Kindern in der Reihenfolge des Alphabets festsitzen, sie dann auch von rückwärts noch einmal durch und bringen sie in buntem Durcheinander, bis die Schüler die Buchstaben nach ihrem Aussehen kennen, nicht nach ihrem Platz im Alphabet. Am besten wird man sie daher gerade wie Menschen nach Aussehen und Namen vorstellen. 26. Doch was bei den Einzelbuchstaben ein Hindernis ist, schadet bei den Silben nicht. Damit verwerfe ich keineswegs das bekannte Mittel, Kinder zum Lernen anzuregen, indem man ihnen nämlich Buchstaben aus Elfenbein zum Spielen gibt, oder was sich sonst finden läßt, was ihnen in diesem Alter Spaß macht, es in die Hand zu nehmen, zu betrachten und mit Namen zu benennen.

27. Wenn das Kind aber schon den Schriftzügen folgen kann, wird es nicht ohne Nutzen sein, die Buchstaben so korrekt wie möglich auf ein Täfelchen einzuritzen, damit der Griffel durch sie hindurch wie durch eine Furche gezogen werden kann. Dann kann er nämlich nicht abrutschen wie auf einer Wachstafel, er wird ja beiderseits durch die Ränder festgehalten und kann nicht über das Vorgeschriebene hinausgeraten. Indem er immer schneller und immer wieder der festen Spur folgt, kräftigen sich die Finger, und man braucht niemanden, der beim Schreiben die Hand führt.

28. Es ist durchaus nicht unwichtig für uns, was von Leuten höheren Standes leicht vernachlässigt wird, nämlich sich Mühe zu geben um eine ordentliche, flüssige Handschrift. Eigenhändig zu schreiben ist beim Studieren besonders wichtig, dadurch allein kann ein echter Fortschritt auf fester Grundlage erzielt werden. Einerseits hemmt eine zu langsame Schreibweise den Gedankenfluß, eine ungeübte, unordentliche Handschrift aber läßt den Sinn nicht klar werden, deshalb muß man sich anschließend noch die zusätzliche Mühe machen zu diktieren, was abgeschrieben werden muß. 29. Daher wird man immer und allenthalben, ganz besonders aber bei der Korrespondenz im privaten und im Freundeskreis, froh darüber sein, wenn man seine Handschrift nicht vernachlässigt hat.

30. Bei den Silben gibt es keine besondere Lehrmethode, sie müssen alle gründlich gelernt werden, und man darf nicht, wie es meist geschieht, die schwierigsten zurückstellen, um dann bei der Behandlung der Wörter im Ganzen unvorbereitet auf sie zu stoßen. 31. Ja man darf auch nicht leichthin auf das einmal Eingeprägte vertrauen; Wiederholen und immer wieder Einschärfen wird besser sein. Ebenso soll man es auch beim Lesen nicht zu eilig haben, zu einem zusammenhängenden Text zu kommen oder die Lesegeschwindigkeit zu steigern, ehe nicht das Lesen zusammengesetzter Buchstaben ohne Anstoß und Zögern vor sich geht, wenigstens ohne daß eine Pause zum Nachdenken gemacht werden muß. Dann kann man beginnen, mit diesen Silben Wörter zu bilden und sie zu einem zusammenhängenden Text zu verbinden. 32. Man sollte es nicht glauben, wieviel Aufenthalt die Übereilung beim Lesen kostet. Daraus resultiert nämlich das Zögern, Weglassen, das von neuem Beginnen bei den Schülern, die sich mehr zutrauen als sie können, und die dann, wenn sie Fehler machen, auch kein Vertrauen in ihr sicheres Wissen mehr haben. 33. Die Sicherheit muß also beim Lesen den

Vorrang haben, dann kommt das Üben im Zusammenhang, und dies lange Zeit noch recht langsam, bis durch die Übung dann auch das schnellere Lesen immer besser geht. 34. Denn nach rechts zu schauen, wie allgemein der Rat lautet, und sich im voraus einen Überblick zu verschaffen, ist keine Sache der Überlegung allein, man muß auch Übung darin haben. Man muß ja, während man auf das Folgende schaut, das Vorausgehende lesen und, was das Schwierigste ist, seine Aufmerksamkeit teilen, so daß man hier mit der Stimme, dort mit den Augen arbeitet. Man wird es auch nicht zu bereuen haben, wenn man dafür gesorgt hat, daß der Knabe gleich von Anfang an bei dem üblichen Wörterschreiben seine Mühe nicht mit allgemeinen und geläufigen Worten vertut. 35. Gleichzeitig, während er noch mit anderem beschäftigt ist, kann er nämlich die Bedeutung seltener Worte, die die Griechen Glossen nennen, mitlernen und schon in der Elementarstufe ein Gebiet beherrschen, das sonst später eine Zeit für sich beanspruchen würde. Und da wir uns gerade bei noch anspruchslosen Themen aufhalten: Auch die Verse, die als Vorlage zum Abschreiben dienen, sollen, meine ich, keine müßigen Gedanken enthalten, sondern solche, die zu etwas Ehrenhaftem aufrufen. 36. Die Erinnerung hieran begleitet den Knaben bis zum Greisenalter, und der Eindruck auf das noch unverbildete Gemüt wird beitragen zur Formung seines Charakters. Auch Aussprüche berühmter Männer und vor allem ausgewählte Stellen aus den Dichtern – denn sie kennenzulernen ist für die Kleinen reizvoller – kann man bei spielerischer Beschäftigung auswendiglernen lassen. Denn das Gedächtnis ist ja für den Redner ganz besonders wichtig, wie ich gegebenen Orts noch ausführen werde[14], und dies wird gestärkt und genährt vor allem durch Übung. In diesem Lebensalter, von dem wir hier sprechen, das selbst noch nichts Eigenes aus sich heraus hervorbringen kann, ist es nahezu das einzige, was auf sorgsame Belehrung anspricht. 37. Es wird auch nicht verkehrt sein, von Kindern dieses Alters zu fordern, daß sie zur geläufigeren Aussprache und deutlicheren Sprechweise gesucht schwierige Wörter und Verse möglichst rasch herunterschnurren, und zwar solche, die, durch mehrere rauh aneinanderstoßende Silben, wahre Stolpersteine sind: Zungenknebel nennt man sie im Griechischen. Eine unbedeutende Sache, aber wenn man sie unterläßt, führt dies zu zahlreichen Aussprachefehlern, die, wenn sie nicht in den frühen Jahren ausgemerzt werden, sich zu unaustilgbaren Mängeln in der Folgezeit auswachsen.

[14] XI 2.

2. Kapitel

Erziehung zu Hause oder in der Schule?

1. Doch allmählich ist die Zeit gekommen, daß unser Knabe größer wird, vom Schoß herunterklettert und ernsthaft lernt. An dieser Stelle wird man daher vornehmlich die Frage behandeln, was zweckmäßiger ist: ihn beim Lernen zu Hause und innerhalb der vier Wände zu halten oder ihn dem Massenbetrieb einer Schule und sozusagen Lehrern für die Öffentlichkeit auszuliefern. 2. Das letztere haben zwar die Gesetzgeber hochberühmter Staaten wie auch höchst anerkannte Autoren für richtig gehalten, wie ich sehe. Dennoch soll nicht verschwiegen werden, daß es einige gibt, die sich von diesem schlechthin allgemein üblichen Brauch aus persönlicher Überlegung heraus ausschließen. Diese scheinen vor allem zwei Gründe zu haben: Erstens sei es der Charakterbildung zuträglicher, wenn Kinder dieses Alters, das nur allzu leicht sittlichen Verfehlungen anheimfällt, nicht mit einer Menge Menschen in Berührung kämen. Das sei auch häufig der Grund für unschöne Vorfälle, was leider nicht zu leugnen ist. Zweitens: Wer auch immer der Lehrer sein werde, er könne doch offensichtlich seine Zeit einem Schüler freigiebiger widmen, als wenn er die gleiche Zeit unter mehrere zu teilen habe. 3. Das erste Argument muß unbedingt ernst genommen werden, denn wenn es feststände, daß die Schulen zwar dem Wissen nützten, aber dem Charakter schadeten, dann erschiene mir ein anständiges Leben wichtiger als die beste Redekunst. Aber meiner Meinung nach ist beides ja untrennbar verbunden. Ein Redner kann nämlich – das ist meine Überzeugung – nur ein ehrenhafter Mann sein, und falls das Gegenteil möglich wäre, so wäre ich dagegen. Über diesen Punkt also zuerst. 4. Die Sitten würden in den Schulen verdorben, so behauptet man. Zuweilen werden sie auch verdorben, doch zu Hause ebenfalls, und es gibt für beides zahlreiche Beispiele, aber wahrhaftig auch dafür, daß hier wie da der Anstand sorgsam gewahrt blieb. Auf die Veranlagung eines jeden kommt es ausschließlich an sowie auf die Zuwendung, die er erfährt. Angenommen, jemand ist zu sittlichen Verfehlungen geneigt, angenommen, man vernachlässigt es in frühester Kindheit, das Schamgefühl zu bilden und zu bewahren, dann würden die stillen Winkel zu Hause nicht weniger Gelegenheit zu schlimmem Tun bieten. Denn auch der Hauslehrer kann sich anstößig betragen, und der Verkehr mit

schlechten Sklaven ist nicht gefahrloser als der mit wenig ehrbaren Freigeborenen. 5. Aber ist die Veranlagung des Knaben gut und sind die Eltern in ihrer Gleichgültigkeit nicht blind und schlafmützig, können sie sich ja den untadeligsten Mann als Lehrer auswählen – darum kümmern sich ja die Verständigen besonders – und dazu eine möglichst strenge Zucht. Und sie können trotzdem noch einen charakterfesten Mann aus dem Freundeskreis oder einen treuergebenen Freigelassenen ihrem Sohn zur Seite stellen; dessen ständige Begleitung wird selbst diejenigen besser werden lassen, bei denen man Bedenken hatte. 6. Diesen Befürchtungen Abhilfe zu schaffen wäre keine Schwierigkeit. Würden wir selbst nur nicht die Charakteranlagen unserer Kinder verderben! Von der Wiege an verwöhnen wir sie durch Luxus. Unsere weiche Erziehung, die wir liebevolles Gewährenlassen nennen, nimmt ihnen alle geistige und körperliche Widerstandskraft. Was wird einer als Erwachsener nicht besitzen wollen, der schon auf Purpur krabbelt? Die ersten Worte kann das Kind noch nicht herausbringen, da kennt es schon Purpurgewänder, fordert es schon Austern. Wir schulen früher ihren Gaumen als ihren Mund. 7. In Sänften werden sie groß, und sollte ihr Fuß einmal die Erde berühren, so haben sie gleich an jeder Seite die stützenden Hände ihrer Begleiter. Wir haben unsern Spaß, wenn sie dreiste Bemerkungen machen; Ausdrücke, die wir nicht einmal den Mohrensklaven durchgehen ließen, nehmen wir mit Gelächter und Küssen hin. 8. Kein Wunder: Wir haben's ihnen beigebracht, von uns hören sie es, unsere männlichen und weiblichen Schätzchen haben sie vor Augen, jedes Gastmahl tönt wider von obszönen Liedern; was man sich scheut, mit Worten zu benennen, das sehen sie da. Daraus entsteht Gewohnheit, und diese wird zur zweiten Natur. Die Ärmsten lernen das, bevor sie wissen, daß es Laster sind. Dadurch verlieren sie jede Bindung und jeden Halt, sie bekommen diese Fehler nicht durch die Schule, sondern sie bringen sie bereits in die Schule mit.

9. »Aber beim Lernen wird ein Lehrer für einen einzelnen Schüler mehr Zeit haben.« Zunächst: Es steht ja nichts im Wege, daß dieser besagte eine die Aufsicht behält über den Schüler, der in die Schule geht. Doch auch wenn sich beides nicht verbinden läßt, würde ich das Licht einer achtbaren Öffentlichkeit dem Dunkel des Einzelgängertums vorziehen. Denn es sind gerade die besten Lehrer, die sich über regen Besuch freuen und glauben, eines größeren Kreises von Hörern würdig zu sein. 10. Dagegen empfinden es gewöhnlich gerade die weniger Guten im Bewußtsein ihrer Schwäche nicht

als unter ihrer Würde, sich an einzelne Schüler zu hängen und gewissermaßen die Dienste eines Kinderbetreuers zu tun. 11. Aber sollte jemand auch durch sein Ansehen, sein Geld oder freundschaftliche Beziehungen in die Lage versetzt sein, einen hochgebildeten und unvergleichlichen Mann zum Hauslehrer zu haben, so wird dieser doch auch nicht den ganzen Tag mit dem einen Schüler beschäftigt sein wollen. Oder kann die Aufmerksamkeit des Schülers fortwährend so angespannt sein, daß sie nicht wie das Auge beim langdauernden unverwandten Hinschauen ermüdet? Dazu kommt noch, daß man beim Lernen ja viel mehr Zeit für sich allein braucht. 12. Denn beim Schreiben, Auswendiglernen und Überlegen steht ja der Lehrer nicht daneben. Sind die Schüler mit einer solchen Arbeit beschäftigt, so wirkt das Dazwischenkommen eines anderen, wer es auch ist, störend. Auch bei der Lektüre braucht man nicht stets und ständig eine Anleitung oder Texterklärung, wie sollte der Schüler sonst zu der Kenntnis so vieler Autoren kommen? Nur kurz bemessen ist also die Zeit, während der gewissermaßen die Richtlinien für die Arbeit des ganzen Tages ausgegeben werden, und daher können auch die Anleitungen für jeden einzelnen jeweils mehreren gegeben werden. 13. Das meiste ist ja von der Art, daß es in ein und demselben Vortrag allen zugleich vermittelt werden kann. Ich will gar nicht von den Einteilungs- und Deklamationsübungen der Rhetoren sprechen, bei denen, unabhängig von der Schülerzahl, ganz sicher jeder einzelne den gesamten Stoff aufnimmt. 14. Die Stimme des Lehrers ist ja kein Kuchen, der nur für eine bestimmte Anzahl von Personen ausreicht, sie spendet vielmehr wie die Sonne allen gleichviel Licht und Wärme. Auch wenn der Sprach- und Literaturlehrer *(grammaticus)* über Stillehre spricht, wenn er bestimmte Fragen erläutert, Geschichten erklärt, Gedichte interpretiert, so werden das alle lernen, die zuhören. 15. »Aber beim Verbessern oder beim interpretierenden Vorlesen ist die große Zahl doch ein Hindernis.« Es mag ein Nachteil sein – aber was kann schon in allen Punkten vollkommen sein? Wir wollen diesen Nachteil gleich mit den Vorteilen vergleichen.

»Aber ich will den Knaben doch nicht dahinschicken, wo er in der Menge untergeht.« Aber ein guter Lehrer wird sich keine größere Schülerzahl aufladen, als er bewältigen kann, und dann muß man es sich eben vor allem angelegen sein lassen, daß der Lehrer sich völlig zu unserem Freundeskreis gehörig fühlt und das Lehren nicht als Pflicht ansieht, sondern als Freundesdienst. Auf diese Weise werden wir niemals einer von vielen sein. 16. Darüber hinaus wird jeder einigermaßen kultivierte Lehrer einen Schüler, an dem er Zeichen von Fleiß und Begabung entdeckt hat, besonders fördern, schon zu seinem eigenen Ruhm. Wenn man auch Massenschulen meiden soll – außer dann, meine ich, wenn jemand verdientermaßen großen Zulauf hat –, so soll das doch nicht so weit gehen, daß man die Schulen überhaupt meidet. Es ist ja etwas anderes, ob man sie umgeht oder ob man eine Auswahl trifft.

17. Nach der Widerlegung der Gegenargumente wollen wir nun unsere eigene Ansicht erläutern. 18. Vor allem soll sich der künftige Redner, der ja mitten in der Welt und im Licht der Öffentlichkeit leben muß, von früher Jugend an daran gewöhnen, keine Scheu vor Menschen zu haben, und er soll nicht als Einzelgänger im Schatten der Studierstube dahinwelken. Der Geist muß immer wieder aufgemuntert und erhoben werden. In solcher Einsamkeit erschlafft er entweder, oder er bläht sich auf in eitler Selbstüberschätzung. Zwangsläufig muß sich ja einer zuviel zutrauen, der sich mit niemand messen kann. 19. Wenn dann das Gelernte öffentlich vorgeführt werden soll, dann tappt der Schüler geblendet vom grellen Sonnenlicht im Finstern und stößt sich an all dem Neuen. Er hat ja für sich allein gelernt, was unter vielen praktiziert sein will. 20. Die Schulfreundschaften will ich gar nicht erwähnen, die mit der bindenden Kraft einer religiösen Vereinigung unerschütterlich bis ins hohe Alter andauern. Es ist ja nicht weniger feierlich, in denselben Studiengang eingeweiht zu werden als in denselben Kult. Und den Sinn, den wir Gemeinschaftsgefühl nennen – wo soll er den erlernen, wenn er sich von der Gemeinschaft abgesondert hat, die doch nicht nur für den Menschen, sondern sogar für die stummen Tiere die natürliche Bindung darstellt? 21. Man berücksichtige außerdem, daß der Schüler daheim nur das lernen kann, was man ihn lehrt, in der Schule aber auch noch das, was den anderen beigebracht wird. Er wird jeden Tag hören, wie vieles gelobt, vieles verbessert wird. Er wird gleichen Nutzen davon haben, wenn ein Mitschüler wegen seiner Trägheit getadelt und wenn ein anderer wegen seines Fleißes gelobt wird. 22. Lob wird ihn zum Nacheifern anspornen, er wird es für eine Schande halten, hinter einem Altersgenossen zurückzubleiben, und für eine Auszeichnung, Ältere überrundet zu haben. All dies wirkt anfeuernd, und mag der Ehrgeiz auch ein Laster sein[15], so ist er doch häufig auch die Triebfeder für das Gute. 23. Recht nützlich ist meiner Erfahrung nach auch ein Brauch, den

[15] Vgl. Sallust *Coniuratio Catilinae (Die Verschwörung Catilinas)* 10 f.

meine Lehrer gepflegt haben. Sie hatten die Jungen in Klassen eingeteilt und gaben nun einem jeden seinem Können entsprechend einen Platz in der Reihenfolge beim Vortrag. Der Junge, der die meisten Fortschritte zeigte, durfte jeweils als erster seine Redeübung vortragen. 24. Darüber wurden Zeugnisse ausgegeben. Diese waren eine gewaltige Ehre für uns, aber das Allerschönste war, Klassenbester zu sein. Doch war die Entscheidung darüber nicht ein für allemal gefallen. Jeweils am Ende des Monats kam für den Besiegten die Gelegenheit zur Revanche. So ließ der Sieger nach seinem Erfolg nicht in seinen Anstrengungen nach, und andererseits spornte der Groll über die Niederlage dazu an, die Scharte wieder auszuwetzen. 25. Soweit ich aus meiner persönlichen Erinnerung schließen kann, hat uns das mehr zum Lernen angefeuert als das gute Zureden unsrer Lehrer, die Aufpasserei der Betreuer und die frommen Wünsche der Eltern. 26. Wie der Geist des Wettbewerbs die Älteren fördert, so ist es auch für die Anfänger im frühen Kindesalter der angenehmere Weg, mit den Mitschülern statt mit dem Lehrer die Kräfte zu messen, einfach deshalb, weil es leichter ist. Kaum werden sich nämlich die Elementarschüler zu der Hoffnung versteigen, sie könnten die Redekunst, wie sie ihnen als höchstes Ziel vorschwebt, erreichen. Sie werden sich eher an das Nächstliegende halten, so wie die Weinreben, die sich um die Bäume schlingen, zunächst die niedrigeren Zweige umwinden und auf diese Weise bis zu den Wipfeln empordringen. 27. Dies gilt soweit, daß der Lehrer, sofern er den praktischen Nutzen einem ehrgeizigen Programm vorzieht, darauf achten muß, wenn er es mit noch ungeübten Begabungen zu tun hat, daß er den schwachen Schultern seiner Schüler nicht gleich schwere Lasten auferlegt. Vielmehr muß er seinem Eifer Zügel anlegen und auf das geistige Niveau seiner Schüler herabsteigen. 28. So lassen kleine Gefäße mit engem Hals, wenn man zuviel auf einmal eingießt, die Flüssigkeit überlaufen. Wenn man aber bedachtsam eingießt oder noch besser einträufelt, füllen sie sich. Ebenso muß man darauf achten, wieviel der Geist der Knaben zu fassen vermag. Denn was für ihr geistiges Fassungsvermögen zu hoch ist, das geht nicht in ihren Verstand hinein, da dieser gleichsam für die Wissensaufnahme noch zu wenig geöffnet ist. 29. Es ist also von Nutzen, daß andere da sind, die der Schüler erst erreichen, bald auch übertreffen will. So wird man allmählich auch Hoffnung auf größere Erfolge haben. Eins möchte ich noch hinzufügen: Auch die Lehrer werden nicht soviel Geist und Feuer bei ihrem Vortrag entwickeln können, wenn sie nur einen einzelnen Schüler haben, als wenn sie sich durch eine zahlreiche Zuhörermenge angeregt fühlen. 30. Die Hauptsache bei der Redekunst ist ja unsere geistige Verfassung. Unser Geist muß sich in Stimmungen versetzen lassen, er muß die Dinge bildhaft in sich aufnehmen und sich gewissermaßen dem anverwandeln, worüber er spricht. Je edler und aufstrebender er nun ist, desto stärkere Kräfte bewegen ihn, und deshalb wächst er durch Beifall, fühlt sich erhoben durch Begeisterung und freut sich, etwas Großes zu leisten. 31. Man fühlt eine unausgesprochene Abneigung dagegen, die Macht der Rede, die unter soviel Aufwand gewonnen wurde, an einen einzigen Hörer zu verschwenden. Wir scheuen uns dann, die Stimme über den Gesprächston zu erheben. Man stelle sich doch nur die Haltung eines Deklamierenden vor, oder die Stimme des Redners, sein Auftreten, seine Gestik, schließlich die geistige und körperliche Erregung, wie er in Schweiß gerät und, um von anderem zu schweigen, schließlich Ermüdungserscheinungen zeigt – und das vor einem einzigen Zuhörer! Sähe das nicht nach Verrücktheit aus? Nein, es gäbe einfach keine Redekunst, wenn wir immer nur zu einzelnen redeten.

3. Kapitel

Begabungsunterschiede und Ausbildung

1. Ein erfahrener Lehrer wird, sobald man ihm einen Knaben anvertraut, es als seine erste Aufgabe ansehen, dessen Begabung und Veranlagung zu prüfen. Das sicherste Kennzeichen für Begabung bei einem Kind ist die Merkfähigkeit. Sie bewährt sich auf zwei Gebieten, dem leichten Auffassen und dem zuverlässigen Behalten. Als nächstes kommt die Fähigkeit nachzuahmen. Auch sie ist ein Zeichen dafür, daß das Kind lernbegabt ist, freilich soll sie von der Art sein, daß es die Lerninhalte wiedergibt, nicht etwa jemandes Mimik oder Gehabe nachmacht, oder was sonst negativ auffällt. 2. Ich habe keine große Hoffnung auf ein Talent, wenn ein Kind durch Imitieren nur darauf aus ist, andere zum Lachen zu bringen. Der wirklich Begabte wird vor allem auch folgsam sein, anderenfalls hielte ich es für besser, er wäre langsam von Begriff statt schlecht von Charakter. Der Folgsame wird aber ganz und gar nicht träge und schlafmützig sein. 3. Der Schüler, der meinen Vorstellun-

gen entspricht, nimmt den Unterrichtsstoff ohne Mühe auf, stellt Fragen, aber er wird doch eher folgen, als daß er vorwegeilt. Diese sozusagen frühreifen Begabungen bringen kaum einmal richtige Früchte. 4. Das sind die Kinder, die kleine Aufgaben leicht bewältigen und in ihrer Unbekümmertheit immer sogleich das vorführen, was sie können. Sie können aber nur das Nächstliegende: Sie fügen Worte zusammen und tragen sie mit unerschrockener Miene, von keiner Scheu gehemmt vor. 5. Sie schaffen nicht viel, aber schnell. Nachdruck steckt nicht dahinter, und festverwurzelt ist es auch nicht. Es ist gerade wie bei den Samenkörnern, die, auf die Oberfläche des Bodens gestreut, rascher aufgehen, wie richtige Getreidepflanzen Ähren hervorbringen, aber vor der Ernte mit leeren Hülsen dahinwelken. Am Alter der Kinder gemessen findet ihre Leistung Beifall, dann aber kommt der Fortschritt zum Stillstand, die Bewunderung schwindet.

6. Hat der Lehrer dies beachtet, so wird er anschließend feststellen, auf welche Weise er den Schüler behandeln muß. Es gibt einige, die nachlässig sind, wenn keiner hinter ihnen steht, einige aber nehmen den Befehlston übel. Die einen hält die Angst im Zaum, andere resignieren dadurch. Manche lassen sich durch stetes Gleichmaß formen, bei wieder anderen hilft es mehr, wenn man sie einmal besonders herannimmt. Ich wünsche mir einen Schüler, den Lob anspornt, dem Anerkennung weiterhilft, dem bei einem Versagen die Tränen kommen. 7. Ihm wird sein Ehrgeiz Nahrung sein, Tadel wird an ihm nagen, Auszeichnung ihn anspornen, und Trägheit werde ich bei ihm nicht zu fürchten haben.

8. Doch soll man ihnen allen auch Zeit zur Entspannung geben, weil es ja nichts gibt, was eine stetige Anspannung aushalten kann. Denn sogar Gegenstände ohne Leben und Gefühl müssen, wenn sie ihre Wirksamkeit behalten sollen, durch Ruhepausen in stetem Wechsel entspannt werden[16]. Darüber hinaus ist beim Lernen die Lernbereitschaft die Hauptsache, und diese läßt sich nicht erzwingen. 9. Sind die Schüler erholt und frisch, bringen sie mehr Kraft zum Lernen und größere Einsatzbereitschaft mit, die mit Zwangsmitteln nicht zu erreichen ist.

10. Auch wird es mich nicht stören, wenn die Kinder spielen, auch das ist ein Zeichen für geistige Beweglichkeit. Bei einem mißver-

[16] Das klassische Beispiel dafür ist der Bogen. Entspannung und Erholung bei der Erziehung empfiehlt auch Seneca *De ira (Vom Zorn)* II 21. Die Stoiker empfahlen sie zur Erhaltung der seelischen Ausgeglichenheit (Apathie), vgl. Seneca *De tranquillitate animi (Von der Ruhe des Herzens)* Schlußkapitel.

gnügten, immer verzagten Jungen hätte ich keine Hoffnung, daß sich sein Geist zum Lernen aufraffen würde, wenn ihm schon fürs Spielen, das doch in diesem Alter das Natürlichste ist, der Schwung fehlt. 11. Maßhalten soll man freilich auch bei der Erholung. Sonst führt sie entweder zur Abneigung gegen das Lernen, wenn sie einmal nicht gewährt wird, oder sie führt, im Übermaß genossen, zur Gewöhnung ans Nichtstun. Es gibt auch einige Spiele, die recht nützlich sind, um den Verstand der Jungen zu schärfen, etwa wenn sie sich gegenseitig um die Wette kurze Fragen aller Art aufgeben. 12. Auch die charakterliche Veranlagung offenbart sich unbefangener beim Spiel. Nur soll man keine Altersstufe für so schwach halten, daß sie nicht gleich lernen könnte, was richtig und was verkehrt ist. In dem Alter ist das Kind gerade am besten zu formen, wenn es noch unfähig ist, sich zu verstellen, und den Vorschriften am leichtesten folgt. Was sich einmal zum Schlechten verhärtet hat, das kann man eher brechen als wieder geradebiegen. 13. Gleich von Anfang an soll der Knabe also zu selbstlosem, ehrlichem und beherrschtem Handeln gemahnt werden, und wir müssen immer an Vergils Wort denken:

Es liegt ja so viel an zarter Jugend Gewöhnung[17].

14. Daß Schüler geschlagen werden – und wenn es auch noch so sehr gang und gäbe ist und wenn es auch ein Chrysipp nicht mißbilligt –, das gibt es für mich ganz und gar nicht. Erstens ist es erniedrigend und sklavisch und ganz sicher ein Unrecht, was ja einleuchtet, wenn man sich eine andere Altersstufe dabei denkt. Dann wird sich jemand mit einem solch unedlen Charakter, daß ihn Tadel nicht bessert, auch gegen Schläge verhärten, wie die übelste Sorte von Sklaven; schließlich aber wird diese Art der Züchtigung überhaupt nicht nötig sein, wenn ständig jemand da ist, um die Studien zu beaufsichtigen. 15. Heute scheint man auch der Nachlässigkeit der Kinderbetreuer Abhilfe zu schaffen in der Weise, daß man die Knaben nicht mit Zwang dazu bringt, das Rechte zu tun, sondern sie straft, wenn sie es nicht getan haben. Endlich, wenn man auch ein kleines Kind mit Schlägen zur Räson bringen kann – was willst du mit einem jungen Burschen machen, dem man damit keine Angst mehr einjagen kann und der doch noch Schwierigeres lernen muß? 16. Hinzu kommt noch, daß Kindern, die Prügel bekommen, aus Schmerz oder Angst oft etwas passiert, worüber man nicht näher

[17] *Georgica (Vom Landbau)* II 272.

sprechen mag und über das sie sich dann schämen. Diese Scham bricht ihren frischen Mut und macht sie niedergeschlagen, läßt sie das Licht des Tages scheuen und kopfhängerisch werden. 17. Wenn gar bei der Wahl der Aufseher und Lehrer zu wenig auf Anstand und Sitte geachtet wurde, dann getraut man sich gar nicht, darüber zu sprechen, zu welchen Untaten verbrecherische Charaktere ihr Züchtigungsrecht mißbrauchen und wozu andere bisweilen die Angst ihrer Opfer ausnützen. Ich will hierbei nicht verweilen, es ist schon übergenug, um es zu verstehen. Es mag daher ausreichen, soviel gesagt zu haben: Kinder in diesem Alter sind schwach und schutzlos dem Unrecht ausgeliefert, und daher darf niemand zuviel Macht über sie haben.

10. Kapitel

Soll der künftige Redner andere Fächer als Grammatik und Literatur studieren?

1. ... Nun will ich in knapper Form einiges ausführen über die anderen Fächer, in denen meines Erachtens die Schüler unterwiesen werden sollen, bevor sie zum Redelehrer (Rhetor) kommen. So soll sich der Kreis der Bildung schließen, den die Griechen ἐγκύκλιος παιδεία (Allgemeinbildung) nennen. 2. Im gleichen Zeitraum muß mit dem Studium verschiedener anderer Fächer begonnen werden (außer Grammatik und Literatur). Da diese selbständige Wissenschaften sind, kann man sich in ihnen auch ohne die Kenntnis der Rhetorik ein abgeschlossenes Wissen aneignen. Andererseits reichen sie für sich genommen nicht aus, um jemanden zum Redner zu machen. Daraus ergibt sich die Frage, ob sie für unser Unternehmen notwendig sind. 3. Denn, so wenden einige ein, was hat es mit der Führung eines Gerichtsfalles oder mit einer Stellungnahme im Senat zu tun, ob man auf einer gegebenen Linie ein gleichseitiges Dreieck konstruieren kann? Oder um wieviel besser wird jemand einen Angeklagten verteidigen oder mit seinem Rat eine Versammlung lenken können, wenn er die Töne der Kithara[18] nach Namen und Intervallen unterscheiden kann? 4. Es ließe sich wohl auch eine ganze

[18] Eine viersaitige Zither.

Reihe von Leuten aufzählen, die auf dem Forum ihren Mann stehen, ohne je etwas von Geometrie gehört zu haben und von Musik mehr zu verstehen, als was man so gemeinhin als Ohrenschmaus aufnimmt.

Diesen Einwänden halte ich zunächst das entgegen, was Cicero in seinem dem Brutus gewidmeten Buch immer wieder bezeugt[19]: Wir bilden ja keinen Redner aus, den es wirklich gibt oder gegeben hat, sondern wir haben ein Bild vor Augen von einem idealen Redner, der auf keinem Gebiet etwas zu wünschen übrig läßt. 5. Auch wenn die Philosophen ihren Schüler beschreiben, der, allseitig zur Vollkommenheit ausgebildet, eine Art sterblicher Gott werden soll[20], so verlangen sie von ihm nicht nur Kenntnisse der göttlichen und menschlichen Dinge, sie führen ihn auch durch Bereiche, die an sich betrachtet recht unbedeutend sind, zum Beispiel die Spitzfindigkeiten formaler Logik: nicht als ob die Geschichte mit den Hörnern oder dem Krokodil[21] aus jemand einen Philosophen machen könnte, sondern damit er sich auch in Kleinigkeiten nicht hinters Licht führen läßt. 6. So wird auch der Redner, der philosophisch gebildet sein muß, nicht vom Geometrielehrer zu dem gemacht, was er ist, noch vom Musiklehrer, oder was ich sonst noch für Künste nennen könnte; diese Disziplinen werden ihm vielmehr dabei helfen, vollkommen zu werden. So ist es auch bei den Gegengiften und Heilmitteln bei Augenkrankheiten und Verwundungen. Wir wissen, daß sie sich aus zahlreichen, bisweilen sogar gegensätzlichen Wirkstoffen zusammensetzen und daß aus ihrer Verschiedenheit die eine Mixtur wird, die keinem ihrer Einzelelemente ähnlich ist, ihre spezifische Wirkungsweise aber aus allen zieht. 7. Und die stummen Tiere bringen den Honiggeschmack, den wir mit all unsrer menschlichen Klugheit nicht nachahmen können, mit Hilfe einer Vielzahl von Blüten und Säften hervor. Sollen wir uns da wundern, wenn die Rede, das vortrefflichste Geschenk der Vorsehung an den Menschen, mannigfacher Künste bedarf, die, auch wenn sie beim Reden

[19] *Orator (Der Redner)* 7 ff., 100 f.

[20] Anspielung auf Cicero *De natura deorum (Von der Natur der Götter)* II 153, wo der Vertreter der stoischen Philosophie von dem vollkommenen Weisen sagt, daß sich dieser nur durch die Sterblichkeit von den Göttern unterscheide.

[21] Sprichwörtliche Trugschlüsse: Alles, was du nicht verloren hast, besitzest du. Hörner hast du nicht verloren, also besitzest du Hörner (vgl. Seneca *Epistolae [Briefe an Lucilius]* 49). Das Krokodil versprach, einer Mutter das ihr geraubte Kind zurückzugeben, falls sie errate, wozu es, das Krokodil, in Wirklichkeit entschlossen sei. Sie antwortete: »Du wirst es nicht zurückgeben.«

nicht ausdrücklich in Erscheinung treten, doch eine verborgene Kraft spüren lassen und im Geheimen wahrgenommen werden?

8. »Es konnte aber schon mancher ohne das alles gut reden!« Gut, aber ich suche *den* Redner. »Das hilft alles nicht viel.« Aber wir werden anders kein Ganzes erhalten, wenn auch nur einige Kleinigkeiten fehlen. Und man wird doch darin übereinstimmen, daß dies das Beste ist. Wenn wir auch bei der Hoffnung, es zu erreichen, vor hohen Hindernissen stehen, so müssen wir doch alle Anleitungen dazu geben, daß man dem Ziel wenigstens etwas näher kommt. Doch warum sollten wir den Mut sinken lassen? Die Natur hindert jedenfalls niemanden daran, ein vollkommener Redner zu werden, und es wäre schmählich, an etwas zu verzweifeln, was im Bereich unserer Möglichkeiten liegt.

Die Musik

9. Dabei könnte ich mich eigentlich schon mit dem Urteil früherer Zeiten zufriedengeben. Denn wer weiß nicht, daß die Musik – von ihr soll zuerst die Rede sein – schon in grauer Vorzeit nicht nur eine solche Pflege, sondern sogar Verehrung genoß, daß man dieselben Männer zugleich für Musiker, Seher und Weise hielt, wie einen Orpheus und Linos[22], um von anderen nicht zu reden. Beide seien von göttlicher Herkunft, glaubte man; weil der eine durch das Wunder seiner Musik rohe, ungebildete Gemüter zur Milde gestimmt hat, heißt es von ihm im Gedächtnis der Nachwelt, er habe nicht nur wilde Tiere, sondern sogar Felsen und Bäume in seinen Bann gezogen. 10. Deshalb berichtet auch Timagenes[23], die Musik sei unter allen Künsten die älteste gewesen. Dies bezeugen auch die berühmtesten Dichter, bei denen während der Gastmähler an den Höfen der Könige Preislieder auf Helden und Götter zur Kithara gesungen werden. Singt nicht auch der Iopas des Vergil

> vom Irren des Monds, von den Mühen der Sonne[24]

und so weiter? Damit bestätigt der Dichterfürst ganz offenkundig, daß die Musik auch mit der Erkenntnis des Himmlischen zu tun hat.

[22] Nach der Sage der Lehrer des Orpheus, wie dieser ein Sohn Apollons und einer Muse.
[23] Redelehrer und Schriftsteller zur Zeit des Augustus.
[24] *Aeneis* I 742.

11. Gibt man dies zu, wird ihre Kunst auch zu einer Notwendigkeit für den Redner, weil nämlich, wie oben erwähnt, diese Gebiete, die die Redner geräumt und die Philosophen besetzt haben, einmal zu unserem Aufgabenbereich gehörten und es ohne die Kenntnis all dieser Wissensgebiete keine vollkommene Redekunst geben kann. 12. Unbezweifelbar haben Männer mit einem großen Namen in der Philosophie auch Musik ausgeübt. Pythagoras und seine Nachfolger haben die zweifellos schon aus alter Zeit stammende Vorstellung verbreitet, das Weltall sei nach denselben Prinzipien geordnet, die man später beim Bau der Lyra[25] übernommen habe. Und nicht zufrieden mit dieser Übereinstimmung des Verschiedenen[26], die sie ἁρμονία (Harmonie) nennen, haben sie den Bewegungen des Weltalls auch noch einen Klang unterlegt. 13. Und Platon kann in vielen seiner Dialoge, besonders aber im *Timaios*, nur von Lesern verstanden werden, die musiktheoretische Kenntnisse haben. Aber warum sollen wir nur von Philosophen sprechen? Freilich hat deren Stammvater, Sokrates selbst, ohne sich darüber zu schämen, noch als alter Mann das Lyraspiel erlernt. 14. Die größten Feldherrn haben, so will es die Überlieferung, Lyra und Flöte gespielt, und die Heere der Spartaner wurden durch Musik angefeuert. Und was leisten die Hörner und Kriegstrompeten in unseren Legionen anderes? Wie deren Zusammenklang feuriger tönt, so übertrifft auch römischer Kriegsruhm den aller anderen Völker. 15. Nicht umsonst hat also Platon für seinen politisch wirkenden Bürger, den er πολιτικός nennt, die Musik für notwendig erachtet. Und auch die Leiter der Philosophenschule, die den einen als die strengste, den andern als die abweisendste gilt[27], haben in ihrer Lehre die Ansicht vertreten, von den Weisen müßten sich nicht wenige auch diesem Studium unterziehen. Sogar Lykurg, der den Spartanern die härtesten Gesetze gab, hat die Musik als Studienfach gebilligt. 16. Die Natur scheint sie uns Menschen ja als ein Geschenk gegeben zu haben, um unsere Mühsal zu lindern. So muntert die Musik auch den Ruderer auf, und sie wirkt auf diese Weise nicht nur bei Tätigkeiten, bei denen

[25] Saiteninstrument, eine Art Laute, vgl. unser Wort Leier.

[26] Die παλίντονος ἁρμονίη des Vorsokratikers Heraklit (um 550–480), der von der »gegenstrebigen Vereinigung des Kosmos wie bei Bogen und Leier« spricht (vgl. Heraklit *Fragmente* 63, 64 Nestle). – Der Klang ist die Sphärenharmonie, vgl. Platon, *Staat* X 617 b; Cicero *De re publica (Vom Staat), Somnium Scipionis (Der Traum Scipios)* 18.

[27] Die Stoa. – Die Musik als zweckfreie Kunst spielt auch im Erziehungssystem Platons und Aristoteles' eine große Rolle (vgl. Platon *Staat* III 398 c – 403 c, *Gesetze* VII 812 b, c und Aristoteles *Politik* VIII).

alles Hand in Hand arbeitet, während eine muntere Stimme den Ton angibt, auch ein einzelner tröstet sich bei seiner Arbeit mit einer kunstlosen Melodie.

17. Bis hierher scheint es, ich lasse dieser schönsten aller Künste zwar Lob zuteil werden, bringe sie aber noch keineswegs in Verbindung mit dem Redner. Wir wollen daher im Vorbeigehen daran erinnern, daß Wortkunst und Tonkunst einst eine Einheit bildeten. So haben Archytas und Euenos[28] geglaubt, die Wortkunst sei sogar der Tonkunst untergeordnet, und wie wir von Sophron[29] wissen, haben die gleichen Lehrer beides gelehrt. Dieser Sophron war zwar ein Mimendichter, aber immerhin hat ihn Plato so sehr geschätzt, daß er dessen Werke auf seinem Totenbett unterm Kopfkissen gehabt haben soll. 18. Bei Eupolis[30] lehrt Prodamos Musik und Literatur, und sein Marikas, in Wirklichkeit Hyperbolos, gesteht ein, er wisse nichts mehr vom musischen Unterricht als die Buchstaben. Aristophanes hat in mehr als einem Werk vorgeführt, daß die Knaben in alter Zeit gewöhnlich so unterrichtet wurden. Und bei Menander stellt in seinem Stück *Hypobolimaios* der Alte, von dem ein Vater seinen Sohn zurückfordert, gleichsam eine Rechnung auf, was er für Unkosten für dessen Erziehung gehabt habe, und sagt dabei, er habe gehörige Summen für Musik- und Geometrielehrer ausgegeben. 19. Aus dieser Wertschätzung der Musik stammt auch die Sitte, beim Gastmahl nach der Mahlzeit die Lyra herumgehen zu lassen, und als Themistokles[31] bei einer solchen Gelegenheit zugab, nicht spielen zu können, wurde er, um Ciceros Worte zu gebrau-

[28] Archytas von Tarent, 400–365 v. Chr., pythagoreischer Philosoph, Mathematiker und Staatsmann; Euenos von Paros, zweite Hälfte des 5. Jahrhunderts v. Chr., der Sophistik nahestehender Schriftsteller. – Die Griechen verstanden unter μουσική, wörtl. Musenkunst, nicht nur die Tonkunst, sondern auch die Literatur (»musische Erziehung«); vgl. Platon *Staat* 376e, 377a–e und *Protagoras* 326a, b. Die Musenkunst schloß also die Grammatik ein, die wiederum die Lehre vom richtigen Sprachgebrauch und die Dichterlektüre und -interpretation umfaßte.

[29] Zeitgenosse Platons. Der Mimus war eine Vorstufe zur Komödie in knapper, volkstümlicher Form. Daß dieselben Lehrer Wort- und Tonkunst lehrten, bezeugt auch Platon *Protagoras* 326a, b.

[30] 446–410 v. Chr., neben Aristophanes (445–386 v. Chr.) der berühmteste Vertreter der alten attischen Komödie, hat den radikalen Politiker Hyperbolos als Marikas auf die Bühne gebracht. Dessen Eingeständnis mangelhafter Bildung findet sich auch in Aristophanes' *Rittern* 188. – Menander (um 300 v. Chr.) war der größte Dichter der neuen Komödie; vgl. X 1, 69f.

[31] Bedeutender athenischer Staatsmann, Sieger über die Perser bei Salamis (480 v. Chr.). Die Stelle bei Cicero *Tusculanae disputationes (Gespräche in Tusculum)* I 4.

chen, »für ziemlich ungebildet gehalten«. 20. Aber auch zu Zeiten der alten Römer war es Brauch, beim Gastmahl Lyra und Flöte zu spielen. Auch die Verse der Salier[32] haben ihre eigene Melodie. Dies alles wurde von König Numa eingeführt und beweist, daß sogar bei jenen scheinbar unkultivierten, nur auf Krieg erpichten Männern die Musik gepflegt wurde, in dem Maße eben, wie die Zeit dafür aufnahmefähig war. 21. Schließlich ist es bei den Griechen zum Sprichwort geworden, daß die Ungebildeten den Musen und den Grazien fern sind.

22. Doch nun wollen wir erörtern, was der künftige Redner davon im besonderen brauchen kann. Die Musik hat eine auf Zahlen gegründete Ordnung in zwei Ausdrucksformen: Stimme und Körperbewegung (Tanz), beides bedarf eines geeigneten Regelsystems. Was die Stimme betrifft, so unterscheidet der Musiker Aristoxenos[33] zwei Bereiche: Rhythmus und Melos. Das eine besteht aus einem Wechsel der Takte, das andere aus Klang und Ton. Ist das alles etwa nicht notwendig für den Redner? Das erste gehört zur Gebärdensprache, das andere zur Anordnung der Worte, das dritte zur Behandlung der Stimme, die beim Reden vielfältig abgewandelt wird. 23. Oder sollte man nur in Gesängen und Liedern eine innere Ordnung und eine wohllautende Wortverbindung fordern und hielte dies bei der Rede für überflüssig? Wird nicht vielmehr auch hier kunstvolle Fügung und Klang in Abwandlung dem Thema gemäß verwendet, gerade wie in der Musik? 24. Denn durch die Modulation der Stimme und die Veränderung des Rhythmus drückt die Redekunst Bedeutendes in erhabener Form aus, Freundliches mit Süße, Gemessenes in ruhiger Form, und in all ihren Ausdrucksweisen befindet sie sich in Übereinstimmung mit den Affekten, die sie in der Rede gerade vertritt. 25. Auch beim Reden dient die Hebung, Senkung und Modulation der Stimme dazu, die Affekte der Hörer zu erregen, und durch die Veränderung der Wortstellung und die Modulation der Stimme, um das Wort nochmals zu gebrauchen, versuchen wir den Unwillen oder das Mitleid des Richters zu erregen. Sogar Musikinstrumente, durch die sich keine Sprache ausdrücken läßt, können uns, wie wir wissen, in verschiedene Stimmungen versetzen. 26. Auch eine angemessene und geziemende Körper-

[32] Die Salier waren Priester des Mars, von Numa Pompilius, dem zweiten König Roms, eingeführt. Ihre in altertümlicher Sprache gehaltenen Lieder wurden noch in der Kaiserzeit gesungen.

[33] Musiker und Biograph des 4. Jahrhunderts v. Chr., der bedeutendste Theoretiker der griechischen Musik.

bewegung, εὐρυθμία (Eurhythmie) genannt, ist notwendig und läßt sich nirgendwo sonst hernehmen. Sie ist durchaus nicht der unwesentlichste Teil des Vortrags, worüber wir noch gesondert sprechen wollen[34]. 27. Weiter – wird sich der Redner nicht in erster Linie um seine Stimme kümmern? Ist das aber nicht das eigentliche Gebiet der Musik? Aber auch hier will ich keinen späteren Teil des Werkes vorwegnehmen. Geben wir uns also unterdessen mit dem Beispiel des Gaius Gracchus zufrieden. Er war einer der größten Redner seiner Zeit und hatte bei seinen Reden an das Volk einen Musiker mit einer Rohrflöte hinter sich stehen – τονάριον (Stimmpfeife) nennen es die Griechen –, der ihm die Tonhöhe angab, die er einhalten sollte. 28. Darum kümmerte er sich, während er in seinen turbulenten Redeschlachten die Optimaten in Schrecken versetzte oder schon selbst zu fürchten hatte. Einigen zuliebe, die der Sache ferner stehen, will ich mit »handfesterer Muse«, wie man so sagt, aufwarten, um jeglichen Zweifel am Nutzen dieser Kunst auszuräumen. 29. Daß der künftige Redner die Dichter lesen müsse, das wird wohl jeder zugeben. Aber kann man sie lesen ohne die Kenntnis der Musik? Und wenn jemand so verblendet ist, das bei anderen Formen der Dichtung in Zweifel zu ziehen, so trifft es doch mit Sicherheit auf die Dichter zu, die Gedichte zur Lyra verfaßt haben. Darüber müßte ich mich ausführlicher aussprechen, wenn ich dieses Studium neu einführte. 30. Da es jedoch seit alten Zeiten, von Chiron und Achill[35], bis auf unsere Tage bei allen, die nicht gerade einen Haß auf echte Bildung haben, in Geltung war, will ich es nicht durch eine allzu eifrige Verteidigung dahin kommen lassen, daß ich Zweifel daran wecke. 31. Durch die Wahl meiner Beispiele ist wohl schon hinlänglich klar geworden, wie und wieweit mir Musik gefällt. Ich möchte jedoch mit aller Deutlichkeit erklären, daß ich nichts mit der Art von Musik im Sinn habe, die heutzutage verweichlicht und ohne Saft und Kraft in schamlosen Weisen auf der Bühne zu hören ist und nicht zum wenigsten uns das letzte Restchen männlicher Kraft aus den Knochen gesaugt hat. Ich meine vielmehr die Musik, in der die Taten der Helden gesungen wurden und die die Helden selber sangen – nicht Psalter und Spadix[36], Instrumente, die sogar Mädchen, wenn sie ehrbar sind, ablehnen müssen. Ich meine die Kennt-

[34] XI 3.

[35] Chiron war der Erzieher Achills, des größten Helden vor Troja; vgl. auch Juvenal 7, 210. Im folgenden wird auf *Ilias* 9, 186 ff. angespielt: Achill, der die Taten der Helden zur Lyra besingt. Das Beispiel und weitere Parallelen auch bei Plutarch *Kindererziehung* 7.

nis der musikalischen Grundregeln, die zur Erregung und Besänftigung der Gefühle von höchster Bedeutung ist. 32. Wir hören auch folgendes von Pythagoras: Junge Männer, die in ihrer Erregung in einem ehrbaren Haus Gewalttaten verüben wollten, habe er wieder zur Besinnung gebracht, indem er der Flötenspielerin befahl, ihren Vortrag in Spondeen fortzusetzen[37]. Chrysipp weist sogar der Amme, wenn sie die Kinder einzuwiegen hat, eine eigene Melodie zu. 33. Es gibt auch eine nicht ohne Sinn und Verstand für Deklamationen erfundene Geschichte, in der ein Flötenspieler vorkommt, der einem Mann beim Opfern eine phrygische Weise vorspielte. Dadurch sei dieser um den Verstand gebracht worden und habe sich zu Tode gestürzt. Der Flötenspieler sei daraufhin angeklagt worden, den Tod des Mannes verschuldet zu haben. Wenn ein Redner hierüber sprechen soll, dies aber ohne Kenntnis der Musik nicht vermag – wie können dann selbst hartnäckige Gegner unserer Auffassung noch leugnen, daß die Kenntnis dieser Kunst für unseren Unterricht notwendig ist?

Die Geometrie (d. h. Mathematik)

34. Was die Geometrie angeht, so gesteht man ihr eine nützliche Aufgabe für das Kindesalter zu: Man ist übereinstimmend der Meinung, sie trainiere den Geist und führe zu scharfsinnigem Denken und rascher Auffassungsgabe. Jedoch glaubt man, sie entfalte ihren Nutzen nicht, wie die übrigen Fächer, wenn man sie erlernt hat, sondern während man sie erlernt[38]. Das ist die allgemeine Auffassung.

35. Nicht ohne Grund haben sich aber bedeutende Männer diesem Fach mit vollem Einsatz gewidmet. Geometrie teilt sich in die Bereiche der Zahlen und der Figuren. Und die Kenntnis der Zahlen

[36] Der römische Psalter war ein zitherartiges Instrument, mit dem Schimpf- und Spottgedichte begleitet wurden, also nicht mit dem Psalter Davids aus dem Alten Testament zu vergleichen. Die Spadix war eine kleine Form der Lyra. – Zur Verbindung der Affekte mit Tönen vgl. Cicero *De oratore* III 215 ff.

[37] D. h. in getragener, feierlicher Form. – Phrygische Weisen (aus Kleinasien) galten als aufreizend und orgiastisch (vgl. das Folgende).

[38] D. h. sie ist von propädeutischem Wert; vgl. Seneca *Epistolae* 88, 2: »Unsere Pflicht ist es nicht, sie (die *artes*) zu studieren, sondern sie studiert zu haben.«

ist nicht nur für den Redner nötig, sondern schließlich für jeden, der über die Anfangsgründe der Bildung verfügt. In Prozessen hat man gewöhnlich recht häufig mit ihr zu tun: Wenn hier der Prozeßredner – gar nicht davon zu reden, daß er bei der Berechnung von Summen ins Schwimmen gerät – nur durch ungenaues oder ungeschicktes Zeigen mit den Fingern[39] von den genannten Zahlen seiner Rechnung abweicht, dann hält man ihn für ungebildet. 36. Die Lehre von den Linien kommt zwar auch häufig in Prozessen vor – es gibt ja Streitfälle über Grenzen und Vermessungen –, jedoch besitzt sie noch eine Art höherer Verwandtschaft mit der Redekunst. 37. Zunächst ist die logische Ordnung für die Geometrie notwendig. Ist sie das nicht auch für die Redekunst? Die Geometrie kommt zu ihren Schlüssen durch bestimmte Prämissen, und mit Bestimmtem berechnet sie das Unbestimmte. Tun wir das nicht auch beim Reden? Basiert die Schlußfolgerung aus Prämissen nicht fast gänzlich auf Syllogismen[40]? Daher kommt es, daß die meisten glauben, die Geometrie habe eine größere Ähnlichkeit mit der Logik als mit der Rhetorik. Dennoch wird sich auch der Redner, zwar selten, aber doch bisweilen, der logisch-dialektischen Beweisführung bedienen. 38. Denn er wird, falls nötig, Syllogismen verwenden und auf jeden Fall das Enthymem, das der rednerische Syllogismus ist. Schließlich werden die stärksten Beweismittel allgemein γραμμικαὶ ἀποδείξεις (Beweise mit geometrischer Zeichnung) genannt. Was aber sucht die Rede mehr als Beweise? 39. Auch Falsches, das dem Wahren ähnlich ist, überführt der Redner durch geometrische Beweisführung. Ein Beispiel dafür findet sich in Verbindung mit Zahlen in den sogenannten ψευδογραφίαι (Trugschlüssen), mit denen wir uns als Kinder im Spiel zu beschäftigen pflegten. Doch es gibt wichtigere Punkte. Wer würde zum Beispiel dem folgenden Satz nicht Glauben schenken: »Sind die Begrenzungslinien bestimmter Flächen gleich lang, so muß auch die Fläche, die von ihnen umschlossen wird, gleich groß sein«? 40. Und doch ist das falsch, denn es kommt sehr darauf an, welche Form diese Begrenzungslinien umschließen, und die Geschichtsschreiber, die glaubten, die Flächengröße von Inseln sei genügend be-

[39] Hier ist nicht das einfache Abzählen an den Fingern gemeint, sondern ein in der Antike und noch im Mittelalter gebräuchliches kompliziertes System, bei dem die Zahlen durch Biegung und Einschlagen der Finger dargestellt wurden. Man führte Rechnungen im Kopf aus und zeigte Ausgangszahlen und Ergebnis mit den Fingern. – Die Geometrie umfaßte auch Arithmetik und Astronomie.

[40] Syllogismus und Enthymem sind logische Schlußfolgerungen, beliebte Formen rednerischer Beweise. Das Enthymem ist eine in den Prämissen freier gehandhabte Form des Syllogismus.

stimmt durch die Längenangabe einer Umsegelung, mußten sich den Tadel von Vermessungsfachleuten gefallen lassen. Denn je vollkommener eine Form ist, desto mehr faßt sie. 41. Daher wird die Begrenzungslinie, wenn sie einen Kreis bildet – die vollkommenste Form der Planimetrie –, eine größere Fläche umschließen, als wenn sie ein gleichseitiges Viereck umfaßt, das Quadrat wird wieder eine größere Fläche besitzen als ein Dreieck, unter den Dreiecken wird das gleichseitige einen größeren Flächeninhalt besitzen als das ungleichseitige. 42. Doch anderes ist vielleicht zu schwierig, deshalb wollen wir ein Beispiel bringen, das auch Ungeübten sehr leicht einleuchtet. Ein Joch mißt 240 Fuß in der Länge und die Hälfte in der Breite, das wird wohl jeder wissen, und der Umfang und der Flächeninhalt sind leicht zu berechnen. 43. Doch ein Viereck von 180 Fuß hat denselben Umfang, aber einen weitaus größeren Flächeninhalt innerhalb der vier Seiten. Wenn jemand keine Lust hat, das auszurechnen, kann er auch an kleineren Zahlen dasselbe lernen. Denn ein Quadrat von 10 Fuß Seitenlänge hat einen Umfang von 40 Fuß, aber einen Flächeninhalt von 100 Fuß im Quadrat. Ein Rechteck von 15 mal 5 Fuß hat jedoch ein Viertel weniger Flächeninhalt beim gleichen Umfang. 44. Dehnt man aber die Seiten zu einem Rechteck von 19 mal 1 Fuß, so wird der Flächeninhalt nicht größer sein als die Zahl der Fuß, die die Länge ausmachen (also 19). Der Umfang aber wird dem einer Figur gleich sein, die eine Fläche von 100 Quadratfuß umfaßt. Die Fläche eines Vierecks wird in dem Verhältnis abnehmen, wie man sich von der Form des Quadrats entfernt. 45. Also kann es auch eintreten, daß ein kleinerer Flächeninhalt von einem größeren Umfang umschlossen wird. So ist es in der Ebene; denn wenn wir Hügel und Täler betrachten, so ist es auch dem Unkundigen klar, daß die Fläche, die sie bilden, größer ist als die des Himmels darüber. 46. Ebendiese Geometrie erhebt sich bis zur Berechnung des Weltalls! Sie lehrt uns mit Hilfe von Zahlen die unverrückbar feststehenden Bahnen der Gestirne, und wir lernen dabei, daß nichts ohne feste Ordnung und nur zufällig ist, eine Erkenntnis, die bisweilen auch gerade für den Redner wichtig sein kann. 47. Hat nicht Perikles die Athener, die durch eine Sonnenfinsternis in Schrecken versetzt waren, von ihrer Furcht befreit, indem er ihnen die Ursache dieser Erscheinung erklärte? Und Sulpicius Gallus, der damals im Heer des Lucius Paulus eine Mondfinsternis erklärte, damit die Soldaten nicht wie über ein göttliches Vorzeichen in Panik gerieten – haben beide damit nicht ganz offensichtlich die Pflicht eines Redners erfüllt? 48. Hätte Nikias in Sizilien damals darüber Bescheid gewußt, so hätte er sich nicht von dieser Panik mitreißen lassen und das herrlichste Heer der Athener eingebüßt. Dion dagegen ließ sich durch eine solche Erscheinung nicht abschrecken, als er ankam, um die Gewaltherrschaft des Dionys zu stürzen. Der Gebrauch der Geometrie zu Kriegszwekken soll uns hier nicht beschäftigen, und so wollen wir übergehen, daß man wegen des Archimedes, eines einzigen Mannes, Syrakus hat beträchtlich länger belagern müssen[41]. 49. Es ist durchaus im Sinne unserer Darlegung, wenn wir darauf hinweisen, daß sich eine Reihe von Fragen, die sich auf andere Weise nur schwer lösen lassen, gewöhnlich mit Hilfe geometrischer Beweise zum Abschluß bringen läßt, so zum Beispiel Probleme der Teilung, der unendlichen Teilbarkeit und die potenzielle Progression. Daraus folgt: Wenn der Redner über jedes Thema reden muß, wie wir es im nächsten Buch zeigen werden, dann kann er ohne Geometrie einfach kein Redner sein.

12. Kapitel

Kann das Kind mehrere Fächer gleichzeitig lernen?

1. Gewöhnlich fragt man: Wenn dies nun schon gelernt werden muß, kann es denn alles zugleich vermittelt und aufgefaßt werden? Einige halten das für unmöglich, der Geist gerate in Verwirrung und ermüde bei so vielen Fächern verschiedener Richtung, für die weder Geist noch Körper, ja nicht einmal der Tag selber ausreiche. Und selbst wenn Jungen in einem robusteren Alter dies aushielten, so dürfe man doch die Kinderjahre nicht damit belasten. 2. Dabei verkennt man jedoch die Kraft des menschlichen Geistes, der von solch rascher Beweglichkeit ist, sozusagen nach allen Seiten hin aus-

[41] Da er nämlich ballistisch berechnete Kriegsmaschinen konstruiert hatte. – Perikles, berühmtester athenischer Staatsmann, 495–428 v. Chr., Erbauer des Parthenon, Feldherr zu Beginn des Peloponnesischen Krieges zwischen Athen und Sparta; s. Plutarch *Perikles* 35. – Sulpicius Gallus, Konsul 166 v. Chr., schrieb die erste lateinische Abhandlung über Astronomie, sagte als Militärtribun vor der Schlacht von Pydna (168) eine totale Mondfinsternis voraus und beruhigte die Truppen durch wissenschaftliche Belehrung; s. Livius 44, 37; Cicero *De re publica* I 23. – Nikias, 469–413 v. Chr., athenischer Feldherr und Politiker im Peloponnesischen Krieg, versäumte aus Furcht vor einer Mondfinsternis den Rückzug aus Sizilien. Sein Heer wurde interniert und dem Hungertod ausgeliefert, er selbst hingerichtet; s. Thukydides 3, 51 ff., 86; Plutarch *Nikias* 23 f.

gerichtet, daß er es gar nicht fertigbrächte, auf nur eine Tätigkeit beschränkt zu bleiben. Er wendet seine Kräfte vielmehr auf mehrere Beschäftigungen, und das nicht nur am gleichen Tag, sondern im gleichen Moment. 3. Oder achten die Sänger zur Kithara nicht zur gleichen Zeit auf den Vortrag aus dem Gedächtnis, auf den Klang ihrer Stimme und den Wechsel der Melodie, während sie dabei mit der Rechten auf einigen Saiten spielen, andere mit der Linken spannen, halten und loslassen, und dabei ist auch der Fuß nicht untätig, der den Takt schlägt – und das alles zur gleichen Zeit! 4. Und wir – wenn wir unerwartet eine Rede vor Gericht halten müssen, sprechen wir da nicht auch das eine aus, während wir das andere in Gedanken vorbereiten, und gleichzeitig wird von uns die Gedankenfindung, die Wortwahl, die kunstreiche Anordnung, Gestik, Vortrag, Mienenspiel und Körperbewegung verlangt? Wenn uns gleichsam in einem Ansatz diese verschiedenartigen Fähigkeiten zu Gebote stehen, warum sollten wir dann nicht unsere Stunden auch zwischen mehreren Interessen aufteilen? Zumal da gerade die Abwechslung den Geist erfrischt und wiederherstellt, während es viel schwieriger ist, immer bei ein und derselben Sache zu bleiben. Daher hat auch der Schreibstift seine Ruhepause, während gelesen wird, und dem Überdruß am Lesen selbst steuert man durch Abwechslung. 5. Wenn wir auch noch so viele Dinge betreiben, so gehen wir doch gewissermaßen immer mit frischen Kräften an etwas Neues heran. Wer wird aber nicht abgestumpft, wenn er den lieben langen Tag einen einzigen Lehrer in welchem Fach auch immer über sich ergehen lassen muß? Abwechslung wirkt belebend, wie beim Essen, wo der Magen durch die verschiedenartigen Speisen angeregt wird und die Vielfalt weniger leicht zur Übersättigung führt. 6. Sonst sollen mir die Verfechter gegenteiliger Ansichten einmal sagen, wie denn eine andere Lernmethode aussehen soll. Sollen wir uns zuerst ausschließlich dem Literaturlehrer widmen, dann nur dem Geometrielehrer und inzwischen das wieder vergessen, was wir gelernt haben? Dann zum Musiklehrer übergehen, und das vorher Gelernte verflüchtigt sich wieder? Und während wir lateinische Literatur betreiben, sollen wir keinen Blick auf die griechische werfen? Um doch einmal zum Schluß zu kommen: Sollen wir immer nur das betreiben, was wir gerade in Händen haben? 7. Warum raten wir dann nicht auch den Bauern, ihre Felder, Weinberge, Olivenhaine und Obstplantagen nicht zur selben Zeit zu bestellen? Nicht Weiden und Vieh, Gärten, Bienenstöcke und Geflügel gleichzeitig zu versorgen? Warum wenden wir selbst jeden Tag einen Teil unserer Zeit auf für die Tätigkeit auf dem Forum, für die Belange unserer Freunde, für unsere häuslichen Angelegenheiten, für die Pflege unseres Körpers und einige Zeit auch für unsere Vergnügungen? Jede einzelne dieser Tätigkeiten würde uns, ohne Unterbrechung betrieben, bald Erschöpfung verursachen. So viel leichter ist es, vieles zu tun statt eines auf die Dauer[42].

8. Darum braucht man jedenfalls am wenigsten besorgt zu sein, daß die Strapazen beim Lernen für die Kinder zu viel wären. Kein Alter wird nämlich weniger leicht müde. Das mag verwunderlich klingen, aber die Erfahrung lehrt es. Der Geist ist nämlich noch empfänglicher, bevor er ganz gefestigt ist. 9. Beweis dafür ist zum Beispiel die Tatsache, daß die Kinder innerhalb von zwei Jahren, wenn sie die Worte richtig bilden können, nahezu alle Dinge benennen können, ohne daß irgendein Zwang auf sie ausgeübt wird. Und wieviele Jahre schlagen sich unsere ausländischen Sklaven mit der lateinischen Sprache herum! Man versuche, einem Erwachsenen Lesen und Schreiben beizubringen, und man wird verstehen, warum man von Leuten, die in ihrer Kunst das Beste leisten, sagt, sie seien παιδομαϑεῖς (sie hätten es von Jugend auf in sich). 10. Auch können Kinder noch mehr Anstrengungen aushalten als Jugendliche. Offensichtlich macht kleinen Kindern weder das Hinfallen viel aus, wobei sie oft hart auf den Boden aufschlagen, noch das Krabbeln auf Händen und Knien, noch in der Folge das ununterbrochene Spielen und Herumlaufen den ganzen Tag über[43]. Sie sind so leicht und haben so wenig Gewicht zu tragen. So ist es, meine ich, auch mit dem Geist: Da er sich weniger auf eigene Initiative hin regt und das Lernen nicht aus eigenem Drange betreibt, sondern sich nur zur formenden Unterweisung darbietet, zeigt er auch nicht so leicht Erschöpfung. 11. Außerdem folgen die Kinder entsprechend der ganz anderen Leichtigkeit ihres Alters dem Lehrer unbefangen und bemessen noch nicht ihre Leistung. Auch beurteilen sie ihr Tun noch nicht als Arbeit. Weiter habe ich oft die Erfahrung machen können, daß harte körperliche Tätigkeit uns nicht so mitnimmt wie Denkarbeit.

12. Ja, niemals wird das Kind mehr Zeit zur Verfügung haben

[42] Von ähnlichen psychologischen Voraussetzungen geht die heutige Kritik am Intensivunterricht aus, neuerdings auch die Vorschläge zur Reform des monotonen Ablaufs industrieller Arbeitsprozesse.

[43] Dies hat man heute im Experiment nachgewiesen: Ein trainierter Sportler war über längere Zeit nicht fähig, sämtliche Bewegungen eines Kleinkindes nachzuvollziehen.

für diese Studien, weil in diesem Alter alle Fortschritte durch Zuhören zustande kommen. Wenn es sich erst einmal zum Schreiben zurückzieht, wenn es eigene Ideen hat und gestaltet, dann wird es weder Zeit noch Lust haben, mit diesen Studien zu beginnen. 13. Da also der Literaturlehrer nicht den ganzen Tag in Anspruch nehmen kann noch darf, um den Schüler nicht durch Überdruß vom Lernen abspenstig zu machen, welchen Studien werden wir die restliche Zeit dann am besten widmen? 14. Auch ich bin keineswegs dafür, daß der Schüler in diesen Fächern völlig aufgeht. Weder soll er komponieren noch Lieder vom Blatt vortragen noch sich gar in die Haarspaltereien der Geometrie vertiefen. In seinem Vortrag will ich ihn nicht zum Schauspieler, in seinen Gebärden nicht zum Tänzer machen, aber selbst wenn ich das alles zur Forderung erhöbe, würde die Zeit dennoch dafür ausreichen. Denn die Lehrzeit ist lang, und bei mir ist nicht von trägen Denkern die Rede. 15. Warum hat schließlich Platon in all diesen Fächern, die ich dem künftigen Redner als Lehrstoff vorschreibe, so hervorragende Leistungen erbracht? Er war nicht zufrieden mit dem Wissen, das ihm Athen bieten konnte, auch nicht mit dem der Pythagoreer, zu denen er nach Unteritalien gereist war, er begab sich auch noch zu den Priestern Ägyptens und betrieb ein gründliches Studium ihrer Geheimlehren.

16. Daß dies alles zu schwierig sei, schützen wir nur vor, weil wir zu träge sind; uns beherrscht nämlich keine Liebe zu unserem Gegenstand, wir suchen die Beredsamkeit nicht um ihrer selbst willen zu gewinnen, weil sie ehrenvoll und die schönste Aufgabe überhaupt ist, nein, zu wohlfeilem Gebrauch und zu schmutzigem Gewinn rüsten wir uns mit ihr.

17. Es sollen ruhig viele ohne diese Kenntnisse auf dem Forum reden und Gewinn machen, wenn jeder schmutzige Geschäftemacher noch reicher wird und der Auktionator noch mehr von seinem stimmlichen Einsatz hat[44]. Nicht einmal als Leser wünsche ich mir einen Mann, der seine Studien in klingende Münze umrechnet. 18. Wer aber das Urbild der Beredsamkeit in gleichsam göttlicher Vollendung in seinem Herzen trägt und wer sich, wie der berühmte Tragödiendichter[45] gesagt hat, »die Rede als Königin aller Dinge« vor Augen stellt und nicht in seinen Prozeßeinnahmen, sondern in

[44] Auktionator zu sein war ein einträglicher, aber wenig geachteter Beruf; vgl. Juvenal 7, 6.

[45] Pacuvius (220 bis um 130 v. Chr.) in seiner Tragödie *Hermione;* vgl. auch Cicero *De oratore* II 187.

seinem Innern, in geistiger Betrachtung und Vertrautheit mit den Dingen den Gewinn sucht, und zwar einen unvergänglichen, keinem Schicksal unterworfenen, der wird leicht zu der Überzeugung kommen, seine Zeit anstatt mit Spielen, Sportveranstaltungen, Würfelspiel und müßigem Geschwätz – gar nicht zu reden von den Stunden, die mit Schlaf und den ewigen Gastmählern vergeudet werden –, lieber beim Geometrie- und Musiklehrer zuzubringen. Dabei wird er weit mehr Vergnügen haben als bei diesen geistlosen Lustbarkeiten. Das hat ja die Vorsehung dem Menschen zum Geschenk gemacht, daß ihm edle Tätigkeiten auch mehr Freude bringen. 19. Uns hat jetzt ebendiese Freude zu weitläufig werden lassen. Soviel also von diesen Studien, in denen der Knabe unterrichtet werden soll, bevor er Größeres in Angriff nimmt. Das nächste Buch wird sozusagen einen neuen Anfang machen und zu den Aufgaben des Rhetors übergehen.

2. Kapitel

Das Bild des Lehrers

1. Wenn der Knabe also mit seinen Kräften im Lernen so weit ist, daß er dem von mir geforderten Grundunterricht in der Rhetorik geistig folgen kann, dann soll man ihn zu einem Lehrer dieses Faches bringen. Dabei wird man sich zuerst dessen Charakter ansehen müssen. 2. Wenn ich dies hier besonders unterstreiche, so bedeutet das nicht, daß ich die Überprüfung des Charakters bei anderen Lehrern nicht für ebenso wichtig hielte – das habe ich ja im vorigen Buch klar zum Ausdruck gebracht[46]. Vielmehr macht das Alter, in dem sich die Schüler jetzt befinden, die Erwähnung dieses Punktes besonders notwendig. 3. Denn fast erwachsen bringt man die Knaben zu diesen Lehrern, und bei ihnen bleiben sie auch noch als junge Männer. Daher muß man sich noch mehr darum kümmern, daß die integre Haltung des Lehrers die empfindlicheren Jahrgänge vor jeder Gefährdung schützt und seine Autorität die leidenschaftlicheren Gemüter von Übergriffen zurückhält. 4. Es genügt jedoch nicht, wenn der Lehrer persönlich ein Musterbeispiel von Anstand und Sitte ist, er muß auch fähig sein, seine Schüler durch strenge Zucht in Schranken zu halten.

Der Lehrer soll also vor allen Dingen seinen Schülern gegenüber wie ein Vater gesinnt sein und es so ansehen, als trete er an die Stelle derer, die ihm ihre Kinder anvertrauen. 5. Er soll selbst frei von Fehlern sein und auch keine bei anderen dulden. Er sei ernst, aber nicht finster, freundlich, aber nicht zu familiär, denn das eine ruft Haß und das andere Verachtung hervor. Er führe immer wieder Gespräche über das, was ehrenhaft und rechtschaffen ist, denn je öfter er dazu mahnt, desto seltener wird er zu strafen haben. Auf keinen Fall soll er aufbrausend sein, aber er soll auch nicht die Augen davor schließen, wenn es etwas zu verbessern gilt. Einfach und verständlich sei er im Unterricht, unermüdlich, stetig eher in seinen Anforderungen als übertrieben anspruchsvoll. 6. Auf Fragen

[46] I 2, 5.

soll er bereitwillig Rede und Antwort stehen, denen aber, die nicht fragen mögen, soll er von sich aus auf den Zahn fühlen. Er soll die Übungen seiner Schüler weder sparsam noch überschwenglich loben, das eine ruft Verdruß an der Arbeit, das andere Selbstgefälligkeit hervor. 7. Beim Verbessern der Fehler verhalte er sich nicht kränkend und herabwürdigend, denn Lehrer, die so schimpfen, als ob sie einen Haß gegen die Schüler hätten, haben schon viele von ihrem Lernziel abgeschreckt. 8. Der Lehrer soll jeden Tag selbst vortragen, am besten möglichst viel, was seine Hörer mit Gewinn davontragen können. Denn mag er ihnen auch noch so viel nachahmenswerte Beispiele aus der Lektüre an die Hand geben, so bietet doch das lebendige Wort, wie man so sagt, reichhaltigere Nahrung, besonders bei einem Lehrer, den die Schüler, wenn sie nur recht angeleitet sind, lieben und verehren. Es läßt sich kaum in Worte fassen, wieviel lieber wir Menschen als Vorbild nehmen, die wir gerne haben.

9. Man soll es den Knaben ganz und gar nicht gestatten, wie es meist üblich ist, beim Applaudieren ausgelassen aufzuspringen und ein Freudengeschrei anzustimmen. Auch junge Leute sollen beim Zuhören ihre Anerkennung in maßvoller Weise äußern. Wenn man darauf besteht, wird sich der Schüler nach dem Urteil des Lehrers richten und dessen Zustimmung als Beweis dafür nehmen, daß er gut gesprochen hat. 10. Die übelste Art von Höflichkeit, wie man es auch noch nennt, ist es, sich gegenseitig wegen alles und nichts zu applaudieren, eine unpassende und theatralische Angewohnheit, die mit einer strenggeleiteten Schule unvereinbar ist, außerdem der schlimmste Feind ernsthaften Lernens. Denn überflüssig erscheinen Mühe und Arbeit, wenn allem, was jemand von sich gibt, Beifallsstürme sicher sind. 11. Auf die Miene des Lehrers haben die Zuhörer wie auch der Vortragende zu blicken, so wird dieser nämlich Lobens- und Tadelnswertes zu unterscheiden lernen; so wie das Schreiben Gewandtheit bringt, so führt das Hören zu einem kritischen Urteil.

12. Aber heutzutage sitzen die Schüler schon auf dem Sprung, um bei jeder Art von Schlußsequenz nicht nur aufzuspringen, sondern nach vorne zu rennen und ein ungeziemendes Jubelgeschrei anzustimmen. So macht man es gegenseitig, und das sichert den Erfolg des Vortragenden. Daher kommt die Aufgeblasenheit und eitle Selbstsicherheit, die so weit geht, daß sie, vom Geschrei der Mitschüler berauscht, böse auf den Lehrer sind, weil sie sich zu wenig von ihm gelobt fühlen. 13. Doch auch die Lehrer sollten

darauf achten, daß man sie aufmerksam und ruhig anhört, denn der Lehrer muß sich beim Vortrag nicht nach dem Urteil der Schüler richten, sondern umgekehrt. Er sollte sogar, falls möglich, sein Augenmerk darauf richten, festzustellen, was jeder einzelne mit Beifall bedenkt und in welchem Maße er es tut. Und wenn er selber bei einem guten Vortrag Beifall findet, so soll er sich nicht so sehr im eigenen Interesse darüber freuen als vielmehr im Interesse der Schüler, die damit ihr Urteilsvermögen beweisen.

14. Daß die Knaben zwischen den jungen Männern sitzen, findet nicht meine Zustimmung. Denn selbst wenn der Lehrer solch ein hervorragender Mann wäre, wie wir ihn zur Überwachung der Studien wie der Sitten für erforderlich halten, und die jungen Leute in Zucht halten könnte, so soll man doch das zartere Alter vom reiferen trennen und nicht nur eine Anschuldigung wegen unsittlichen Verhaltens, sondern schon den Schatten eines Verdachts meiden. 15. Das habe ich nur kurz andeuten wollen. Denn daß Lehrer wie Schule von den schlimmsten sittlichen Makeln frei zu sein haben, das muß ich, glaube ich, nicht eigens zur Vorschrift machen. Wenn jemand aber für seinen Sohn einen Lehrer sucht und nicht darauf achtet, daß dieser frei von offenkundigen Lastern ist, dann soll er hier schon versichert sein, daß alle unsere Anleitungen zum Nutzen der Jugend in seinem Falle völlig umsonst sind, wenn er diesen Punkt nicht beachtet hat.

3. Kapitel

Man soll gleich den besten Lehrer nehmen

1. Man darf nun auch die Überzeugung derjenigen nicht stillschweigend übergehen, die zwar glauben, Knaben seien schon reif für die Rhetorik, aber meinen, man müsse sie dennoch nicht gleich zu dem allerbesten Rhetor in die Schule geben, man könne sie vielmehr noch eine Zeitlang bei minderen Kräften lassen – gerade als ob für den Anfangsunterricht ein mittelmäßiger Lehrer geeignet sei. Einmal sei er leichter zu verstehen und nachzuahmen, dann aber lasse sich ein solcher Mann eher dazu herab, die Mühen eines Anfangsunterrichts auf sich zu nehmen. 2. Hier brauche ich wohl nicht lange zu reden, um zu zeigen, wieviel besser es ist, jemandem gleich das Beste beizubringen, und wie schwierig es ist, Fehler, die sich ein-

mal festgesetzt haben, wieder auszumerzen, wobei die späteren Lehrer die doppelte Last haben und das Abgewöhnen noch beschwerlicher und vorrangiger ist als das Lehren selbst. 3. Daher soll Timotheus, ein berühmter Flötenkünstler, von denen, die schon bei jemand anderem Unterricht gehabt hatten, das doppelte Honorar gefordert haben wie von Anfängern. Es handelt sich hierbei vielmehr um einen Irrtum in doppelter Hinsicht: einmal, indem man glaubt, die minderen Kräfte täten es einstweilen, und sich zufrieden gibt mit der Hoffnung auf einen guten Magen, der alles verdaut. 4. Zwar verdiente diese Fahrlässigkeit für sich schon Tadel, sie wäre aber gerade noch hinzunehmen, wenn die Lehrer dieser Art nur in der Quantität und nicht in der Qualität weniger böten. Der andere Irrtum kommt noch häufiger vor: Man glaubt, Lehrer, die über ein höheres Maß rhetorischer Fähigkeiten verfügten, ließen sich nicht auf eine solch niedere Stufe herab, manchmal, weil sie sich zu vornehm dünkten, ihre Aufmerksamkeit auf solch untergeordnete Bereiche zu verschwenden, manchmal auch, weil sie es einfach gar nicht könnten. 5. Ich rechne nun jemanden, der das nicht will, überhaupt nicht zu den Lehrern; was das Können angeht, so behaupte ich, der Beste, vorausgesetzt er hat den Willen dazu, wird es auch am besten können. Man muß ja annehmen, daß ein Mann, der in der Beredsamkeit alle anderen übertrifft, sich auch die Zwischenstufen, die zu ihr führen, gründlichst angeeignet hat. 6. Sodann macht beim Lehren die wissenschaftliche Methode das meiste aus, und je gebildeter einer ist, desto mehr wird er sie beherrschen. Schließlich kann niemand die höchste Stufe erreichen und die tieferen dabei ausgelassen haben.

Oder hätte etwa Pheidias mit seinem Zeus[47] das größte Kunstwerk geschaffen, die schmückenden Beigaben um das Werk herum hätte aber ein anderer Künstler besser ausgearbeitet? Oder sollte sich ein Redner nicht unterhalten können, oder könnte der bedeutendste Arzt nicht auch leichtere Krankheiten heilen?

7. »Ja, aber es gibt doch eine Stufe der Beredsamkeit, die zu hoch ist, als daß geistig ungeübte Knaben sie erreichen könnten.« Gewiß, das gebe ich zu, aber der besagte Redekünstler wird auch Umsicht und didaktische Kenntnisse besitzen müssen und sich auf das geistige Niveau seines Schülers herablassen, gerade wie ein noch so schneller Läufer, wenn er einmal mit einem Kind unterwegs ist,

[47] Die Zeusstatue von Olympia, eines der sieben Weltwunder.

ihm die Hand gibt, seinen Schritt verhält und nicht rascher geht, als ihm sein Gefährte folgen kann.

8. Weiter ist es gerade häufig der Fall, je gebildeter der Lehrer ist, desto eingängiger und klarer ist auch sein Unterricht. Die vornehmste Tugend der Beredsamkeit ist es nämlich, klar und deutlich zu sein, und je weniger Talent einer hat, desto lieber streckt er sich in die Höhe und Breite, wie kleingewachsene Leute sich auf die Zehenspitzen stellen und schwächliche die meisten Drohungen ausstoßen. 9. Auch die Leute mit einem schwülstigen Stil voller Manieriertheit und Wortgeklingel oder mit sonstigen Verstößen gegen den guten Geschmack leiden meiner Überzeugung nach nicht an dem Fehler überschüssiger Kraft, sondern an dem der Schwäche. Auch der Körper wird ja nicht von strotzender Kraft, sondern von Krankheit aufgeschwemmt, und vom rechten Weg kommt man meistens ab, weil man erschöpft ist. Folglich wird auch ein Lehrer um so schwerer zu verstehen sein, je schwächer er ist.

10. Es ist mir keineswegs entgangen, daß ich im vorigen Buch[48], als ich die Vorteile der Schulerziehung im Vergleich mit der Erziehung zu Hause erörterte, geschrieben habe, die Schulanfänger seien bei ihren ersten schwachen Fortschritten eher geneigt, die Mitschüler nachzuahmen, denn das sei leichter. Das kann nun von einigen meiner Leser so aufgefaßt werden, als wiche ich jetzt von meiner vorigen Auffassung ab. 11. Doch bin ich weit entfernt davon, vielmehr ist das gerade der Hauptgrund, warum der Knabe gleich den allerbesten Lehrer bekommen soll: Bei ihm werden die Schüler einen besseren Unterricht erhalten und daher entweder etwas zum Vortrag bringen, was der Nachahmung wert ist, oder sie werden bei Fehlern sofort verbessert werden. Der ungebildete Lehrer dagegen wird womöglich Fehlerhaftes billigen und durch das Urteil, das er ausspricht, die Hörer zur Zustimmung zwingen. 12. Der Lehrer soll also in der Beredsamkeit wie auch in charakterlicher Hinsicht der Vortrefflichste sein, ein Mann, der nach dem Vorbild des Phoinix bei Homer[49] das Reden wie das Handeln lehren soll.

[48] I 2, 26.

[49] *Ilias* 9, 442 f. Phoinix war einer der Erzieher des Achill. Sein Schüler sollte »ein Redner von Worten und ein Vollbringer von Taten« werden. Dieses praktische Erziehungsideal wird von dem griechischen Redelehrer Isokrates (vgl. Anm. 5) aufgenommen, der das »gute Reden und das gute Handeln« lehren will und sich von einer allzu spekulativen Redekunst absetzte. Auch Cicero vertritt diese lebensnahe Haltung und zitiert die Homerstelle in *De oratore* III 57, von dort dürfte Quintilian sie übernommen haben.

4. Kapitel

Die ersten Übungen beim Rhetor

1. Ich beginne jetzt mit dem Anfangslehrstoff beim Rhetor, wie er meinem Plan entspricht. Dabei verschiebe ich das noch ein wenig, was man gewöhnlich ausschließlich unter Rhetorik versteht. Mir scheint nämlich der Übergang von dort aus am günstigsten, wo der Knabe bereits Ähnliches beim Grammatiklehrer gelernt hat.

2. Es gibt nun bei den Erzählungen – abgesehen von der in der Gerichtsrede üblichen Form – die überlieferten drei Arten: die erdichtete Erzählung in Tragödie und Lyrik, die nicht nur von der Wahrheit, sondern von jeder Art von Wirklichkeit weit entfernt ist, dann den Stoff der Komödie, zwar erdichtet, aber doch der Wirklichkeit nachgebildet, und drittens die Geschichtserzählung, in der ein historisches Ereignis dargestellt wird. Da wir die poetischen Erzählungen in den Grammatik- und Literaturunterricht verwiesen haben, soll beim Rhetor die Geschichtserzählung den Anfang machen; sie ist um so eindrucksvoller, je wahrheitsgetreuer sie ist. 3. Welche Methode der Erzählung ich jeweils für die beste halte, das will ich noch zurückstellen, bis wir zur Tatbestandserzählung in der Gerichtsrede kommen[50]. Unterdessen mag die Mahnung genügen, sie solle weder geradezu trocken noch nüchtern sein – denn wozu dann der ganze Aufwand an Lernarbeit, wenn es auch ausreichend erschiene, die Dinge nackt und schmucklos zur Kenntnis zu bringen? –, aber sie soll auch nicht gewunden, mit weithergeholten Schilderungen prunkend einherstolzieren, wozu sich recht viele in Nachahmung dichterischer Freiheit verführen lassen. 4. Beides ist ein Fehler, schlimmer aber ist doch der, der aus dem Mangel, als der, der aus dem Überfluß entsteht. Von Knaben kann man ja eine formvollendete Rede weder fordern noch erwarten. Besser ist jedoch eine reiche Veranlagung, schwungvolles Anpacken und ein Geist, der mit seinen Einfällen auch einmal übers gesteckte Ziel hinausschießt. 5. Niemals werde ich mich bei Schülern dieser Altersstufe daran stoßen, wenn ein Überschuß da ist. Ja, ich will, daß auch die Lehrer dafür sorgen, die noch zarten Gemüter, wie es die Ammen machen, mit weicherer Speise zu nähren. Sie sollen sich gleichsam satt trinken an der Milch dieser freude-

[50] IV 2.

spendenden Kunst. Vorderhand wird der Körper ein wenig füllig werden, doch die Wachstumsjahre werden ihn bald wieder straffen. 6. In diesem Falle hat man Hoffnung auf eine kräftige Konstitution, denn Magerkeit und Schwäche drohen für die Zukunft, wenn ein kleines Kind schon voll ausgeprägte Gliedmaßen besitzt. In diesem Alter sollen sie ruhig einmal etwas wagen, eigene Ideen entwickeln und ihre Freude daran haben, mag auch bisweilen nicht alles korrekt und ernsthaft genug sein. Für üppiges Wuchern gibt es leicht Abhilfe, unfruchtbarer Boden macht jede Anstrengung zunichte. 7. Am wenigsten verspräche ich mir von einer Veranlagung, bei der der kritische Intellekt auf Kosten der schöpferischen Kraft entwickelt ist. Der Rohstoff soll zuerst da sein, und zwar im Überfluß, und noch reicher strömen, als nötig ist. Vieles davon werden die Jahre abschöpfen, viel wird die Vernunft glätten, und manches wird sich sozusagen durch den Gebrauch abschleifen, wenn nur etwas da ist, woraus der Bildner etwas hauen und meißeln kann. Das wird der Fall sein, wenn wir von Anfang an die Metallplatte nicht so dünn genommen haben, daß eine tiefer eindringende Ziselierung sie gleich durchstößt.

8. Meine Meinung über diese Altersstufe wird man nicht verwunderlich finden, wenn man bei Cicero gelesen hat: »Ich wünschte mir, daß sich bei einem jungen Mann üppige Fülle zeigt.«[51] Deshalb muß man es vor allem – und im Knabenalter ganz besonders – zu vermeiden suchen, an einen trockenen Lehrer zu geraten, ebenso wie man für noch zarte Pflanzen einen trockenen Boden ohne Saft und Kraft meidet. 9. Daher kommen sonst die gedrückten Gestalten, die den Blick nur auf den Boden richten und sich nicht getrauen, die Stimme über den üblichen Gesprächston zu erheben. Abgemagertes Aussehen steht bei ihnen anstelle der Gesundheit, und Schwäche gilt als Zeichen eines richtigen Urteils, und während sie glauben, es genüge, frei von Fehlern zu sein, verfallen sie in eben den Fehler, von Vorzügen frei zu sein[52]. Daher soll sich die Reife nur nicht übereilen, noch soll der Most schon in der Bütte herb sein; so wird der Wein haltbar werden und mit dem Alter an Reife gewinnen.

10. Nicht ohne Wert ist auch der Hinweis, daß allzu große Strenge beim Korrigieren bisweilen den geistigen Elan der Schüler erlahmen läßt. Sie verlieren das Selbstvertrauen, werden trübsin-

[51] *De oratore* II 88; vgl. auch Tacitus *Dialogus de oratoribus* 23.

[52] Ebenso kritisiert Cicero die Anhänger eines allzu schlichten Redestils zu seiner Zeit, die Neo-Attizisten; vgl. *Brutus* 283 ff.

nig, entwickeln endlich Haßgefühle, und, was am meisten schadet, sie haben vor allem Angst und getrauen sich an gar nichts mehr heran. 11. Darüber wissen auch die Bauern Bescheid; sie meinen, an zarte Zweige dürfe man nicht mit der Sichel herangehen, da sie »vor dem Eisen zurückzubeben«[53] schienen und noch keine Narben ertragen könnten. 12. Freundlich muß der Lehrer also ganz besonders sein, er muß die Heilmittel, die von Natur aus bitter sind, mit sanfter Hand in milder Form verabreichen: Bei den Arbeiten muß er das eine loben, anderes hingehen lassen, auch etwas ändern. Dabei muß er aber immer Rechenschaft geben, warum er das tut, und soll es durch eigene Zusätze erhellen. Manchmal wird es auch vorteilhaft sein, selbst ganze Reden zu diktieren, die der Knabe nachahmen und zunächst als seine eigenen Schöpfungen schätzen soll. 13. War jedoch die Ausarbeitung dermaßen nachlässig, daß eine Verbesserung nicht möglich war, habe ich die Erfahrung gemacht, daß es etwas nützte, dieselbe Aufgabe, von mir noch einmal abgefaßt, von neuem schreiben zu lassen. Dabei sagte ich dem Schüler, er könne es noch besser, denn nichts macht das Lernen so zur Freude wie die Aussicht auf Erfolg. 14. In einer anderen Altersstufe muß man beim Verbessern wieder anders vorgehen. Wieviel man fordert und wieviel man verbessert, muß sich nach den Kräften der Schüler richten. Gewöhnlich sagte ich zu den Knaben, wenn sie sich zu etwas gar zu Kühnem oder Ausgefallenem verstiegen hatten, für jetzt würde ich es loben, es werde jedoch der Zeitpunkt kommen, an dem ich ihnen einen solchen Stil nicht mehr durchgehen ließe. So behielten sie die Freude an ihrem klugen Einfall und wurden in ihrem Urteil nicht fehlgeleitet.

5. Kapitel

Über die Redner- und Historikerlektüre beim Rhetor

1. Doch über die Methode des Deklamierens sogleich; einstweilen – wir behandeln ja die ersten Anfangsgründe der Rhetorik – glaube ich den Hinweis nicht unterlassen zu dürfen, wieviel der Rhetor zu den Fortschritten seiner Schüler beitragen kann, wenn er, analog zur Dichtererklärung durch den Grammatik- und Literaturlehrer

[53] Nach Vergil *Georgica* II 362 ff., dort von den Weinreben gesagt.

seine Schüler in den Werken der Geschichtsschreiber und mehr noch in denen der Redner unterweist. Ich habe dies durchgeführt bei einer kleineren Anzahl von Schülern, deren Alter zu einem Versuch einlud und deren Eltern ihn für nützlich befunden hatten. 2. Ich hielt es schon damals für das Beste, es gab jedoch zwei Hindernisse: Die lange Gewohnheit, es anders zu machen, hatte dies schon zur Regel werden lassen, und außerdem hatte ich es mit fast schon erwachsenen jungen Männern zu tun, die von der damit verbundenen Arbeit nicht begeistert waren und lieber meinen Vortrag nachahmen wollten. 3. Die Tatsache, daß ich eine neue Methode etwas spät entdeckt habe, soll jedoch kein Grund für mich sein, sie nicht für die Zukunft zu empfehlen. Nun weiß ich aber, daß es bei den Griechen so gemacht wird, aber man überläßt es dort gewöhnlich den Hilfskräften, wohl in der Ansicht, die Zeit reichte nicht aus, wenn die Lehrer jedem einzelnen beim Lesen dauernd Anleitungen geben würden. 4. Wirklich ist das Vorlesen, das dazu dient, daß die Knaben leicht und genau das Geschriebene mit den Augen verfolgen können, und auch eine damit verbundene Erklärung jedes weniger geläufigen Wortes eine Tätigkeit, die als weit unter dem Niveau eines Rhetoriklehrers zu gelten hat. 5. Jedoch auf die Vorzüge und etwa auch die Fehler bei den Autoren aufmerksam zu machen, das entspricht durchaus der Lehrtätigkeit sowie dem Programm, durch das sich jemand als Lehrer der Rhetorik empfiehlt. Und das um so mehr, als ich ja nicht die Lehrer damit beauftragen will, die Kinder wieder auf ihren Schoß zurückzurufen und ihnen bei der Lektüre jedes gewünschten Buches ihre Dienste zu leihen.

6. Mir scheint es nämlich leichter und auch bedeutend nutzbringender, wenn alle still sind, einen zum Vorleser zu bestimmen – am besten geht man der Reihe nach vor –, damit sich die Schüler zugleich auch ans Vortragen gewöhnen. 7. Ist dann der Tatbestand dargelegt, der unserer Rede zugrunde liegt – auf diese Weise werden die Schüler den Text besser verstehen können –, soll nichts unbeobachtet gelassen werden, was man zur rednerischen Erfindung, zum Stil anmerken kann, auf welche Weise im Prooemium Einfluß auf die Richter genommen wird, wie klar, knapp und glaubwürdig der Tatbestand erzählt wird *(narratio)*, welcher Plan bisweilen zugrunde liegt und wie eine schlaue Absicht geschickt verborgen wird. Denn das allein ist die wahre Kunst dabei, die einer nur merken kann, wenn er selber Meister ist. 8. Dann soll beachtet werden, mit welcher Klugheit die Gliederung *(partitio, divisio)* der einzelnen Punkte abgefaßt ist, wie genau und Schlag auf

Schlag die Beweise kommen *(argumentatio)*, mit welcher Leidenschaft die Hörer entflammt und mit welcher Liebenswürdigkeit sie besänftigt werden, welch ein scharfer Ton beim Schelten und welch ein heiter-kultivierter beim Scherzen herrscht, wie der Redner schließlich seine Herrschaft über die Gefühle seiner Zuhörer festigt, in ihre Herzen eindringt und die Richter in die zu seinen Worten passende Gesinnung bringt. 9. Dann bei der Betrachtung des Stils: Hier soll hervorgehoben werden, wo ein Wort in seiner eigentlichen Bedeutung, wo es schmückend, wo es erhöhend gebraucht wird, wo eine Erweiterung des Themas Lob verdient, welche Wirkung das Gegenteil hat, wo eine Metapher gut gelungen ist, welche Redefiguren vorkommen und wie glatt und abgerundet, aber doch männlich-kraftvoll die Wortverbindung ist.

10. Auch ist es keineswegs ohne Nutzen, mitunter auch verschrobene, fehlerhafte Reden gemeinsam zu lesen – sie werden ja nichtsdestoweniger von der Masse der an Geschmacksverirrung Leidenden bewundert – und daran zu zeigen, wieviel falscher Wortgebrauch, wieviel dunkle, schwülstige, triviale sowie zweideutige und lendenlahme Stellen es gibt[54]. Dies wird ja nicht nur von den meisten gelobt, sondern – noch schlimmer! – gerade deshalb gelobt, weil es schlecht ist. 11. Denn mit einem normalen, natürlichen Sprachgebrauch kann man ja anscheinend kein Talent beweisen. Jene Ausdrucksweisen aber, wie gewunden sie auch immer sein mögen, bewundern wir als etwas ganz Besonderes, nicht anders als manche Leute für verwachsene und irgendwie mißgestaltete Menschen einen höheren Preis zahlen als für solche, die von den guten Gaben eines normalen Aussehens nichts eingebüßt haben[55]. 12. Es gibt ja auch Leute, die sich vom äußeren Schein blenden lassen und glauben, Menschen, die sich die Haare am Körper auszupfen und die Haut glattschaben, die sich ihre gebrannten Locken mit Haarnadeln aufstecken und in geborgten Farben glänzen, seien von größerer Schönheit, als sie die unverfälschte Natur verleihen kann. So

[54] Diese Praxis der *praelectio* und *lectio*, der interpretierenden Lektüre, wird zur typischen Unterrichtsform der mittelalterlichen Schule; vgl. Johannes von Salisbury *Metalogicon* I 24.

[55] Dieser Passus beleuchtet Quintilians Haltung der *sanitas*, einer gesunden, naturgemäßen Einstellung im Gegensatz zu dem Manierismus seiner Zeit, den er bekämpfte. Das Wohlgefallen am Mißgestalteten finden wir auch im Manierismus des 16. Jahrhunderts; vgl. die fratzenhaften Zwergenfiguren in italienischen Parks und die Vorliebe für mißgestaltete Hofnarren. Quintilians *sanitas* bestimmt auch seine Schriftstellerkritik X 1; vgl. auch VIII Einleitung (hier nicht abgedruckt) und XII 10.

hat es gerade den Anschein, als käme die Schönheit des Körpers aus der Verderbnis der Sitten.

13. Es wird nicht nur die Aufgabe des Lehrers sein, diese Dinge alle selbst zu lehren, er wird auch Fragen an seine Schüler zu stellen haben und ihr Urteilsvermögen prüfen müssen. So werden sie nicht der trügerischen Sicherheit des nur Hörenden verfallen, und der Stoff wird nicht zum einen Ohr hinein- und zum anderen herausgehen. Gleichzeitig werden sie dazu kommen, selbst etwas herauszufinden und ihren Verstand zu gebrauchen, und dies ist ja das Ziel dieser Lehrmethode. Denn was wollen wir anderes mit unserm Unterricht bezwecken, als daß unsre Schüler nicht immer Schüler bleiben? 14. Wenn man diese Unterrichtsform sorgfältig durchführt, wage ich die Behauptung, daß sie den Schülern mehr Gewinn bringen wird als sämtliche Lehrbücher sämtlicher Autoritäten. Diese helfen zweifellos viel, aber bei ihrer mehr allgemeinen Betrachtungsweise können sie kaum allen Einzelfällen, wie sie nahezu täglich neu auftreten, gerecht werden. 15. So ist es ja auch im Kriegswesen: Zwar gibt es dort eine Reihe allgemeinverbindlicher Regeln, doch bringt es mehr Nutzen, wenn man weiß, welche Taktik von bestimmten Feldherrn angewandt wurde, in welcher Lage, zu welchem Zeitpunkt, auf welchem Terrain und mit welchem Erfolg. Denn in fast allen Lebenslagen gelten Regeln weniger als Erfahrungen. 16. Nun mag der Lehrer einen Vortrag halten, damit sich seine Schüler ein Beispiel daran nehmen können – aber hätten sie nicht mehr davon, wenn sie Cicero und Demosthenes lesen würden? In gemeinsamer Runde macht man sich ans Verbessern, wenn ein Schüler beim Vortrag einen Fehler gemacht hat. Wird es da nicht wirksamer sein, eine echte Rede zu verbessern, und wird das nicht auch mehr Spaß machen? Anderer Leute Fehler hört jeder lieber getadelt als die eigenen. 17. Es fehlte mir nicht an weiteren Argumenten, doch der Nutzen dieser Sache wird niemandem entgehen. Ich wünschte nur, die Abneigung, dies in die Praxis umzusetzen, wäre nicht so groß wie die Freude, die es nachher machen wird.

Welche Autoren soll man als erste lesen?

18. Hat man diese Methode einmal übernommen, so stellt sich die vergleichsweise leichte Frage, welche Schriftsteller man mit den Anfängern lesen soll. Einige sind nun mehr für die sogenannten

kleineren Autoren[56], denn sie seien leichter zu verstehen. Andere sind für eine Gruppe von eleganteren Autoren, da diese sich besser als Nahrung des jugendlichen Geistes eigneten. 19. Ich möchte die Allerbesten, gleich für den Anfang und für immer, aber von diesen wieder die Klarsten und am leichtesten Verständlichen. So möchte ich zum Beispiel für Knaben lieber Livius als Sallust; der letztere ist zwar der bedeutendere Geschichtsschreiber, doch ihn zu verstehen ist eher etwas für Fortgeschrittene. 20. Cicero ist, so erscheint es mir wenigstens, eine angenehme Lektüre für Anfänger und dazu auch genügend verständlich. Man kann nicht nur viel von ihm lernen, man kann ihn auch liebgewinnen. Dann folgen nach der Vorschrift des Livius[57] die anderen Autoren in der Reihenfolge, wie sie Cicero am ähnlichsten sind.

21. Dabei sollten die Knaben vor zwei Fehlerquellen bewahrt bleiben: Einmal sollte ein Lehrer, der ein allzu großer Bewunderer der alten Zeit ist, die Schüler nicht auf die Dauer bei der Lektüre der Gracchen, des Cato und ähnlicher Autoren festhalten wollen, denn dabei werden sie ungehobelt und trocken werden. Sie können auf ihrem jetzigen geistigen Niveau nämlich deren Durchschlagskraft nicht nachempfinden. Daher werden sie sich mit dem Stil dieser Autoren zufriedengeben, der unbestreitbar damals erstrangig war, zu unserer Zeit hingegen nicht paßt. Und dabei werden sie sich, was das Schlimmste ist, wie Ebenbilder großer Männer vorkommen. 22. Zweitens – das andere Extrem – sollten sie sich auch nicht in dem Netz der gezierten Tändeleien unserer Zeit verfangen und sich von fatalen Lockungen so kirre machen lassen, daß sie eine Vorliebe für diese süßliche Art gewinnen, die für jugendliche Gemüter so attraktiv ist, weil sie leichter zu erlangen ist. 23. Ist das Urteilsvermögen aber gefestigt und bereits außer Gefahr, dann würde ich unbedingt raten, die Alten zu lesen – wenn man sich ihre kernige Kraft und die Gaben ihres mannhaften Geistes zu eigen macht, gereinigt von der Rauheit eines noch nicht so kultivierten Zeitalters, dann wird unser eleganter Stil um so heller strahlen. Ebenso würde ich auch zum Studium der Modernen raten, die

[56] Die Unterscheidung von kleineren und größeren Autoren wird auch im Mittelalter beibehalten (vgl. den Leitfaden zur Lektüre *Dialogus super auctores [Gespräch über die Autoren]* des Konrad von Hirsau [um 1070–1150]); sie wirkt noch heute in der Auswahl der griechischen und lateinischen Schullektüre nach.

[57] Vgl. X 1, 39. Ausführlichere Urteile über Livius und Cicero in Buch X 1, 101; 105 ff.

durchaus auch ihre Vorzüge haben. 24. Die Natur hat uns ja nicht zu geistigem Stillstand verdammt. Aber wir haben unseren Redestil geändert und uns dabei mehr gehen lassen, als es sein durfte. So haben uns die Alten nicht so sehr an Talent übertroffen als vielmehr in ihrer Intention. Vieles wird man also auswählen dürfen, man wird aber darauf sehen müssen, daß diese Auswahlstellen nicht verunklärt werden durch die ihnen beigemischten Fehler. 25. Daß es Autoren in jüngster Vergangenheit gegeben hat und auch heute noch gibt, die man im Ganzen mit Gewinn nachahmen kann, warum sollte ich das nicht bereitwillig zugestehen, ja sogar dafür eintreten? 26. Aber wer zu diesen gehört, das kann nicht jeder Beliebige beurteilen. Ein Irrtum bei den früheren Autoren ist weniger schwerwiegend, daher habe ich die Lektüre der modernen Autoren zurückgestellt, damit man sie nicht nachahme, bevor man ein sicheres Urteilsvermögen besitzt.

8. Kapitel

Jeder soll vor allem seiner speziellen Begabung gemäß unterrichtet werden

1. Es wird allgemein – und nicht zu Unrecht – als ein Vorzug des Lehrers angesehen, wenn er bei den ihm anvertrauten Kindern sorgfältig auf die Begabungsunterschiede achtet und über ihre verschiedengerichteten Veranlagungen Bescheid weiß. Dabei gibt es nämlich eine kaum vorstellbare Vielfalt, und wie jeder Körper vom andern verschieden ist, so gleicht auch kein Geist dem andern. 2. Das läßt sich gerade an den Rednern erkennen, die in ihrer Art zu reden so sehr voneinander verschieden sind, daß keiner dem andern gleicht, obwohl die meisten in der Nachahmung ihrer Vorbilder ihre Form gefunden haben.

3. Daher halten die meisten folgendes für nützlich: Man muß jeden so ausbilden, daß seine ihm eigenen Naturgaben durch wissenschaftliche Unterweisung gepflegt werden und die Begabung jeweils auf dem Gebiet ihrer Neigung gefördert wird. Gerade so wird ein erfahrener Sportlehrer, wenn er auf einen Sportplatz voller Knaben kommt, Körper und Geist nach allen Seiten hin prüfend beobachten und danach entscheiden können, wer für welche

Sportart ausgebildet werden soll. 4. Ebenso der Redelehrer, der zuerst mit Scharfblick erkennt, wessen Talent besonders zu der knappen, geschliffenen Redeart oder mehr zu einem energischen, würdigen, liebenswürdigen, herben, glänzenden oder kultivierten Redestil neigt. Er wird sich dann so auf die einzelnen einstellen, daß jeder auf seinem speziellen Gebiet Fortschritte macht. 5. Einmal gelangt nämlich die Naturanlage durch Förderung noch mehr zur Geltung. Andererseits wird jemand, der entgegen der natürlichen Richtung seiner Begabung ausgebildet wird, auf den ihm weniger liegenden Gebieten auch keine ausreichenden Leistungen erbringen, und wenn er die angeborenen Gaben preisgibt, werden auch sie verkümmern.

6. Nun darf man ja seine Meinung äußern, auch wenn sie im Gegensatz zu herkömmlichen Überzeugungen steht, aber wohlbegründet ist – mir also erscheint die vorliegende Auffassung nur zum Teil richtig. Die individuelle Begabung eines jeden Schülers ausfindig zu machen ist zweifellos notwendig. 7. Daß man bei den einzelnen Begabungen eine bestimmte Auswahl der Studienfächer vornimmt, wird auch allgemeine Zustimmung finden. Der eine ist nämlich mehr für Geschichte geeignet, ein anderer ist begabter für die Dichtung, ein dritter tauglicher für die Rechtswissenschaft, und andere schickte man besser aufs Land. Das wird der Redelehrer so entscheiden wie der genannte Sportlehrer, der aus dem einen Jungen einen Läufer macht, aus dem anderen einen Faustkämpfer, einen Ringer oder einen Sportler einer anderen olympischen Disziplin. 8. Wer jedoch für das Forum bestimmt ist, muß nicht nur auf einem Teilgebiet, sondern in allen Bereichen seiner Tätigkeit gründliche Kenntnisse erwerben, auch wenn ihm beim Lernen manches schwerfallen sollte. Der Unterricht wäre ja überhaupt überflüssig, wenn die Naturbegabung ausreichte. 9. Angenommen, wir bekommen einen Schüler, wie es heute recht viele gibt, mit einem schwülstigen, manierierten Redestil – sollen wir ihn ruhig so weitermachen lassen? Oder sollen wir einen dürren, nüchternen Stil nicht nähren und gleichsam mit Gewändern umhüllen? Denn wenn es ab und zu geboten erscheint, etwas wegzunehmen, warum sollte es dann nicht gestattet sein, auch einmal etwas hinzuzufügen? 10. Nicht als ob ich gegen die Natur kämpfen wollte; man soll kein angeborenes Talent vernachlässigen, meine ich, sondern man soll dort steigern und auffüllen, wo etwas fehlt. 11. Der großartige Lehrer Isokrates, der nach dem Zeugnis seiner Bücher ein guter Redner und nach dem seiner Schüler ein guter Lehrer war, hat über Ephoros und Theo-

pomp[58] das Urteil abgegeben, der eine brauchte die Zügel, der andere die Sporen: Hat er damit nicht die Absicht vertreten, das träge Temperament des einen und das ungestüme des anderen brauchte gleichermaßen eine Förderung durch den Unterricht, und zwar so, daß beider Wesensart eine Mischung eingehen müsse?

12. Schwachen Begabungen wird man freilich entgegenkommen müssen, indem man sie nur in die Richtung lenkt, wohin ihre Veranlagung sie führt. So werden sie auf dem Gebiet erfolgreicher sein, auf dem allein ihre Fähigkeit liegt. Treffen wir aber einmal auf ein reicheres Naturell und haben berechtigte Hoffnung auf einen wirklichen Redner, dann darf keine rednerische Tugend ausgelassen werden. 13. Er mag zwar mehr zu einem bestimmten Fach hinneigen, das ist ganz natürlich, aber er wird sich nicht wehren gegen die Ausbildung auf anderen Gebieten, vielmehr wird er es durch steten Fleiß dahin bringen, daß er in den übrigen Fächern auf dem gleichen Stand ist wie in seinen Neigungsfächern. So ist es auch – um beim gleichen Beispiel zu bleiben – beim erfahrenen Sportlehrer: Wenn er einen Mehrkämpfer (Pankratisten, d. h. Faust- und Ringkämpfer) ausbildet, wird er ihm auch nicht nur die Arbeit mit Faust und Ferse oder die Griffe – und davon wieder nur bestimmte – beibringen, sondern alles, was zu dieser Sportart gehört. Auch unter diesen wird nicht jeder alles beherrschen: Er wird sich dann besonders auf das verlegen, was er beherrscht. 14. Folgende zwei Fehlerquellen sind nämlich auf alle Fälle zu vermeiden: Erstens soll man nichts unternehmen, was man nicht schafft; zweitens soll man niemanden von einem Gebiet, auf dem er Meister ist, auf ein anderes drängen, wozu er weniger befähigt ist. Ist der Schüler aber wie der berühmte Nikostratos, den wir in unserer Jugend als Greis noch gesehen haben, so wird der Lehrer alle Fächer gleichermaßen zu seinem Unterricht heranziehen und aus ihm einen Mann machen, wie dieser war: im Ringen und im Faustkampf unbesiegbar – er errang in beiden Disziplinen jeweils am gleichen Tag den Siegeskranz!

15. Und wieviel mehr wird der Lehrer eines zukünftigen Red-

[58] Isokrates (vgl. Anm. 5), um 436–338, attischer Redner und Redelehrer, der die griechische Kunstprosa wie auch die Erziehungspraxis seiner Zeit entscheidend beeinflußte. In seiner Schule wollte er zugleich mit einer ethisch fundierten Rhetorik ein praktisches, auf das Leben in der Polis ausgerichtetes Erziehungsziel verwirklichen. Er war auch als politischer Publizist tätig (Sendschreiben an König Philipp von Makedonien). Zu seinem Stil vgl. X 1, 79. – Ephoros und Theopomp, beides Geschichtsschreiber, vgl. X 1, 74 und Anm. 134, 135.

ners dafür Vorsorge treffen müssen! Es ist nämlich nicht genug, nur knapp oder schlicht oder kräftig zu reden, so wenig, wie es für einen Gesangslehrer genügt, nur in der hohen, mittleren oder tiefen Lage zu brillieren. Die Beredsamkeit ist wie eine Kithara, sie ist nur vollkommen, wenn sie auf allen Saiten, die vom tiefsten bis zum höchsten Ton gespannt sind, zusammenstimmt.

9. Kapitel

Die Pflicht der Schüler

1. Ich habe ausführlicher von den Pflichten der Lehrer gesprochen und möchte die Schüler einstweilen nur an das eine mahnen: Sie sollen ihre Lehrer nicht weniger lieben als ihre Studien und sie als ihre zwar nicht leiblichen, aber geistigen Eltern ansehen. 2. Diese Haltung der Kindesliebe wird sich vorteilhaft auf das Lernen auswirken, denn so werden die Schüler ihren Lehrern gern zuhören, ihren Worten Glauben schenken und den Wunsch haben, ihnen ähnlich zu werden. Schließlich werden sie auch voll Freude und Eifer in ihre Klasse kommen, sich nicht ärgern, wenn man sie verbessert, sich freuen, wenn man sie lobt, und sich durch die Hingabe, mit der sie bei der Sache sind, die Zuneigung ihres Lehrers verdienen. 3. Wie es nämlich die Aufgabe der Lehrer ist zu lehren, so ist es die Aufgabe der Schüler, sich belehren zu lassen, eines ist ohne das andere nicht hinreichend. Und gerade wie die Entstehung des Menschen zweier Elternteile bedarf und man den Samen vergebens aussät, wenn keine aufgelockerte Ackerfurche ihn aufnimmt, so kann auch die Beredsamkeit nicht gedeihen, wenn Geber und Empfänger keine einträchtige Verbindung eingegangen sind.

10. Kapitel

Nutzen und Methode der Deklamationen

1. Diese Aufgaben der Elementarstufe sind für sich genommen keineswegs klein, aber sie sind doch nur Glieder und Teile eines größeren Ganzen. Ist der Knabe in ihnen hinlänglich unterrichtet und geübt, wird gewöhnlich die Zeit gekommen sein, die Stoffe

der Beratungs- und Gerichtsrede in Angriff zu nehmen. Bevor ich mich auf dieses Gebiet begebe, muß ich einige Worte über die Technik des Deklamierens sagen, die jüngste Erfindung unter allen rhetorischen Übungen und bei weitem die nützlichste. 2. Sie umfaßt nämlich fast alles, über das wir gesprochen haben, und bietet ein Bild, das der Wirklichkeit am nächsten kommt. Als Folge davon hat sie einen solchen Ruf, daß die meisten sie allein schon für ausreichend halten bei der rhetorischen Ausbildung. Es gibt nämlich keinen Vorzug – in einer zusammenhängenden Rede wenigstens –, der sich nicht auch in dieser Art der Redeübung fände. 3. Zwar ist die Praxis der Deklamation durch die Schuld der Lehrer in einem solchen Maße in Verfall geraten, daß als einer der Hauptgründe für die Entartung der heutigen Beredsamkeit die Extravaganz und Ignoranz der Deklamierenden erscheint. Doch etwas, was von Natur aus gut ist, läßt sich auch zum Guten gebrauchen. 4. Die Stoffe für die Übungen sollen aber so lebensnah wie möglich sein, und die Deklamation soll sich andererseits in ihrer Form, soweit es nur irgend geht, an die wirklich gehaltenen Reden angleichen, denn um diese einzuüben, ist sie ja erfunden worden. 5. Denn Zauberer, Pestilenzen, Orakelsprüche und Stiefmütter, die noch wilder rasen als die auf der Bühne, und anderes noch Phantastischeres wird man ja zwischen Sponsionen und Interdikten[59] vergebens suchen. Wie nun? Sollen wir es gar nicht erlauben, daß die jungen Leute solche unrealistischen oder besser gesagt dichterischen Stoffe abhandeln, wo sie sich frei ergehen, im Stoff schwelgen und gleichsam Fleisch ansetzen können? 6. Das wäre schon am besten. Jedenfalls sollten solche Thesen, wenn sie auch hochtrabend und schwülstig sind, doch nicht auch noch töricht und, wenn man genauer hinsieht, geradezu lächerlich sein. Wenn wir also Zugeständnisse machen müssen, so soll sich denn der Deklamierende einmal recht aufblähen, bis er merkt, daß er sich, genau wie das Vieh auf der Weide, wenn es durch Grünfutter aufgebläht ist, durch einen Aderlaß kurieren lassen muß; so kehrt es dann wieder zu gesünderem Futter zurück, das ihm Kraft gibt. Ebenso muß der Redner wieder von seinem Fett herunter und muß ungesunde Flüssigkeit loswerden, wenn er gesund und kräftig sein will. 7. Andernfalls wird sich die leere Auf-

[59] In der *sponsio* (Prozeßwette) versprach der Kläger, eine bestimmte Summe zu zahlen, falls er verliere. Das Interdikt war eine einstweilige Verfügung des Prätors. – Zu den unrealistischen Deklamationsthemen vgl. auch Tacitus *Dialogus de oratoribus* 35, Petron *Satyrikon* 1 ff., Seneca der Ältere *Controversiae (Streitreden)* IV 2,1 f., VII 4, IX 1 ff.

geblasenheit sogleich entlarven, wenn er zum ersten Mal durch eine echte Aufgabe gefordert wird. Diejenigen aber, die die gesamte Deklamationspraxis als etwas von der Forumstätigkeit ganz und gar Verschiedenes ansehen, haben ihre Entstehungsursache gar nicht verstanden. 8. Denn wenn sie nicht auf das Forum vorbereitet, dann gleicht sie durchaus einem Bühnenspektakel oder dem Gerede eines Wahnsinnigen. Denn was soll das für einen Sinn haben: einen Richter in seiner Stimmung zu beeinflussen, wenn gar keiner da ist, einen Tatbestand darzulegen, von dem alle wissen, daß er nicht stimmt, Beweise zu führen in einer Sache, die nie zur Verhandlung kommt? Doch das kann man als Zeitvertreib betrachten. Sich aber rühren zu lassen und sich in Zorn oder Trauer hineinzusteigern, was könnte lächerlicher sein, wenn wir uns nicht in diesen Scheingefechten einüben für echte Auseinandersetzungen und scharfe Kämpfe? 9. Soll also gar kein Unterschied zwischen der Praxis des Forums und der der Deklamationen bestehen? Wenn es uns um Vervollkommnung zu tun ist, keiner. Ich wünschte, man könnte die derzeitige Praxis noch erweitern: Man könnte richtige Namen verwenden, kompliziertere und umfangreichere Fälle nehmen und weniger Scheu haben, auch einmal Worte aus der Umgangssprache zu gebrauchen, und einmal einen Scherz einzustreuen sollte auch üblich sein. In all diesen Punkten sind wir ja, soviel wir auch sonst in der Schule gelernt haben mögen, auf dem Forum blutige Anfänger. 10. Ist die Deklamation aber als Darbietung gedacht, dann müssen wir natürlich ein wenig an die Unterhaltung unserer Hörer denken. 11. Denn auch bei Reden, die sich ohne Zweifel im realen Bereich abspielen, aber auf die Unterhaltung der Öffentlichkeit abgestimmt sind – da haben wir zum Beispiel die Preisreden und den ganzen Bereich der Fest- und Unterhaltungsreden *(genus demonstrativum,* epideiktische Redegattung) –, bei all diesen Reden also ist es erlaubt, mehr Schmuck zu verwenden und all die Künste, die in der Gerichtsrede meistenteils verborgen bleiben müssen, nicht nur aufzudecken, sondern sie vor den eigens dazu geladenen Gästen zur Schau zu stellen. 12. Daher soll die Deklamation als Abbild der Gerichts- und Beratungsrede wirklichkeitsgetreu sein. Da sie aber auch ein ἐπιδεικτικόν (ein Element der Unterhaltungsrede) besitzt, sollte sie auch einigen Glanz verbreiten. 13. So ist es auch bei den Komödienschauspielern, die zwar nicht genau in unserer Umgangssprache reden, denn das ließe den Kunstcharakter vermissen, die sich aber auch nicht zu weit vom natürlichen Ton entfernen, ein Fehler, durch den die Nachahmung des wirklichen Lebens zunichte würde. Sie schmücken vielmehr die schlichte Alltagssprache mit etwas Glanz von der Bühne her aus. 14. Auch so haben wir noch einige beeinträchtigende Momente, wie sie sich aus der Natur der erfundenen Stoffe ergeben, so vor allem, daß bei ihnen so vieles im ungewissen bleibt, das wir dann nach Gutdünken festsetzen, zum Beispiel das Alter der Personen, ihr Besitzstand, ihre Familienverhältnisse oder, wenn es sich um Städte handelt, deren Machtstellung, ihre Gesetze und Lebensgewohnheiten und ähnliches. Ja manchmal bauen wir auch unsere Beweisführung auf Fehlern auf, die schon mit dem Thema gegeben sind. 15. Doch das wollen wir alles am gegebenen Ort behandeln. Zwar ist der Plan unseres Werkes auf die Ausbildung des Redners gerichtet, aber wir wollten doch nichts im Vorbeigehen unberührt lassen, auch wenn es sich ausschließlich auf die Schulpraxis bezieht, damit die daran Interessierten nichts vermissen müssen.

11. Kapitel

Sind theoretische Kenntnisse der Rhetorik nötig?

1. Hier haben wir nun den Bereich unserer Kunst[60] in Angriff zu nehmen, mit dem diejenigen den Anfang machen, die die vorhergegangenen Stufen ausgelassen haben. Ich sehe aber, daß mir einige sozusagen auf der Schwelle entgegentreten, die der Auffassung sind, die Beredsamkeit brauche derartige Regeln gar nicht. Sie sind vielmehr zufrieden mit ihren Naturgaben, den gebräuchlichen Methoden und Schulübungen und lachen mich sogar aus wegen meiner Gründlichkeit. Dabei berufen sie sich auf das Beispiel immerhin auch ganz namhafter Redelehrer. Einer von diesen hat, ich glaube, auf die Frage, was ein σχῆμα (Redefigur) und was ein νόημα (Sentenz) sei, geantwortet, das wisse er zwar nicht, aber wenn es zur Sache gehöre, dann fände es sich in seiner Deklamation. 2. Ein anderer sagte auf die Frage, ob er ein Anhänger des Theodoros oder des Apollodoros sei: »Ich bin für die Schildkämpfer!«[61] Wahrhaftig, er hätte keinen witzigeren Weg finden können, um einem Eingeständ-

[60] Nämlich die Theorie der Rhetorik, der Quintilian im Gegensatz zu anderen Autoren pädagogische und didaktische Erkenntnisse vorausgeschickt hatte. In den folgenden Kapiteln geht es um die Begriffsbestimmung der Rhetorik, ihre wissenschaftliche Grundlage und ihre Abgrenzung von anderen Wissenschaften.

nis seiner Unwissenheit auszuweichen. Diese Leute galten dank ihrer natürlichen Begabung als glänzende Redner und haben in der Tat auch manches gesagt, was der Erinnerung wert ist. Sie haben zahlreiche Anhänger, die ihnen in ihrer Mißachtung der Kunstregeln gleichkommen, aber kaum einen, was ihr Talent angeht. 3. Diese rühmen sich dann damit, sie sprächen aus ihrem eigenen Impuls heraus und bedienten sich der Kräfte ihrer Naturbegabung, denn es gehe bei erfundenen Themen nicht um Beweisführung oder Gliederung, sondern um das, weshalb der Hörsaal voll sei: um großartige Gedankenblitze, und von denen entstünden die besten erst in der Hitze des Gefechts. 4. Ja, selbst beim Konzipieren folgen sie keiner Methode, sondern schauen entweder zum Dach hinauf und harren oft mehrere Tage, ob da vielleicht der geniale Einfall von selber auf sie herabkäme, oder sie bewegen ihren Körper ruckartig hin und her und murmeln dabei etwas Undeutliches, als ob sie ein kriegerisches Signal hörten, und passen diese Bewegung nicht etwa einem Vortrag an, sondern dem Suchen von Worten. 5. Einige nehmen sich feste Formeln für die Einleitung, bevor sie noch den roten Faden für das Ganze gefunden haben, um sie als Aufhänger zu benutzen für irgendeine kunstvolle Wendung. Sind sie darüber lange und in lichtvoller Weise mit sich zu Rate gegangen, verzweifeln sie daran, eine geschickte Anknüpfung zu finden, und lassen den Gedanken wieder fallen. Dann gehen sie zu etwas Neuem über und abermals zu etwas anderem, eines so abgeschmackt und abgedroschen wie das andere.

6. Auch die, die noch am ehesten methodisch vorgehen, richten ihre Bemühungen nicht auf die Fälle im Ganzen, sondern auf ihre Glanzstellen, und achten dabei nicht auf ein gegliedertes Ganzes; sie schleudern sie Stück für Stück heraus, wie sie ihnen gerade in die Hände kommen. 7. Die Folge ist, daß eine so auseinanderfallende und aus Einzelstücken zusammengestoppelte Rede keinen Zusammenhang haben kann und einen ähnlichen Anblick bietet wie die Merkhefte der Knaben, in die diese einige Stellen aus Deklamationen eintragen, die beklatscht worden sind. Dessenungeachtet lassen

[61] Apollodoros von Pergamon, um 104–22 v. Chr., Theodoros von Gadara, 1. Jahrhundert n. Chr., Führer einander befehdender Rhetorenschulen. – Die Antwort bedeutet: »Ich kümmere mich nicht um Schulzwistigkeiten, ich schenke meine Gunst den mit einem Rundschild kämpfenden Gladiatoren, den ›Thrakern‹.«

[62] Diese Kritik am »Geniekult« findet sich auch X 3, 15, wo Quintilian den *modus humanus*, d. h. die *ratio*, die Vernunft, und die Natur selbst als Richtschnur empfiehlt.

sie bisweilen Pointen aufblitzen und haben manch Gelungenes – damit rühmen sie sich ja gewöhnlich. Nun, das findet man auch bei Barbaren und Sklaven. Wenn wir damit zufrieden sein wollen, dann können wir eben auf eine Theorie der Rhetorik verzichten[62].

12. Kapitel

Warum Redner ohne theoretische Grundlage gemeinhin für genialer gehalten werden

1. Ich will auch gar nicht leugnen, daß sich daraus meist die Ansicht ergibt, Redner ohne theoretische Grundlage wirkten temperamentvoller. Hierbei haben wir es zunächst mit dem Fehlurteil zu tun, größere Kraft sei dort zu finden, wo die Kunst fehle, so wie man meint, Aufbrechen sei kraftvoller als Öffnen, Zerreißen kraftvoller als Lösen und Wegreißen kraftvoller als Wegführen. 2. Auch ein Gladiator, der sich ohne Schulung im Gebrauch der Waffen in den Kampf stürzt, und ein Ringer, der sich mit seinem ganzen Körpergewicht auf die Stelle wirft, wo er einmal ansetzen konnte, auch diese hält man bei den Vertretern dieser Ansicht für besonders tapfer. Dabei kommt es doch bisweilen vor, daß der eine durch die Wucht seines eigenen Körpergewichts zu Fall kommt und der andere bei seinem heftigen Angriff durch eine leichte Drehung des Gegners abgefangen wird. 3. Doch liegt es in der Natur der Sache, daß sich die Unkundigen täuschen lassen; denn die Gliederung, so wichtig sie auch ist für die Gerichtsrede, läßt diese doch weniger kraftvoll erscheinen; das Rohe wirkt umfangreicher als das Geschliffene, und einzeln ausgestreute Dinge erscheinen zahlreicher als wohlgeordnete. 4. Vorzüge und Fehler sind zuweilen auch benachbart: So hält man einen, der schimpft, für freimütig, einen Unbesonnenen für tapfer und einen Schwätzer für gedankenreich. Schimpfen wird aber ein ungebildeter Redner ungenierter und öfter, auch wenn es für den Klienten, den er vertritt, ja häufig auch für ihn selbst gefährlich ist. 5. Aber selbst dies bestärkt die Leute noch in ihrer Überzeugung, denn sie hören nur zu gerne etwas, was sie sich selber nicht zu sagen getrauen.

Auch der anderen Gefahrenquelle, die den Stil betrifft, weicht ein solcher Redner nicht sorgsam genug aus: Er versteigt sich zu tollkühnen Formulierungen, was manchmal dazu führt, daß er, immer auf der Suche nach dem Extravaganten, auch einmal einen guten Einfall hat. Doch das glückt selten und wiegt die übrigen Fehler nicht auf.

6. Auch deswegen scheinen die Ungebildeten bisweilen eine größere Redefülle zu besitzen, weil sie über alles und jedes reden, die Gebildeten aber eine Auswahl treffen und Mäßigung zeigen. Dazu kommt, daß diese Redner sich nicht die Mühe machen, das Ziel ihrer Beweisführung aufzuzeigen. So vermeiden sie die frostige Aufnahme, die in unsern Gerichten mit ihrem Niedergang des Geschmacks Untersuchungen und Beweisen zuteil wird, und suchen nichts anderes, als den Anwesenden einen Ohrenschmaus zu bereiten, auch auf Kosten des guten Geschmacks. 7. Ihre geschliffenen Aussprüche, auf die sie ja allein erpicht sind, leuchten umso stärker hervor, wenn ihre Umgebung schmutzig und trist ist, so wie Lichter nicht auf schattigem Hintergrund, wie Cicero sagt[63], sondern in völliger Dunkelheit heller leuchten. Man soll sie daher ruhig genial nennen, solange es feststeht, daß ein solches Lob für einen Mann, der seine Rede richtig zu gestalten weiß, ein Schimpf ist.

8. Freilich muß man zugeben, daß die Ausbildung auch etwas wegnimmt, wie es die Feile bei rauhen Gegenständen tut oder der Schleifstein bei stumpfen, oder das Alter beim Wein, aber es werden Fehler weggenommen, und was die Bildung geglättet hat, ist nur insoweit vermindert, als es auch verbessert ist.

9. Doch auch im Vortrag sucht diese Art von Rednern in den Ruf einer kraftvollen Redeweise zu kommen. Sie reden nämlich immer in voller Lautstärke und brüllen alles heraus, mit hochgereckter Hand, wie sie selbst sagen, dauernd hin- und herrennend, keuchend, gestikulierend, den Kopf schüttelnd, wie die Verrückten. 10. Schon wenn einer die Hände zusammenschlägt, mit dem Fuß auf die Erde stampft, sich auf die Schenkel schlägt, an die Brust, auf die Stirn, macht das einen gewaltigen Eindruck auf einen Zuhörerkreis, der aus Leuten in ihren Arbeitskitteln besteht. Der Gebildete dagegen trägt in seiner Rede vieles mit gedämpfter Stimme vor, bringt Abwechslung und eine kluge Verteilung der einzelnen Punkte; er weiß auch beim Vortrag seine Gestik auf den Ton der einzelnen Passagen abzustimmen, und wenn er etwas dauernder Beachtung für wert hält, dann das, daß er immer beherrscht sein und auch so wirken will. 11. Dagegen nennen die anderen das

[63] *De oratore* III 101.

Redegewalt, was eher Gewalttätigkeit ist. Demzufolge trifft man nicht nur Prozeßredner, sondern, was noch blamabler ist, sogar Lehrer an, die nach einer kurzen schulmäßigen Rhetorikausbildung alle Kunstregeln in den Wind schlagen und allenthalben herumlärmen, wie sie ihr Gefühl treibt. Sie nennen diejenigen, die der Wissenschaft mehr Tribut zollen, pedantisch, knochentrocken, fade und schwächlich, und was ihnen so als möglichst kränkende Titulierung einfällt. 12. Doch wollen wir solchen Leuten, die ohne Anstrengung, ohne wissenschaftliche Methode, ohne systematische Ausbildung zu Rednern geworden sind, nur Glück dazu wünschen.

Was mich betrifft, so habe ich schon lange meine Tätigkeit als Lehrer und als Redner auf dem Forum eingestellt. Ich hielt es für den ehrenvollsten Zeitpunkt abzutreten, wenn man noch gebraucht wurde. Und nun will ich mich in meiner Mußezeit damit trösten, Untersuchungen anzustellen und Lehren niederzuschreiben, die, wie ich hoffe, für junge Leute mit gesundem Empfinden von Nutzen sein werden, mir aber auf jeden Fall Befriedigung verschaffen[64].

13. Kapitel

Wie weit soll man sich an die Regeln halten?

1. Es soll aber niemand von mir solch einen Kodex von Regeln fordern, wie ihn die meisten Verfasser von Lehrbüchern aufgestellt haben, als ob ich für die Schüler der Rhetorik eine Sammlung von unabänderlichen, zwangsweise geltenden Gesetzen erlassen würde: Unbedingt ein Prooemium, und zwar so und nicht anders, daran anschließend die Darlegung des Tatbestands und die Gesetzmäßigkeiten, die dabei beachtet werden müssen, danach die Ankündigung des Beweisgangs, oder, wie einige wollen, eine Abschweifung (Exkurs), dann eine starre Ordnung der strittigen Punkte und das übrige, was einige wie auf Befehl befolgen, als sei es ein Verbrechen, es anders zu machen. 2. Die Rhetorik wäre fürwahr eine leicht anzueignende, geringfügige Sache, wenn sie sich in einem einzigen kurzen Leitfaden zusammenfassen ließe. Die meisten Regeln sind jedoch der Veränderung unterworfen, je nach der Art des Falles, den Umständen von Ort und Zeit und je nach den Forderungen der

[64] Die Erziehung und Belehrung der Mitbürger, speziell der Jugend, als Fortsetzung seiner aktiven Laufbahn ist für den Römer eine ehrenvolle Verpflichtung; vgl. Cicero *De oratore* I 1, *De divinatione (Von der Weissagung)* II 1 f.

Notwendigkeit. So ist die wichtigste Eigenschaft des Redners die Urteilsfähigkeit, weil sich diese in immer neuer Weise auf die wechselnden Verhältnisse einstellt.

3. Denn wie soll man einem Feldherrn vorschreiben, er solle jedesmal beim Aufstellen der Truppen die Front geraderichten, die Flügel beiderseits vorziehen und vor den Flügeln die Reiterei aufstellen? Dies wird sicher die beste Taktik sein, so oft es die Umstände erlauben, sie wird sich aber ändern müssen nach der Beschaffenheit des Terrains, wenn sich der Feldherr zum Beispiel einem Gebirge gegenübersieht, wenn ein Fluß den Weg versperrt, oder Hügel, Wälder und andere Geländeschwierigkeiten es nicht zulassen. 4. Eine Änderung wird auch erzwungen werden durch die besondere Kriegstechnik der Feinde oder durch eine augenblickliche Gefahrensituation: Bald wird man im Frontalangriff, bald in Keilform, bald mit Hilfstruppen, bald mit den Legionären angreifen, manchmal wird es sogar von Nutzen sein, den Rücken zu kehren und eine Flucht vorzutäuschen. 5. So auch hier: Ist ein Prooemium notwendig oder überflüssig? Soll es kurz oder lang sein? Soll es sich ausschließlich an den Richter wenden oder auch einmal in Form einer Redefigur an andere Personen[65]? Soll die Darlegung des Tatbestands knapp oder etwas weitläufiger sein, in einem durchlaufend oder in einzelnen Abschnitten, der Reihe nach oder in veränderter Reihenfolge? Dies alles wird der jeweilige Fall lehren. 6. Ebenso bei der Reihenfolge der Streitpunkte; es bringt nämlich bei einem Prozeß oft der einen Partei einen Vorteil, eine Frage früher behandelt zu haben. Diese Regeln haben ja nicht die Legitimität von Gesetzesanträgen oder Volksbeschlüssen, sie sind allein dem praktischen Nutzen entsprungen. 7. Ich will damit nicht leugnen, daß es im allgemeinen nützlich ist, so zu verfahren, sonst würde ich nicht darüber schreiben. Wenn uns aber ebendieser praktische Nutzen etwas anderes rät, dann sollten wir die Autorität der Lehrer beiseite lassen und ihm folgen.

8. Ich will freilich folgendes ganz ausdrücklich »zur Vorschrift machen und immer wieder dazu aufrufen«[66]: Zwei Dinge soll der Redner bei seinem Vortrag immer beachten: was sich ziemt und was von Vorteil ist. Von Vorteil ist es aber oft, aus dem Kanon der überlieferten Ordnung etwas abzuändern, und es ist bisweilen auch geziemend, wie wir ja auch bei Statuen und Gemälden einen

[65] In der Form der Apostrophe *(aversio)*, d. h. Abwendung von den Geschworenen und Hinwendung zu anwesenden oder als anwesend gedachten Personen.
[66] Vergil *Aeneis* III 436.

Wechsel in Bekleidung, Gesichtsausdruck und Haltung sehen. 9. Ein starr dastehender Körper wirkt am wenigsten anmutig, das Gesicht schaut geradeaus, die Arme hängen herunter, die Füße stehen nebeneinander, die ganze Figur ist steif von Kopf bis Fuß. Die Biegung aber, ich möchte sagen, die Bewegung, verleiht der Figur einen handelnden und belebten Charakter. Deshalb ist die Gebärde der Hände niemals gleich und der Gesichtsausdruck tausendfach abgewandelt. 10. Manche Figuren sind im Lauf und im Angriff dargestellt, andere sitzen oder liegen, diese sind nackt, jene bekleidet, andere wieder teils nackt und teils bekleidet. Kann man sich etwas so Verrenktes und Gekünsteltes vorstellen wie den berühmten Diskuswerfer des Myron? Wenn jedoch jemand das Werk tadeln wollte, weil die Figur zu wenig geradegerichtet ist, so würde er nur mangelndes Verständnis beweisen für diese Kunst, an der gerade diese neue und komplizierte Art der Darstellung besonders zu loben ist. 11. Ein ähnlich anmutiger und erfreulicher Eindruck entsteht durch die Redefiguren, mögen es nun Wort- oder Sinnfiguren sein. Sie bilden eine Abschweifung vom geraden Weg und haben ihren Vorzug darin, daß sie von der Alltagssprache abweichen. 12. Bei einem Gemälde ist das Gesicht en face dargestellt am eindrucksvollsten. Apelles hat jedoch Antigonos[67] im Profil gemalt, um die Verunstaltung durch das fehlende eine Auge zu verbergen. So müssen auch beim Reden einige Dinge verdeckt werden, sei es, daß sie nicht gezeigt werden dürfen oder daß man die Dinge in ihrer Bedeutungsschwere gar nicht darstellen kann. 13. So ist es bei Timanthes, ich glaube aus Kythnos, mit seinem Bild, mit dem er Kolotes aus Teos den Rang ablief. Es stellte die Opferung der Iphigenie dar, und der Maler hatte den Kalchas traurig und den Odysseus noch trauriger dargestellt. Dem Menelaos hatte er einen Ausdruck so großen Schmerzes gegeben, wie er es in seiner Kunst nur vermochte. Nun hatte er alle Äußerungen schmerzlicher Trauer bereits vergeben und konnte nichts mehr finden, um den Gesichtsausdruck des Vaters entsprechend darzustellen. So ließ er diesen sein Haupt verhüllen und überließ es dem Betrachter, sich den Schmerz vorzustellen. 14. Sallust tat etwas Ähnliches, wenn er schrieb: »Denn über Karthago zu schweigen ist besser als zu wenig darüber zu sagen.«[68]

[67] Apelles war ein berühmter Maler; vgl. XII 10,7 und Anm. 235. Antigonos I. Monophthalmos (der Einäugige), Offizier Alexanders des Großen, einer der Diadochen, die nach Alexanders Tod um den Besitz des Reiches kämpften.

[68] *Jugurtha* 19.

Aufgrund dieser Überlegungen war es immer meine Gewohnheit, mich so wenig wie möglich an jene Prinzipien zu binden, die man καθολικά nennt, d. h. in unserer Sprache, so gut wie möglich ausgedrückt, die universalen oder allgemein geltenden. Denn selten nur finden sich Prinzipien von der Art, daß sie nicht hin und wieder ins Wanken gebracht oder umgestürzt werden könnten. 15. Doch diese Dinge wollen wir am gegebenen Ort ausführlicher behandeln. Einstweilen will ich mich nur dagegen aussprechen, daß junge Leute sich für genügend ausgebildet halten, wenn sie eines der mageren Handbücher, wie sie im Umlauf sind, auswendiggelernt haben und sich nun im Besitz der Rezepte von Spezialisten sicher fühlen. Aus viel harter Arbeit, ständigem Bemühen, vielerlei Übungen, einem Schatz von Erfahrungen, höchster Klugheit und stets bereiter kritischer Überlegung besteht die Kunst des Redens. 16. Auch diese Art von Schriften können ihr hilfreich sein, aber nur, wenn sie einen geraden Weg zeigen und kein festgefahrenes Geleis, wobei jemand, der es für ein Verbrechen hält, davon abzuweichen, sich mit dem langsamen Tempo von Seiltänzern zu begnügen hat. So verlassen wir oft die breite Heerstraße und nehmen einen Abkürzungsweg. Und wenn wir den direkten Weg unpassierbar vorfinden, etwa weil das Hochwasser die Brücken zerstört hat, werden wir zu einem Umweg gezwungen sein, und wenn bei einem Brand die Tür in Flammen steht, werden wir die Wand zu durchbrechen versuchen. 17. Ein weites Feld ist diese Tätigkeit, vielfältig und fast täglich neu, und niemals wird das letzte Wort darüber gesprochen sein. Gleichwohl will ich versuchen, von den überlieferten Regeln das Beste anzuführen und ebenso das, was man meines Erachtens besser ändert, hinzufügt oder wegläßt.

14. Kapitel

Einteilung der Redekunst

1. Das Wort *rhetorice* hat man bei der Übersetzung ins Lateinische bald mit *oratoria*, bald mit *oratrix* wiedergegeben. Ich möchte die Schöpfer dieser Worte um keinen Preis des verdienten Lobes berauben, daß sie versucht haben, das Vokabular unserer Sprache zu bereichern. Doch sind wir nicht immer glücklich in unseren Übertra-

gungen aus dem Griechischen, ebensowenig wie die Griechen, wenn sie lateinische Worte in ihre Sprache übersetzen wollen. 2. Und die genannte Wiedergabe ist ebenso gewaltsam wie die *essentia* (Wesenheit) und *queentia* (Können, Vermögen) des Plautus[69], und nicht einmal treffend. Denn *oratoria* wird klingen wie *elocutoria, oratrix* wie *elocutrix,* die Rhetorik aber, mit der wir es zu tun haben, ist das gleiche wie *eloquentia,* und das Wort *rhetorice* hat bei den Griechen fraglos zwei Bedeutungen. 3. Einmal ist es ein Adjektiv: rhetorische Kunst *(ars rhetorica),* wie *navis piratica* (»seeräuberndes« Schiff), im andern Falle ist es ein Substantiv wie Philosophie oder Freundschaft. Wir brauchen hier das Substantiv. Nun ist aber die Übersetzung von *grammatice litteratura* und nicht *litteratrix* – wie analog *oratrix* – und auch nicht *litteratoria* – wie analog *oratoria,* das geht auch bei *rhetorice* nicht. 4. Deshalb soll man sich darüber nicht streiten, wir gebrauchen ja auch sonst sehr oft griechische Bezeichnungen. Denn ich will auch *philosophus, musicus* und *geometres* (Mathematiker) sagen, ohne diese Ausdrücke mit Gewalt in schlechtes Latein zu übertragen. Schließlich hat auch Cicero in seinen ersten Büchern, die er über dieses Thema verfaßt hat[70], die griechische Bezeichnung als Titel gewählt. Da brauche ich nicht den Vorwurf der Leichtfertigkeit zu fürchten, wenn ich der Autorität des größten Redners bei der Benennung dieser Kunst folge.

5. Die Rhetorik – diese Bezeichnung wollen wir ihr ohne Angst vor Haarspalterei geben – läßt sich also meines Erachtens am besten folgendermaßen einteilen: Wir wollen von der Kunst, von dem Künstler und von dem Kunstwerk sprechen[71]. Kunst soll das sein, was man aufgrund eines Lehrsystems lernen kann; sie ist die Lehre vom guten Reden. Der Künstler ist derjenige, der diese Kunst erlernt hat; sein Ziel ist, gut zu reden. Das Werk ist das, was vom Künstler hervorgebracht wird: Das ist die gute Rede. All das gliedert sich wieder in verschiedene Teile. Doch was zu den beiden letzteren gehört, möchte ich am gegebenen Ort behandeln. Jetzt will ich zuerst den ersten Teil erörtern.

[69] Nicht der bekannte Komödiendichter, sondern ein Stoiker.

[70] *De inventione (Von der rednerischen Erfindungskunst),* auch *Rhetorica* oder *Rhetorici libri* genannt.

[71] Quintilian folgt einer aus dem Griechischen stammenden Einteilung: 1. die Kunst II 15–XI; 2. der Künstler XII 1–10; 3. das Kunstwerk XII 10–Ende. Vgl. die Wiederaufnahme der Gliederung in XII 10, 1.

15. Kapitel

Definition und Ziel der Rhetorik

1. Zuallererst die Frage: Was ist die Rhetorik? Sie wird zwar jeweils auf verschiedene Weise definiert, aber es geht dabei um zwei Fragen. Entweder ist man nämlich verschiedener Meinung über das Wesen der Sache selbst oder über die Begriffsbestimmung. Die erste und gewichtigste Meinungsverschiedenheit beruht darauf, daß die einen glauben, man könne auch schlechte Menschen als Redner bezeichnen, während andere, deren Ansicht wir uns anschließen, diesen Namen und die Kunst, von der wir sprechen, nur den Guten zuerkennen wollen. 2. Von denen, die die Fähigkeit zu reden von dem höheren und erstrebenswerteren Ruhmestitel eines ehrenhaften Lebens trennen, haben die einen die Rhetorik nur eine Kraft genannt, einige eine Wissenschaft, aber keine Tugend, einige wieder eine Erfahrung, andere wieder zwar eine Kunst, die aber weder mit Wissenschaft noch mit Tugend etwas zu tun hat, und wieder andere haben sie eine aufs Schlechte gerichtete Kunst, d. h. κακοτεχνία, genannt. 3. Die Vertreter dieser Auffassungen haben Zweck und Ziel der Rede gewöhnlich entweder in der Aufgabe des Überredens oder in einer zum Überreden geeigneten Redeweise gesehen. Denn dies kann auch von einem geleistet werden, der kein guter Mensch ist. Die häufigste Definition lautet also: Die Rhetorik ist die Kraft zu überreden. Was ich Kraft *(vis)* nenne, bezeichnen die meisten als Vermögen *(potestas)*, einige als Fähigkeit *(facultas)*. Damit darüber keine Unklarheit entsteht, sage ich, *vis* bedeutet δύναμις (Kraft, Naturanlage). 4. Diese Auffassung leitet sich von Isokrates her, falls das Lehrbuch, das unter seinem Namen in Umlauf ist, wirklich von ihm stammt. Zwar ist er weit entfernt von der Meinung derer, die die Aufgaben des Redners diskreditieren, doch hat er eine leichtfertige Definition unserer Kunst gegeben, indem er sagte, die Rhetorik sei die Meisterin des Überredens, d. h. πειθοῦς δημιουργός. Ich kann es nämlich nicht über mich bringen, die gleiche Wortbildung zu gebrauchen wie Ennius[72], der den Marcus Cethegus *suadae medulla* (das Mark der Überredung) nennt. 5. Auch bei Platon sagt Gor-

[72] Der römische Dichter Ennius (239–169) gebraucht den Ausdruck in seinem Geschichtsepos *Annalen* (fr. 308 Vahlen, auch zitiert Cicero *Brutus* 59). – Die griechische Definition stammt aus Platons *Gorgias* 453 a. – Cethegus war Konsul und Feldherr im 2. Punischen Krieg.

gias in dem gleichnamigen Dialog ziemlich das gleiche, aber das will Platon als dessen Auffassung verstanden wissen, nicht als die seine. Cicero hat an mehreren Stellen[73] geschrieben, die Aufgabe des Redners sei es, »zur Überredung geeignet zu reden«. 6. In seinen *Rhetorischen Büchern,* mit denen er ohne Zweifel selbst nicht zufrieden ist, stellt er als Ziel das Überreden hin. Aber auch Geld überredet und Einfluß und Ansehen des Redenden sowie sein Rang, schließlich überredet auch der bloße Anblick ohne Worte. Denn in ihm wirkt die Erinnerung an die Verdienste eines Menschen, sein mitleiderregender Anblick oder seine Schönheit bestimmend auf die Meinung. 7. Als Antonius zum Beispiel bei der Verteidigung des Manius Aquilius dessen Gewand zerriß und die Narben der Wunden zeigte, die dieser fürs Vaterland vorn auf der Brust empfangen hatte, da baute er nicht auf seine Rede, sondern richtete einen gewaltsamen Appell an die Augen des römischen Volkes. Und es heißt, das römische Volk sei durch diesen Anblick so in Erschütterung geraten, daß es daraufhin den Angeklagten freisprach. 8. Servius Galba ist allein durch das Mitleid, das er erregte, indem er nicht nur seine eigenen kleinen Kinder in der Volksversammlung vorführte, sondern auch den Sohn des Sulpicius Gallus auf seinen Armen herumtrug, der Verurteilung entgangen, das ist schriftlich bezeugt, unter anderem durch eine Rede Catos[74]. 9. Auch Phryne[75] wurde, so glaubt man, nicht aufgrund der Verteidigungsrede des Hypereides, so bewundernswert diese auch war, gerettet, sondern durch den Anblick ihres an sich schon wunderschönen Körpers, den sie durch Beiseiteschieben des Gewandes entblößte.

Wenn all das überredet, dann ist die Definition, von der wir sprachen, nicht hinreichend. 10. Daher kamen sich diejenigen sorgfältiger vor, die bei grundsätzlicher Übereinstimmung die Rhetorik als »die Kraft, durch Reden zu überzeugen« bestimmten. Diese De-

[73] *De inventione* I 5, 6; *De oratore* I 138. – Die *Rhetorischen Bücher* sind *De inventione,* die Cicero in *De oratore* I 5 als ein nicht den Ansprüchen genügendes Jugendwerk bezeichnet. – Antonius ist der aus *De oratore* bekannte Redner.

[74] Der berühmte Cato Censorius (234–149 v. Chr.), Politiker, Schriftsteller und Redner, in seinem Geschichtswerk *Origines (Ursprünge)*; vgl. auch Cicero *De oratore* I 227 f. – Servius Sulpicius Galba war 150 v. Chr. wegen einer Massentötung in Spanien angeklagt worden. Der Sohn des Sulpicius Gallus, eines berühmten Kriegshelden, war Galbas Mündel, den er im Falle seiner Verurteilung dem römischen Volk ans Herz legen wollte. Diese Art, Mitleid zu erregen, wird bei Cicero als »Theater« bezeichnet (*De oratore* I 228).

[75] Athenische Hetäre (4. Jahrhundert v. Chr.), Modell des Bildhauers Praxiteles. – Hypereides war ein berühmter Redner.

finition gibt Gorgias in dem oben genannten Dialog, sozusagen von Sokrates in die Enge getrieben. Auch Theodektes[76] weicht nicht hiervon ab, mag dieses Werk über die Rhetorik, das seinen Namen trägt, nun von ihm sein oder, wie man geglaubt hat, von Aristoteles stammen. Darin heißt es, das Ziel der Rhetorik sei es, »die Menschen durch Reden zu dem zu bringen, was der Redner will«. 11. Doch auch das ist nicht exakt genug, denn durch Reden überzeugen und zu dem bringen, was sie wollen, das tun auch andere, wie Dirnen, Schmeichler und Verführer. Auf der anderen Seite überredet der Redner nicht immer, so daß diese Definition mitunter nicht auf ihn zutrifft, er sie aber bisweilen mit Leuten teilen muß, die weit davon entfernt sind, Redner zu sein. 12. Dieser Definition kommt auch Apollodoros nahe, wenn er sagt, die erste und wichtigste Aufgabe bei einer Gerichtsrede sei es, »den Richter zu überzeugen und ihn zu der Meinung zu bringen, die man will«. Auch er unterwirft den Redner nämlich dem Zufall, so daß er, wenn ihm die Überredung nicht gelungen ist, keinen Anspruch auf seinen Namen hat. 13. Einige sahen vom Erfolg ab, wie Aristoteles, der sagt[77]: »Die Rhetorik ist die Kraft, alles zu finden, was in der Rede überzeugen kann.« Diese Definition hat einmal den Fehler, von dem wir vorher gesprochen haben, und dazu noch den, sich nur auf die Gedankenfindung zu beziehen, und diese allein ist ohne die Ausführung in Worten keine Rede. 14. Dem Hermagoras[78], der als Ziel der Rhetorik nennt: »überzeugend zu reden«, und anderen, die dieselbe Ansicht, nur mit anderen Worten, vertreten und als Definition angeben: »alles zum Überreden Nötige zu sagen«, diesen haben wir schon eine hinreichende Antwort erteilt, als wir nachgewiesen haben, das Überreden sei nicht ausschließlich Sache des Redners. Hierzu gibt es noch Zusatzdefinitionen. 15. Einige haben geglaubt, die Rhetorik habe alle Dinge zu behandeln, andere aber, nur die öffentlichen Angelegenheiten. Welche von beiden Gruppen der Wahrheit näher ist, will ich an der Stelle, die eigens dieser Frage gewidmet ist, sagen[79]. 16. Aristoteles scheint alles dem Redner unterstellt zu haben, wenn er sagt, sie sei »die Kraft zu sehen, was in jeder Angelegen-

[76] Rhetor und Tragödiendichter, Freund des Aristoteles, Schüler des Isokrates.
[77] *Rhetorik* 1, 2.
[78] Hermagoras von Temnos, Mitte des 2. Jahrhunderts v. Chr., bedeutender Theoretiker der Rhetorik, entwickelte die sog. Stasislehre, ein System von Kernpunkten, auf die jeder Fall zu reduzieren und nach denen er abzuhandeln war.
[79] II 21, 4: Die Redekunst muß alle Gegenstände behandeln.

heit überzeugend sein könne«. Ebenso Iatrokles[80], der zwar nicht hinzufügt: »in jeder Angelegenheit«, jedoch, da er nichts ausnimmt, genau dasselbe zu verstehen gibt. Er nennt die Rhetorik »die Kraft, ausfindig zu machen, was in der Rede das Überzeugende ist«. Auch diese Definitionen umfassen nur den Bereich der Gedankenfindung. Diesem Fehler entgeht Eudoros, indem er die Redekunst ansieht als »die Kraft, aufzufinden und in kunstreicher Form darzustellen, was in jeder Rede das Glaubhafte ist«. 17. Aber das Glaubwürdige und Überzeugende kann ebenso jemand erfinden, der kein Redner ist, deshalb gesteht er durch den Zusatz »in jeder Rede« noch ausdrücklicher als die zuvor Erwähnten auch denen, die zu Verbrechen raten, den Namen dieser herrlichsten aller Aufgaben zu. 18. Gorgias sagt bei Platon[81], er sei ein Überredungskünstler vor Gericht und in anderen Versammlungen, und er behandle das Gerechte und das Ungerechte. Sokrates räumt ihm die Fähigkeit zu überreden ein, aber nicht die, zu belehren. 19. Diejenigen aber, die nicht alles dem Redner unterstellten, haben penibler und wortreicher als nötig ihre abweichenden Definitionen formuliert. Zu ihnen gehört Ariston, der Schüler des Peripatetikers Kritolaos, dessen Definition lautet: »Rhetorik ist die Wissenschaft, öffentliche Angelegenheiten zu erwägen und zu verhandeln mit Hilfe einer Rede, die das Volk zu überreden vermag.« 20. Er nennt sie eine Wissenschaft, weil er Peripatetiker ist, und gibt ihr nicht, wie die Stoiker, den Platz einer Tugend. Daß er von einer auf das Volk gerichteten Überredung spricht, ist dazu noch ein Hieb auf die Rhetorik, die seiner Meinung nach Gebildete nicht überreden wird. Alle, die den Redner nur auf öffentliche Aufgaben beschränkt wissen wollen, müssen sich die Kritik gefallen lassen, daß sie zahlreiche Aufgabenbereiche des Redners ausklammern, so jedenfalls die gesamte Gattung der Preisreden, die das dritte Aufgabengebiet der Rhetorik darstellen. 21. Um nun zu denen zu kommen, die die Beredsamkeit zwar für eine Kunst, aber nicht für eine Tugend gehalten haben, so finden wir, daß sich Theodoros von Gadara vorsichtiger ausdrückt. Er sagt nämlich – ich gebrauche die Formulierung seiner Übersetzer aus dem Griechischen –: »Die Rhetorik ist eine Erfindungs-, Beurteilungs- und Darstellungskunst nach Maßgabe dessen, was für den jeweiligen Fall als das zum Überzeugen Geeignete zu verwenden ist, und zwar im Be-

[80] Iatrokles (oder Patrokles) und Eudoros sind sonst nicht weiter bekannte Rhetoren.

[81] *Gorgias* 454 b. – Gorgias von Leontinoi (um 485–380 v. Chr.), bedeutendster Vertreter der Sophistik nächst Protagoras.

reich des öffentlichen Lebens.« 22. Und ebenso Cornelius Celsus[82], der es als das Ziel der Rhetorik bezeichnet, »überzeugend zu sprechen in einer strittigen Frage des öffentlichen Lebens«. Ähnliche Definitionen sind uns von anderen überliefert, zum Beispiel: »die Kraft, Erwägungen anzustellen und zu sprechen über Probleme des öffentlichen Lebens, die einem vorgelegt werden, und zwar mit einer gewissen Überzeugungskraft, einer bestimmten Körperhaltung und einer durch den Inhalt der Rede bestimmten Vortragsweise.« 23. Zahllose andere Definitionen gibt es noch, sie sind jedoch entweder mit den genannten identisch oder aus diesen zusammengesetzt. Mit ihnen werde ich mich ebenfalls auseinandersetzen, wenn ich vom Gegenstand der Rhetorik zu sprechen habe.

Manche haben die Rhetorik weder für eine Kraft noch für eine Wissenschaft noch für eine Kunst gehalten, sondern, wie Kritolaos[83], für »praktische Erfahrung im Reden« – denn das bedeutet τριβή – oder, wie Athenaios, für eine »Täuschungskunst«. 24. Die meisten gaben sich damit zufrieden, ein paar Stellen zu lesen, die ihre Vorgänger ohne Sinn und Verstand aus Platons *Gorgias* exzerpiert hatten, die ganze Schrift oder andere Werke Platons aber nahmen sie nicht in die Hand. Und dadurch verfielen sie in den kapitalen Irrtum, zu glauben, Platon selbst vertrete diese Auffassung, daß die Rhetorik keine Kunst sei, er halte sie vielmehr für eine bestimmte »auf Erfahrung gegründete Kenntnis, Lust und Wohlgefallen zu erzeugen«. 25. Und an einer anderen Stelle[84]: »das Scheinbild eines Teils der Staatskunst« und: »den vierten Teil der Schmeichelkunst.« Platon weist nämlich zwei Teile der Staatskunst dem Körper zu, die Medizin und was man die Kunst der Körperertüchtigung (Gymnastik) nennen kann, zwei Teile aber dem Geist: die Rechtsgelehrsamkeit und die Rechtsprechung. Als Schmeichelkunst der Medizin aber bezeichnet er die Kochkunst, als Schmeichelkunst (d. h. Entartung) der Körperertüchtigung die Kunst der Sklavenhändler, die gesunde Farbe mit Schminke und echte Kraft mit Hilfe von Mastfutter vortäuschen, und der Rechtswissenschaft stellt er die Sophistik, der Rechtsprechung die Rhetorik gegenüber. 26. Dies alles steht freilich

[82] Erste Hälfte des 1. Jahrhunderts n. Chr., Verfasser einer Enzyklopädie; der Teil über die Medizin ist erhalten.

[83] Peripatetiker, Mitglied der Philosophengesandtschaft nach Rom (156/5 v. Chr.). – Athenaios, Peripatetiker des 1. Jahrhunderts v. Chr., Gegner des Hermagoras (vgl. Anm. 78), nicht mit dem gleichnamigen Autor des Sammelwerks *Die Deipnosophisten* identisch.

[84] *Gorgias* 462 b, c, 463 d ff.

im *Gorgias* und wird von Sokrates gesagt, durch dessen Mund Platon wohl seine eigene Meinung kundtut. Doch sind einige seiner Dialoge verfaßt, um die Vertreter einer Gegenmeinung zu widerlegen, die nennt man ἐλεγκτικοί (widerlegende), andere Dialoge wieder geben Lehren, diese heißen δογματικοί (mittels Lehrsätzen lehrende). 27. Sokrates aber – beziehungsweise Platon – hält zwar von der Rhetorik seiner Zeit wenig – er bringt dies auch zum Ausdruck mit seiner Äußerung: »auf die Art und Weise, wie ihr eure Stadt verwaltet«[85] –, er kennt aber auch die wahre und ehrenhafte Redekunst. Daher schließt auch die Widerlegung des Gorgias mit den Worten: »So muß also der Redner gerecht sein, und der Gerechte muß bestrebt sein, Gerechtes zu tun.« 28. Daraufhin schweigt Gorgias zwar, aber Polos übernimmt in jugendlich-hitzigem Übereifer seinen Part, und gegen ihn richten sich die Worte über das Scheinbild und die Schmeichelkunst. Dann übernimmt Kallikles in noch temperamentvollerer Weise, er wird aber dennoch zu dem Schluß gebracht, »daß, wer ein rechter Redner werden wolle, notwendigerweise gerecht und des Rechten kundig sein müsse«. So wird es klar, daß Platon die Rhetorik nicht als etwas Schlechtes ansieht, sondern der Ansicht ist, daß sie in ihrer wahren Form nur von einem gerechten und guten Menschen erreicht werden kann. 29. Noch deutlicher bringt er es im *Phaidros* zum Ausdruck, daß diese Kunst ohne die Kenntnis der Gerechtigkeit nicht zur Vollendung kommen kann, eine Auffassung, der auch ich mich anschließe. Oder hätte Platon sonst die *Apologie des Sokrates* geschrieben oder die Lobrede auf die fürs Vaterland Gefallenen[86]? 30. Das sind doch auf jeden Fall Aufgaben eines Redners. Gegen die Art von Leuten aber, die die Gewandtheit im Reden zum Schlechten gebrauchen, wandte er sich in scharfer Form. So hielt es auch Sokrates für seiner unwürdig, von einer Verteidigungsrede Gebrauch zu machen, die Lysias[87] für ihn geschrieben hatte. Es war ja die übliche Praxis jener Zeit, Reden für Leute vor Gericht zu verfassen, die diese dann als ihre eigenen vortrugen. So umging man betrügerisch das Gesetz, das verbot, als Anwalt für einen anderen vor Gericht aufzutreten.

31. Auch die Lehrer der Redekunst fanden keine Gnade vor den Augen Platons, da sie die Rhetorik von der Gerechtigkeit trennten und das Glaubwürdige der Wahrheit vorzogen, denn auch das sagt

[85] *Gorgias* 500 c; die anderen Zitate *Gorgias* 460 c und 508 c.
[86] Im Dialog *Menexenos*.
[87] Einer der bedeutendsten attischen Redner, lebte um 445–380 v. Chr. in Athen, Lehrer der Rhetorik und Logograph (Redenschreiber).

er im *Phaidros*[88]. 32. Mit diesen vorher Genannten scheint auch Cornelius Celsus übereinzustimmen, der sagt: »Der Redner sucht nur das Wahrscheinliche« und kurz darauf: »Denn nicht das gute Gewissen, sondern der Sieg seiner Partei ist der Lohn des Redners beim Prozeß.« Wäre das die Wahrheit, so könnte es nur der Abschaum der Menschheit fertigbringen, solch gefährliche Waffen für Verbrecher bereitzustellen und Nichtswürdige mit guten Ratschlägen zu unterstützen. Doch sollen diese selbst sehen, wie sie ihre Auffassung rechtfertigen wollen!

33. Wir aber haben ja begonnen, den vollkommenen Redner auszubilden, von dem wir vor allem wünschen, daß er ein guter Mensch sein soll, und daher wollen wir zu den Gewährsmännern zurückkehren, die über unsre Aufgabe besser denken. Die Rhetorik haben einige auch als die Staatskunst bezeichnet; Cicero nennt sie »einen Teil der Staatswissenschaft«[89] – Staatswissenschaft ist aber das gleiche wie Weisheit (Philosophie). Andere nennen sie zugleich auch Philosophie, zu ihnen gehört Isokrates. 34. Diesen Wesensbegriff der Rhetorik trifft am besten die Definition des Kleanthes[90]: »Rhetorik ist die Wissenschaft, gut zu reden.« Sie umfaßt nämlich mit einem Begriff zugleich alle Vorzüge der Rede und darüber hinaus auch die sittliche Haltung des Redners, denn gut reden kann nur der Gute. Ebensolche Gültigkeit besitzt auch die von Kleanthes abgeleitete Definition des Chrysipp: Die Rhetorik sei die Wissenschaft, richtig zu reden. 35. Es gibt noch viele andere Definitionen von ihm, doch stehen sie mehr mit anderen Fragen im Zusammenhang. Dasselbe mag auch mit der Definition gemeint sein, die so formuliert ist: »überreden zu dem, was sich gehört«, nur daß sie die Kunst vom Erfolg abhängig macht. 36. Gut auch Areios[91]: »sprechen gemäß dem Tugendcharakter der Rede«.

Auch diejenigen Theoretiker schließen schlechte Menschen von der Rhetorik aus, die sie für »die Wissenschaft von den Aufgaben des Bürgers« gehalten haben, insofern sie dem Wissenschaftsbegriff den Charakter einer Tugend geben. Sie beschränken sie jedoch auf die engen Grenzen der politischen Angelegenheiten. Albutius[92], ein

[88] 267 a.

[89] *De inventione* I 5, 6.

[90] Stoiker, um 331–232 v. Chr., Nachfolger Zenons als führender Kopf der Stoa. – Quintilian teilt die römische Vorliebe für die stark ethisch gefärbte stoische Philosophie.

[91] Stoischer Philosoph der hellenistischen Zeit aus Alexandria.

[92] Rhetor der Zeit des Augustus.

Redelehrer und Schriftsteller nicht ohne Ansehen, schließt sich der Definition an, die Redekunst sei »die Wissenschaft, gut zu reden«, er begeht aber den Fehler, Einschränkungen zu machen, indem er hinzufügt: »in politischen Angelegenheiten und glaubwürdig.« Zu beiden Punkten haben wir uns bereits geäußert. 37. Zu billigen ist auch die Ansicht derer, die »richtig denken und richtig reden« für die Aufgabe der Rhetorik gehalten haben.

Dies sind etwa die bekanntesten Definitionen, die auch am meisten diskutiert werden. Denn alle durchzugehen, brächte nichts ein, und ich könnte es auch gar nicht. Es besteht ja auch unter den Fachschriftstellern ein, wie ich meine, falsches Bemühen, nur ja nichts mit den gleichen Worten zu definieren, die vorher schon ein anderer gebraucht hat, ein Ehrgeiz, der mir fernliegt.

38. Denn ich will nicht unbedingt nur Dinge mitteilen, die meine eigene Erfindung sind, sondern das, was mir als richtig erscheint, zum Beispiel diesen Satz: Die Rhetorik ist die Wissenschaft, gut zu reden. Wer nämlich, wenn das Beste schon gefunden ist, noch nach etwas anderem sucht, der will etwas Schlechteres.

Billigt man dies, so ist damit auch klar, welches Ziel die Rhetorik hat und was für sie das Höchste und Letzte ist, das sogenannte τέλος (Endzweck), worauf sich jede Kunst richtet. Denn wenn die Rhetorik die Wissenschaft des guten Redens ist, dann ist es ihr Zweck und Endziel, gut zu reden.

16. Kapitel

Ist die Rhetorik nützlich?

1. Es schließt sich die Frage an, ob die Rhetorik nützlich ist. Manche haben es sich nämlich zur Gewohnheit gemacht, scharfe Angriffe gegen sie zu richten. Und dabei bedienen sie sich – was sich doch für sie in diesem Falle durchaus verbieten müßte – bei ihrer Anklage gegen die Beredsamkeit ebendieser Kräfte der Rede. 2. Die Redekunst sei es, die Verbrecher den verdienten Strafen entreiße, ihre Verlogenheit brächte bisweilen tüchtigen Männern den Schuldspruch, führe die Entscheidungen zum Schlechten. Sie errege nicht nur Aufstände und Unruhen unter dem Volk, sondern auch heillose Kriege, kurz, sie entfalte dann die größte Wirksamkeit, wenn

sie sich auf der Seite der Falschheit gegen die Wahrheit starkmache. 3. Die Komödiendichter[93] machen sogar Sokrates den Vorwurf, er lehre, wie man die schlechtere Sache zur besseren mache, und Platon behauptet, Teisias und Gorgias versprächen Ähnliches. 4. Und hierfür bringen die Ankläger der Rhetorik griechische und römische Beispiele und zählen alle die auf, die ihre Redekunst in verhängnisvoller Weise nicht nur gegen einzelne, sondern gegen ganze Staaten gerichtet und die Ordnung des Staates erschüttert oder ihn sogar zugrunde gerichtet haben. Deshalb hätten die Spartaner die Redekunst aus ihrem Staat verbannt, und in Athen seien ihr sozusagen die Flügel beschnitten worden, da dem Redner in einem Prozeß der Appell an das Gefühl verboten war. 5. So gesehen wird man freilich auch Feldherrn, Beamte, die Medizin und schließlich die Philosophie selbst als unnütz ansehen können. Denn ein Flaminius[94] war Feldherr, die Gracchen, ein Saturninus, ein Glaucia waren Beamte, unter den Medizinern gibt es Giftmischer, und diejenigen, die vom Namen eines Philosophen üblen Gebrauch machen, sind schon bei den schlimmsten Lastern ertappt worden. 6. So könnten wir auch die Nahrung verweigern: Sie wird oft zur Ursache für eine Krankheit. Auch dürften wir niemals ein Haus betreten: Zuweilen stürzt es über den Bewohnern zusammen. Auch dürfte man kein Schwert schmieden für den Soldaten: Dieselbe Waffe könnte auch ein Räuber führen. Und wer weiß nicht, daß auch Feuer und Wasser, die zum Leben unbedingt nötig sind, und, um nicht in der irdischen Sphäre zu bleiben, auch Sonne und Mond, die Hauptgestirne, mitunter Schaden zufügen können?

7. Wird man aber auf der anderen Seite leugnen können, daß das schimpfliche Friedensangebot des Pyrrhus von dem berühmten blinden Appius[95] durch die Kraft seiner Rede zum Scheitern gebracht wurde? Oder hat nicht die unvergleichliche Beredsamkeit Ciceros sogar in einer Rede gegen die Landverteilungsgesetze das Volk für sich gewonnen, hat sie nicht Catilina und all seine tollkühnen Anschläge niedergeworfen und Cicero als Bürger in Frie-

[93] Vgl. Aristophanes *Wolken* 98 f., 882 ff.; vgl. auch Seneca *De beata vita (Vom glückseligen Leben)* 27, 2. – Platon: im *Phaidros* 267 a. – Teisias und Gorgias waren Sophisten. Man schrieb ihnen das Lehrziel zu, mittels der Dialektik auch einer ungerechten Sache zum Sieg zu verhelfen.

[94] C. Flaminius wurde von Hannibal am Trasimenischen See geschlagen (217 v. Chr.). – Die Reformpolitik der Brüder Tiberius und Gaius Gracchus führte zu Unruhen, die den Staat spalteten und in deren Verlauf beide umkamen (133 bzw. 121 v. Chr.). – Auch die Volkstribunen L. Appuleius Saturninus und C. Servilius Glaucia wurden bei Tumulten getötet (100 v. Chr.).

denszeiten ein Dankfest eingebracht, die höchste Ehrung für siegreiche Feldherrn im Krieg? 8. Hat eine Rede nicht häufig verängstigte Soldaten der Panik entrissen und sie vor dem Eintritt in die Schlacht mit all ihren Gefahren davon überzeugt, daß der Ruhm mehr wert ist als das Leben? Auch können auf mich Spartaner und Athener nun doch wirklich nicht mehr Eindruck machen als unser römisches Volk, bei dem die Redner stets in höchstem Ansehen standen. 9. Auch hätten es, glaube ich, die Städtegründer auf keine andere Weise fertiggebracht, daß sich eine frei umherschweifende Menge zu Volksgemeinschaften verband, hätte sie sich nicht durch eine kunstreiche Rede dazu bewegen lassen. Auch die Gesetzgeber hätten es ohne eine Redegabe von höchster Vollendung nicht erreicht, daß sich die Menschen von sich aus in die Fesseln von Recht und Gesetz begaben[96]. 10. Ja selbst die Grundregeln für ein rechtes Leben, wie gut und schön sie auch von Natur aus schon sein mögen, können doch noch stärker auf die Bildung des Geistes einwirken, wenn der Glanz der Rede die Schönheit ihrer Gedanken ins rechte Licht rückt. Demzufolge ist es, auch wenn man die Waffen der Beredsamkeit zum Guten wie zum Bösen gebrauchen kann, doch nicht recht und billig, etwas für schlecht zu halten, von dem man auch einen guten Gebrauch machen kann[97].

11. Dieses Problem sollen diejenigen diskutieren, für die die Rhetorik ihr letztes Ziel in der Fähigkeit zu überreden hat. Schließt aber unsere Definition der Rhetorik als der Wissenschaft, gut zu reden, zu Recht ein, daß der Redner vor allem ein guter Mensch sein muß, so wird man mit Sicherheit zugeben müssen, daß die Rhetorik nützlich ist.

[95] Appius Claudius Caecus, bedeutender Politiker, 312 v. Chr. Censor, Erbauer der *Aqua Appia* (Wasserleitung) und der *Via Appia*, trat 280 im Senat gegen das Friedensangebot des Königs Pyrrhos von Epirus auf, mit dem die Römer um den Besitz Süditaliens kämpften. – Cicero sprach in seinen drei Reden *De lege agraria* gegen ein Landreformgesetz, das Caesar und Crassus als Machtinstrument benutzen wollten, und überzeugte das Volk, obwohl Landverteilungen äußerst populär waren. Die Reden gegen Catilina und die Niederschlagung seines Putsches waren der Höhepunkt von Ciceros Konsulatsjahr 63 v. Chr.

[96] Das Lob der Beredsamkeit als Kulturstifterin sowie die Macht der *ratio* (des Logos) ist ein Topos der antiken Literatur, der auf den Mythos in Platons *Protagoras* zurückgeht (320 d ff.), bei Cicero in *De inventione* I 1 und in *De oratore* I 33 ff. auftritt und sich noch in der gleichen Form im Mittelalter u. a. bei Johannes von Salisbury (*Metalogicon* I 1) findet.

[97] Hier liegt der alte römische Grundsatz zugrunde: *Abusus non prohibet usum* – die Möglichkeit eines Mißbrauchs schließt den Gebrauch nicht aus, ein Prinzip, das heute noch in der Rechtswissenschaft Verwendung findet.

12. Und wahrhaftig, der höchste Gott, der Vater aller Dinge und der Schöpfer des Weltalls, hat den Menschen durch nichts anderes mehr von allen anderen Geschöpfen, soweit sie auch Sterbliche sind, geschieden als durch die Gabe der Sprache. 13. Wir sehen ja, daß uns die stummen Tiere an Größe, Kraft, Zähigkeit, Ausdauer und Schnelligkeit übertreffen, dazu sind sie noch weitaus weniger auf fremde Hilfsmittel angewiesen. Denn schneller zu laufen, ihre Nahrung zu finden, Wasserläufe zu durchschwimmen, das wissen sie alles ohne Lehrer, ganz aus ihrer Natur heraus. 14. Die meisten haben die Kleidung gegen die Kälte gleich auf dem Körper, sie besitzen eine Bewaffnung von Natur aus, und der Lebensunterhalt bietet sich ihnen sozusagen am Wege an, alles Dinge, um die sich die Menschen schwer plagen müssen. Die Vernunft hat uns der Weltenschöpfer also als besonderes Geschenk gegeben, und er wollte, daß uns dieser Besitz mit den unsterblichen Göttern verbinde. 15. Doch die Vernunft selbst wäre uns keine solche Hilfe und käme nicht so klar zur Geltung, wenn wir unsere Gedanken nicht auch durch die Sprache zum Ausdruck bringen könnten. Und ebendaran fehlt es, wie wir sehen, den anderen Lebewesen mehr als etwa an einer gewissen Verstandeskraft und Überlegung. 16. Denn sich ein weiches Lager zu bereiten, Nester zu bauen, Junge zur Welt zu bringen und aufzuziehen, ja sogar Nahrungsvorräte für den Winter anzulegen, sowie Fertigkeiten, die wir nicht nachahmen können, zum Beispiel Honig und Wachs herzustellen, das alles läßt auf eine gewisse Verstandeskraft schließen. Aber weil den Geschöpfen, die dies tun, die Fähigkeit zu sprechen abgeht, nennt man sie stumm und unvernünftig. 17. Wie wenig hilft schließlich die himmlische Gabe des Geistes den Menschen, denen die Stimme versagt geblieben ist? Da wir kein größeres Geschenk von den Göttern erhalten haben als die Sprache, was wollen wir dann mehr der Pflege und der Mühe für wert halten, und worin wollen wir uns lieber unter den Mitmenschen auszeichnen als in der Eigenschaft, in der sich die Menschen über alle anderen Geschöpfe erheben? 18. Und dies um so mehr, da in keiner anderen Kunstfertigkeit die Mühe reicheren Lohn bringt. Das wird erst richtig deutlich, wenn wir uns klargemacht haben, wie die Redekunst ihren Anfang genommen und wie weit sie bis jetzt schon gekommen ist. Und sie ist noch weiterer Steigerung fähig. 19. Ich will gar nicht erwähnen, wie nützlich und angemessen es für einen tüchtigen Mann ist, seine Freunde zu verteidigen, mit seinem Rat Senat und Volk zu leiten, ein Heer zu führen, wo-

hin man will. Aber ist nicht das allein schon schön, mit dem Verstand, der allen eigen ist, und mit Worten, wie sie alle gebrauchen, so viel Ruhm und Ehre zu erlangen, daß man nicht zu sprechen oder zu plädieren, sondern, wie es Perikles erreichte, zu blitzen und zu donnern scheint[98]?

[98] So heißt es bei Aristophanes in seiner Komödie *Die Acharner* 530 f.

BUCH X

1. Kapitel

Die Lektüre

1. Alle Stilregeln, so unentbehrlich sie auch für das theoretische Wissen sind, genügen jedoch nicht, um rednerische Gewandtheit zu erzielen. Es muß nämlich noch jene sichere Gewandtheit dazukommen, die bei den Griechen ἕξις (Haltung, Geschicklichkeit) genannt wird. Wodurch man diese am ehesten fördert, ob durch Schreiben mehr als durch Lesen oder Reden, das ist, ich weiß es, eine Streitfrage. Wir müßten sie gründlicher behandeln, wenn wir uns mit einer dieser drei Tätigkeiten zufriedengeben könnten. 2. Sie sind jedoch so eng und untrennbar miteinander verbunden, daß man sich, falls eine einzige fehlte, mit den beiden anderen umsonst geplagt hätte. Die Beredsamkeit wird nämlich niemals Festigkeit und Stärke gewinnen, wenn sie sich nicht durch intensive schriftliche Übung kräftigt. Ohne die Musterbeispiele aus der Lektüre aber wäre diese Übung wie ein steuerloses Schiff, das auf den Wellen treibt. Andererseits wird derjenige, der weiß, was und wie er zu reden hat, wie ein Geizhals auf seinen vergrabenen Schätzen hocken, wenn er die Beredsamkeit nicht als Waffe für jedes Treffen in Bereitschaft hält. 3. Freilich kann etwas noch so wichtig sein, es muß damit doch nicht unmittelbar auch ausschlaggebende Bedeutung für die Ausbildung des Redners haben. Sicherlich ist das Redenkönnen die Hauptsache, darin besteht der Beruf des Redners, und offensichtlich hat die Lehre von der Beredsamkeit auch von hier ihren Ursprung genommen. Als nächstes folgt die Kunst der Nachahmung und als letztes die sorgfältige Übung im Schreiben. 4. Man kann zwar zur Vollendung nicht anders kommen, als wenn man mit den Grundlagen beginnt, diese werden jedoch immer unbedeutender, je weiter die Ausbildung fortschreitet. So reden wir auf dieser Stufe nicht mehr von der Ausbildung des Redners, denn dafür haben wir Anweisungen in ausreichendem Maße gegeben, jedenfalls so gut wir konnten. Jetzt geht es uns darum, durch welche Art praktischer Übung unser Wettkämpfer, den sein Meister bereits alle Gänge gelehrt hat, auf seine Kämpfe vorbereitet werden kann. Er beherrscht bereits die Findung und Anordnung des Stoffes, versteht sich auch auf die

Wahl und die Stellung der Worte, also müssen wir ihn nun darin unterweisen, wie er seine Kenntnisse am besten und mühelosesten gebrauchen kann.

5. Es kann kein Zweifel daran bestehen, daß er sich einen bestimmten Vorrat schaffen muß, auf den er dann bei Bedarf zurückgreifen kann. Dieser Vorrat besteht aus einer umfangreichen Reserve von Themen und Redewendungen. 6. Die einzelnen Themen kommen nur in einem ganz speziellen Fall oder höchstens bei einer geringen Zahl gleichgelagerter Fälle in Betracht; also muß man sich einen Wortschatz schaffen, auf den man in jedem Falle zurückgreifen kann. Gäbe es nun für jeden einzelnen Gegenstand nur eine spezielle Bezeichnung, so wäre weniger Aufwand erforderlich, denn sie würde sich dann mit dem Thema zugleich einstellen. Aber die einen Wörter besitzen nur ihre eigentliche Bedeutung, die anderen bezeichnen eine gewähltere Ausdrucksweise, sind gewichtiger oder wohlklingender, und daher muß sie der Redner nicht nur alle kennen, sondern auch zur Hand und sozusagen vor Augen haben, so daß er, wenn sie sich seinem kritischen Urteil stellen, aus ihnen leicht die beste Wahl treffen kann. 7. Ich weiß, daß es üblich ist, Listen mit Wörtern gleicher Bedeutung auswendig zu lernen. Dadurch kann man das einzelne Wort leichter aus der Fülle der anderen herausfinden, und hat man es einmal benutzt und taucht der Begriff kurz darauf wieder auf, so kann man ein anderes mit derselben Bedeutung nehmen und so die Wiederholung vermeiden. Aber das ist ein kindisches Unterfangen, verlorene Liebesmüh' und hat wenig Sinn: Man häuft ein Sammelsurium von Wörtern an, aus dem man dann ohne kritische Auswahl das erste beste aufgreift.

8. Wir aber müssen uns unsern Vorrat an Worten mit kritischem Urteil schaffen, uns geht es ja um die wahre Beredsamkeit, nicht um die Zungenfertigkeit eines Marktschreiers. Unser Ziel werden wir erreichen, indem wir das Beste lesen und hören. Durch eine solche gewissenhafte Beschäftigung werden wir nicht nur den Ausdruck für jeden Gegenstand lernen, sondern auch den passenden Gebrauch.

9. Es gibt ja für fast jedes Wort in der Rede eine Verwendung, außer wenigen, die nicht schicklich genug sind. Diese finden zwar in den Werken der Jambendichter und denen der alten Komödie auch öfters Beifall, aber wir brauchen hier nur unseren eigenen Aufgabenbereich im Auge zu haben. Alle Wörter – mit Ausnahme der eben besprochenen – finden an einer bestimmten Stelle ihre optimale Verwendung. Zuweilen benötigen wir ja auch gewöhnliche Worte aus der Umgangssprache, und solche, die in einem gehobenen

Zusammenhang unfein wirken würden, sind, wenn es die Sache erfordert, durchaus an ihrem Platz. 10. Diese Worte nicht nur ihrer Bedeutung nach, sondern auch in ihren Flexionen und rhythmischen Maßen zu kennen, so daß man an ihrem Ort den passenden Gebrauch von ihnen machen kann, das können wir ohne viel Lesen und Hören nicht erreichen, denn alles Sprachliche nehmen wir zuerst mit den Ohren auf[99]. So ist es auch zu erklären, daß kleine Kinder, die auf Befehl von Königen von stummen Ammen an einem abgeschiedenen Ort aufgezogen wurden, zwar angeblich ein paar Worte herausbrachten, aber nicht die Gabe der Sprache besaßen[100].

11. Es gibt auch Bezeichnungen, die in verschiedenen Wörtern das gleiche meinen, so daß es keinen Unterschied macht, welches wir gebrauchen, zum Beispiel *gladius* und *ensis* (Schwert). Andere hingegen bezeichnen zwar bestimmte Dinge, sie werden jedoch auch in der Art eines Tropus (in übertragenem, bildlichem Sinn) gebraucht, um denselben Begriff auszudrücken, zum Beispiel *ferrum* (Eisen) und *mucro* (Schärfe des Schwertes). 12. So bezeichnen wir auch mit der Redefigur der *abusio* (Katachrese, Gebrauch eines Wortes in uneigentlicher Bedeutung) alle diejenigen, die einen Mord mit irgendeiner Waffe begangen haben, als *sicarii* (Dolchmänner). In anderen Fällen drücken wir uns mit Hilfe einer aus mehreren Wörtern gebildeten Umschreibung aus (*circuitus*, Periphrasis), zum Beispiel: »eine Fülle gepreßter Milch« (Käse)[101]. Häufig vertauschen wir auch Ausdrücke; anstatt »Ich weiß« sagen wir: »Mir ist nicht unbekannt«, oder: »Der Umstand ist mir nicht entgangen«, oder: »Ich habe es nicht vergessen«, oder: »Wer wüßte nicht?«, oder: »Keiner könnte daran zweifeln.« 13. Aber wir können uns auch einen verwandten Ausdruck leihen, denn »Ich verstehe, ich fühle, ich sehe« bedeuten oftmals das gleiche wie »Ich weiß«. Diese reiche Fülle wird uns die Lektüre verschaffen und uns in die Lage versetzen, diese Wörter nicht nur zu verwenden, wenn die Begriffe auftauchen, sondern auch in angemessener Weise von ihnen Gebrauch zu machen. 14. Denn sie sind nicht immer austauschbar; ich vermag zwar von etwas mit dem Geiste Wahrgenommenem zu sagen: »Ich sehe«, aber daraus folgt nicht: »Ich verstehe« für etwas mit den Augen Wahr-

[99] In der Antike las man meistens laut, daher wird das Lesen als auditive Wahrnehmung bezeichnet.

[100] Der ägyptische Pharao Psammetich wollte auf diese Weise die Ursprache herausfinden, vgl. Herodot II 2; der Versuch wurde von dem Stauferkaiser Friedrich II. wiederholt.

[101] Vergil *Eklogen* 1, 81.

genommenes. Auch kann *mucro* (Schärfe des Schwertes) für *Schwert* gebraucht werden, aber *Schwert* muß nicht dasselbe bedeuten wie *mucro*. 15. Obwohl man sich so einen Vorrat an Worten schaffen kann, sollte man doch nicht bloß einzelner Ausdrücke wegen das Lesen oder Hören betreiben. Bei allem, was wir lehren, haben Beispiele nämlich eine größere Wirkung als ein System von Regeln, das wir übernehmen. Dann nämlich, wenn der Schüler zu der Stufe geführt worden ist, daß er diese Beispiele ohne Hilfe begreifen kann und bereits in der Lage ist, sie mit seinen eigenen Kräften nachzuahmen. Was nämlich der Lehrer in Regeln gefaßt gelehrt hat, das bietet sich beim Redner anschaulich dar.

16. Das Hören und das Lesen bringen jeweils verschiedenen Nutzen. Wenn jemand redet, regt er uns an durch den lebendigen Hauch seines Geistes und begeistert uns nicht durch ein Phantasiebild, das die Dinge nur in Umrissen zeigt, sondern durch die Wirklichkeit selbst. Alles ist dann nämlich Leben und Bewegung, wir nehmen das Neue auf, als entstehe es eben vor unseren Augen, und wir fühlen innere Anteilnahme. Denn nicht nur der aktuelle Fall, auch was für den Redner auf dem Spiele steht, bewegt uns. 17. Außerdem seine Stimme, die Anmut seiner Gesten, eine jeweils angemessene Art des Vortrags – das Wichtigste beim Reden – in einem Wort, all das wirkt in gleichem Maße belehrend auf uns ein. Beim Lesen ist man eher in der Lage, sein kritisches Urteil zu gebrauchen, denn den Hörer reißt oftmals seine eigene Sympathie oder der Beifall der begeisterten Menge fort. 18. Da scheut man sich, nicht miteinzustimmen, und ein uneingestandener Mangel an Selbstvertrauen hindert uns, mehr auf unser eigenes Urteil zu vertrauen, während doch zuweilen auch Fehlerhaftes bei der Menge Gefallen findet und bezahlte Zuhörer sogar etwas beklatschen, was ihnen nicht einmal gefällt. 19. Auf der anderen Seite kommt es auch vor, daß die beste Rede bei Leuten mit schlechtem Geschmack keinen Anklang findet. Die Lektüre hingegen ist unabhängig und fährt nicht so stürmisch wie ein mündlicher Vortrag an uns vorüber. Wir können einen Absatz öfter lesen, wenn er uns nicht klar ist oder wenn wir ihn uns ganz genau einprägen möchten. Wir sollen auch wiederholen und uns ein Kapitel noch einmal vornehmen, und wie wir unser Essen erst gut gekaut und fast flüssig gemacht hinunterschlucken, damit es leichter verdaut wird, so soll auch das Gelesene nicht in rohem Zustand dem Gedächtnis zur späteren Nachahmung anvertraut werden, es muß vielmehr durch mehrfaches Wiederholen aufgeweicht und gleichsam verarbeitet sein.

20. Über lange Zeit hinweg sollen wir also nur die allerbesten Autoren lesen, und zwar solche, die unsere Erwartung nicht enttäuschen. Aber wir sollen sie so gründlich lesen und so sorgfältig, als ob wir das Gelesene nachschreiben wollten. Wir müssen alles nicht nur teilweise studieren, sondern das Buch ganz durchlesen und dann noch einmal von vorn beginnen, und das ganz besonders bei einer Rede, deren Vorzüge häufig auch mit Absicht verborgen werden. 21. Oft bereitet der Redner nämlich auf etwas vor, verheimlicht etwas, stellt eine Falle und sagt zu Beginn seiner Rede etwas, was erst am Schluß voll zur Wirkung kommt. Daher wird manches da, wo es steht, weniger Gefallen finden, solange wir noch nicht wissen, worum es geht, und wir werden es daher noch einmal lesen müssen, wenn uns der ganze Zusammenhang klar ist. 22. Es wird also äußerst nützlich sein, daß wir uns mit den Fakten vertraut machen, die unseren Reden zugrunde liegen, und wo es geht, sollten wir die Reden lesen, die für und wider eine Sache gehalten wurden, wie die gegnerischen Reden von Demosthenes und Aischines [*Rede für den Kranz*, *Rede gegen Ktesiphon*] sowie die des Servius Sulpicius und des Messalla für und gegen Aufidia, die Reden des Pollio und Cassius für und gegen den angeklagten Asprenas[102] und eine Menge anderer. 23. Und wenn auch einige solcher Reden von geringerem Wert zu sein scheinen, so tun wir doch gut daran, sie zu studieren, um die juristische Problematik des jeweiligen Falles kennenzulernen, so zum Beispiel die Rede des Tubero gegen Ligarius sowie die des Hortensius für Verres, die sich gegen Ciceros Verteidigungsreden richten.

Ja, es wird auch nützlich sein zu erfahren, wie Redner, die für dieselbe Sache sprachen, ihr Plädoyer gestaltet haben. Für Ciceros Haus[103] sprach [außer ihm selbst] auch Calidius, und für Milo hat [außer Cicero] auch Brutus der Übung halber eine Rede verfaßt, von der Cornelius Celsus fälschlich annimmt, er habe sie auch gehalten. Und Pollio und Messalla haben dieselben Klienten verteidigt, und als wir Knaben waren, las man die hervorragenden Re-

[102] Demosthenes, der bedeutendste attische Redner (384–322 v. Chr.), verfocht eine Politik der nationalen Unabhängigkeit Griechenlands von Philipp II. von Makedonien *(Philippische Reden)*; der Redner Aischines trat für den Anschluß an Makedonien ein. In den Reden *Gegen Ktesiphon* und der *Rede für den Kranz* trugen Aischines und Demosthenes ihre politische Gegnerschaft aus. – Die römischen Redner vgl. § 113, 116. – C. Nonius Asprenas, ein Freund des Augustus, war wegen Giftmordes angeklagt.

den, die Domitius Afer, Crispus Passienus und Decimus Laelius für Volusenus Catulus gehalten hatten[104].

24. Der Lesende soll aber nicht alsbald zu der Überzeugung kommen, alles, was die besten Autoren gesagt hätten, sei nun auch von höchster Vollendung. Denn auch sie geraten einmal ins Wanken und werden niedergedrückt von der Last ihrer Aufgabe, oder sie lassen ihrer Neigung die Zügel schießen oder sind nicht immer voll angespannt. Manchmal zeigen sie auch Erschöpfung; so meint Cicero, daß Demosthenes zuweilen eingenickt sei, was Horaz sogar von Homer behauptet[105]. 25. So groß sie auch sind, sie sind doch Menschen, und es mag vorkommen, daß ihre Leser irgend etwas, das sie bei ihnen gefunden haben, als goldene Regel des guten Stils ansehen, mit dem Ergebnis, daß sie etwas weniger Gelungenes nachahmen – das ist nämlich auch noch leichter – und sich für ein ebenso großes Genie halten, wenn sie die Fehler der Großen kopieren. 26. Zurückhaltung und Umsicht sind beim Urteilen über solch hervorragende Talente geboten, damit man nicht in den üblichen Fehler verfällt, zu verurteilen, was man nicht versteht. Und wenn sich auf der einen oder anderen Seite ein Irrtum nicht vermeiden läßt, so wäre ich eher dafür, der Leser fände durchweg an allem Gefallen, als daß er überall Fehler entdeckte.

27. Den meisten Nutzen habe der Redner von der Dichterlektüre, sagt Theophrast[106], und viele haben sich seinem Urteil angeschlossen, und das nicht zu Unrecht. Denn von den Dichtern holen wir uns Anregungen für unsere Gedanken, Erhabenheit für die Sprache, den Impuls, jede gewünschte Gefühlsregung zu erzeugen, und die Fähigkeit, die Charaktere angemessen darzustellen. Vornehmlich aber findet unser vom tagtäglichen Kampf auf dem Forum ermatteter Geist die beste Erholung bei dieser Beschäftigung. So empfiehlt

[103] Das während seiner Verbannung von seinem Feind, dem Senatsgegner und Bandenführer Clodius, zerstört worden war. – Calidius s. Cicero *Brutus* 79. – Ciceros Rede für den verbannten Caesargegner Ligarius versuchte den Vorwurf des Anklägers Tubero zu entkräften, Ligarius habe gegen Caesar gekämpft und dürfe deshalb nicht begnadigt werden. – Verres, der räuberische Statthalter Siziliens, wurde aufgrund von Ciceros Reden verbannt. – Brutus, der spätere Caesarmörder, plädierte in seiner Rede für den Freispruch des Milo, der den Clodius (s. oben) erschlagen hatte, da letzterer ein Feind des Staates gewesen sei. Cicero berief sich in seiner Meisterrede auf Notwehr.

[104] Zu Domitius Afer vgl. § 118; Crispus Passienus war der Stiefvater des Nero; Laelius Balbus wird bei Tacitus *Annalen* VI 47 f. erwähnt. Der Fall ist nicht weiter bekannt.

[105] Cicero: Vgl. Plutarch *Cicero* 24. Horaz: *Ars poetica* 359.

[106] Schüler des Aristoteles, Peripatetiker, 371–287 v. Chr.

auch Cicero, man solle in der Dichterlektüre Entspannung suchen[107]. 28. Wir sollten dabei jedoch nicht außer acht lassen, daß der Redner den Dichtern nicht in allem folgen darf, besonders nicht in der Freiheit der Wortwahl sowie dem willkürlichen Gebrauch von Redefiguren. Die Dichtung läßt sich mit der epideiktischen Beredsamkeit (Lob- und Festreden) vergleichen; sie ist einzig darauf aus, Vergnügen zu bereiten, und verfolgt dieses Ziel, indem sie etwas erdichtet, das nicht nur unwahr, sondern auch unglaubwürdig ist. 29. Wir müssen außerdem bedenken, daß sie dabei für sich in Anspruch nehmen kann, durch die Bindung an metrischen Zwang nicht immer die einfache Ausdrucksweise benutzen zu können. Vielmehr nimmt sie, vom geraden Weg vertrieben, notwendig ihre Zuflucht zu Seitenstraßen dichterischen Ausdrucks und ist gezwungen, nicht nur bestimmte Worte auszutauschen, sondern Silben zu dehnen oder zu kürzen und Wörter umzustellen oder in Sperrung zu setzen. Wir aber stehen in Waffen auf dem Kampfplatz, kämpfen um Sein oder Nichtsein, und all unser Bemühen ist auf den Sieg ausgerichtet. 30. Und ich möchte doch nicht, daß unsere Waffen Rost ansetzen und von Schmutz starren; sie sollen einen Glanz ausstrahlen, der den Gegner schreckt, wie der Stahl, der Herz und Sinne zugleich blendet, und nicht wie Gold und Silber, das keine kriegerische Kraft hat und eher eine Gefahr für seinen Besitzer darstellt.

31. Auch die Geschichtsschreibung vermag den Redner als reicher, freudespendender Quell zu nähren. Doch auch bei ihrer Lektüre ist zu bedenken, daß viele ihrer Vorzüge vom Redner vermieden werden müssen. Die Geschichtsschreibung ist nämlich der Dichtung recht nah verwandt und gewissermaßen eine Dichtung in Prosa; sie ist zum Erzählen geschrieben, nicht zum Beweisen, und die ganze Gattung dient nicht zu praktischem Zweck oder für einen aktuellen Streitfall, sie ist vielmehr für das Gedächtnis der Nachwelt und den Ruhm ihres Autors verfaßt. Daher sucht sie durch gewähltere Worte und einen freieren Gebrauch von Redefiguren die Eintönigkeit beim Erzählen zu vermeiden.

32. Die berühmte Knappheit des Stils bei Sallust bedeutet zwar für die Ohren Gebildeter, die Muße haben, das schlechthin Vollkommene, doch kommt sie, wie ich bereits gesagt habe[108], für uns nicht in Frage gegenüber einem Richter, der den Kopf voller Ge-

[107] *Pro Archia (Für Archias)* 12; 16.

[108] IV 2, 45. Quintilian weist darauf hin, daß heutzutage oft Landbewohner in die Gerichte berufen werden, deren Bildungsniveau nicht mit dem ihrer Kollegen aus der Zeit der Republik zu vergleichen ist.

danken hat und dazu noch häufig ungebildet ist. Auch der reiche, gesunde Erzählfluß des Livius wird dem nicht genug Belehrung verschaffen, der keine glänzende Schilderung, sondern wahrheitsgetreue Unterrichtung erwartet. 33. Man möge dazu noch bedenken, daß Cicero nicht einmal Thukydides oder Xenophon als nützlich für den Redner gelten lassen wollte, obwohl er meinte[109], der eine blase die Kriegstrompete, und durch den Mund des anderen hätten die Musen geredet. Es mag uns dennoch zuweilen erlaubt sein, unsere Exkurse mit dem Glanz der Geschichtsschreiber auszustatten, solange wir in den zur Sache gehörenden Teilen bedenken, daß uns nicht die schwellenden Muskeln der Athleten, sondern die sehnige Kraft der Soldaten nottun. Und das buntschillernde Gewand, das Demetrios von Phaleron[110] getragen haben soll, eignet sich wenig für den Staub des Forums. 34. Der Nutzen, den wir aus den Geschichtswerken ziehen, ist von anderer Art; er ist beträchtlich, steht aber nicht in Verbindung mit unserem jetzigen Thema, ich meine nämlich den Nutzen aus der Kenntnis der geschichtlichen Ereignisse und Präzedenzfälle, die unser Redner besitzen muß, damit er in seiner Beweisführung nicht ausschließlich auf die Aussagen seines Klienten angewiesen ist, sondern viele Argumente auch seiner gründlichen Kenntnis der Geschichte entnehmen kann. Diese sind um so durchschlagender, da allein solches Beweismaterial dem Verdacht der Parteilichkeit entzogen ist.

35. Die Tatsache, daß wir uns so vieles aus der Lektüre der Philosophen holen müssen, ist die Schuld der Redner, die ihnen das Beste aus ihrem Besitz abgetreten haben[111]. Über das Gerechte, Ehrenhafte, Nützliche und dessen Gegenteil sowie die theologischen Fragen äußern sich die Stoiker besonders ausführlich und mit scharfsinnigen Argumenten, während die Sokratiker den künftigen Redner am besten auf das Streitgespräch zwischen den Parteien sowie auf das Kreuzverhör vorbereiten. 36. Aber hierbei muß man ebenfalls wieder in ähnlicher Weise ein kritisches Urteil walten lassen: Wir müssen uns darüber im klaren sein, daß, auch wenn wir es mit den gleichen Themen zu tun haben, doch ein himmelweiter Unterschied besteht zwischen einem Streitfall vor Gericht und einer philosophischen Diskussion, zwischen der Atmosphäre des Forums

[109] *Orator* 39; 62; vgl. auch *Brutus* 287 und *Orator* 30.

[110] Athenischer Politiker und Redner, um 350–280 v. Chr., Schüler des Aristoteles; vgl. § 80. Die Aussage bezieht sich auf den Stil des Demetrios.

[111] Vgl. I Einleitung 10 f.

und der des Hörsaals, zwischen Lehrsätzen der Theorie und Entscheidungen auf Leben und Tod.

37. Die meisten meiner Leser werden, glaube ich, fordern, daß ich, wenn ich der Lektüre schon solchen Nutzen beimesse, auch meinem Werk einiges darüber beifüge, welche Autoren gelesen werden sollen und worin jeweils der Hauptvorzug eines Autors liegt. Wollte man alle einzeln durchgehen, dann würde das Werk kein Ende finden. 38. Man bedenke, daß Cicero in seinem *Brutus* auf so vielen Seiten ausschließlich über die römischen Redner geschrieben und dabei doch alle seine Zeitgenossen, soweit sie noch lebten, mit Ausnahme von Caesar und Marcellus, mit keinem Wort erwähnt hat. Wo würde ich dann ein Ende finden, wenn ich diese sowie deren Nachfolger und gleichermaßen sämtliche Griechen erwähnen wollte? 39. Da scheint doch jener knappe Rat den sichersten Weg zu bieten, den Livius seinem Sohne in einem Brief gibt: Er solle Demosthenes und Cicero lesen und dann solche Autoren, die diesen am ähnlichsten seien. 40. Ich will freilich mit meiner eigenen Überzeugung nicht hinterm Berg halten. Ich glaube, es gibt nur wenige oder kaum einen von den Autoren, die das Ausleseverfahren durch die Zeit bestanden haben, die einem kritischen Leser nicht irgendwie von Nutzen sein könnten, zumal selbst Cicero bezeugt, er verdanke gerade diesen Autoren längst vergangener Zeiten, die zwar Talent, aber noch keine Kunstfertigkeit besaßen, sehr viel.

41. Nicht viel anders denke ich auch über die modernen Autoren. Wieviele von ihnen lassen sich denn finden, die so ganz und gar aberwitzig sind, daß sie nicht einen leisen Hoffnungsschimmer hegen, sie könnten, und sei es mit einem Bruchteil ihres Werkes, einen Platz einnehmen im Gedächtnis der Nachwelt? Und wenn es einen solchen Autor gibt, so wird er schon zu Beginn der Lektüre entlarvt werden, und er wird schnell auf uns verzichten müssen, bevor uns das Experiment, ihn zu lesen, allzu viel Zeit gekostet hat. 42. Aber es wird ja auch nicht jede Stelle, die sich auf irgendein Wissensgebiet bezieht, ohne weiteres für die Stilbildung, die wir hier behandeln, geeignet sein. Bevor ich zu einzelnen Autoren übergehe, will ich noch einige allgemeine Bemerkungen über ihre unterschiedliche Beurteilung machen. 43. Da gibt es nämlich einige, die allein die Alten für lesenswert halten und glauben, nur in ihnen finde man ursprüngliche Beredsamkeit und männliche Kraft. Andere wieder schwelgen in dem gezierten, weichlichen Stil unserer Tage, der ganz und gar nur für das Vergnügen der ungebildeten Masse

bestimmt ist. 44. Selbst von denen, die eine korrekte Redeweise erstreben, halten einige nur das für den gesunden und wahrhaft attischen Stil, was knapp und anspruchslos und möglichst im Umgangston ausgedrückt ist. Andere wieder fesselt eine Redeweise, die mehr Erhabenheit, Leidenschaftlichkeit und Feuer hat. Und es gibt auch viele Anhänger eines ruhigen, eleganten und harmonischen Stils. Auf diese Unterschiede werde ich noch genauer eingehen, wenn ich über die einzelnen Stilarten spreche[112]. Für den Augenblick will ich mich darauf beschränken, kurz anzuführen, was jemand, der sein rednerisches Können entwickeln will, aus seiner Lektüre gewinnen kann und was er lesen soll. Ich will nur einige wenige der hervorragendsten Autoren in Auswahl vorstellen. 45. Wer sich damit beschäftigt, wird leicht beurteilen können, welche anderen Autoren diesen am nächsten kommen; es soll sich keiner beklagen, daß ich etwa seine Lieblingsschriftsteller ausgelassen hätte. Denn ich gebe gern zu, daß noch weit mehr als die von mir Genannten es verdienen, gelesen zu werden. Doch nun will ich beginnen, die verschiedenen Gattungen der Literatur durchzugehen, die mir für künftige Redner besonders passend erscheinen[113].

46. So wie Arat[114] es für richtig hielt, »mit Juppiter den Anfang zu machen«, so ist es wohl auch für uns das Rechte, wenn wir mit Homer beginnen. Wie dieser vom Ozean gesagt hat, er sei der Ursprungsort aller Ströme und Quellen, so ist er selbst auch Vorbild und Ausgangspunkt für alles, was mit der Rhetorik zusammenhängt. Niemand hat ihn jemals übertroffen in der Erhabenheit seiner großen Themen oder in der Natürlichkeit seiner alltäglichen Szenen. Er zeigt reiche Fülle ebenso wie Knappheit, Heiterkeit und Ernst, ist in seinem Überfluß wie in seiner Kürze gleichermaßen bewundernswert, und nicht nur seine dichterischen, sondern auch seine rednerischen Vorzüge machen ihn zum bedeutendsten Autor überhaupt. 47. Ich will gar nicht von seinen Lob-, Ermunterungs- oder Trostreden sprechen – aber zeigen nicht das neunte Buch mit der Gesandtschaft an Achill, das erste mit dem Streit der Führer und das zweite mit den Reden in der Heeresversammlung alle

[112] XII 10, 63 ff.

[113] Die folgende Einteilung der Literatur in Dichtung, Geschichtsschreibung, Redekunst und Philosophie stammt von dem Geschichtsschreiber, Rhetor und Literaturkritiker Dionys von Halikarnaß (um 30 v. Chr.).

[114] Der bedeutendste hellenistische Vertreter des Lehrgedichts (3. Jahrh. v. Chr.); vgl. § 55. Erhalten sind seine *Phainomena (Himmelserscheinungen)*, auf deren Anfang hier angespielt wird und die von Cicero ins Lateinische übersetzt wurden.

Kunstregeln für Streit- und Beratungsreden? 48. Was die Erregung der Gefühle angeht, und zwar der leidenschaftlichen wie auch der milden, so kann niemand so ungebildet sein zu leugnen, daß sie dieser Dichter meisterhaft beherrscht. Und hat er nicht in den wenigen knappen Einleitungsversen seiner beiden Epen die Regel, wie ein Prooemium aussehen soll, man kann nicht sagen eingehalten, nein ein für allemal festgesetzt? Durch die Anrufung der Göttinnen, die man als die Schutzgottheiten der Dichter ansah, gewinnt er das Wohlwollen des Zuhörers, indem er ihm die Größe seiner Themen vor Augen stellt, macht er ihn aufmerksam, und indem er den Inhalt in wenig Worten umreißt, macht er ihn dafür empfänglich. 49. Wer könnte eine kürzere Erzählung eines Tatbestands bieten als der Held, der den Tod des Patroklos meldet, wer eine anschaulichere als der Mann, der den Kampf der Kureten und Ätoler beschreibt[115]? Man beachte auch seine Gleichnisse, seine Szenensteigerung, seine Beispiele, seine Episoden, die Form seiner Beweise aus Indizien und Schlußfolgerungen sowie die übrigen Arten der Beweisführung und Widerlegung, die so zahlreich sind, daß sogar die meisten Fachautoren der Rhetorik ihre Beispiele für diese Dinge von Homer nehmen. 50. Und wo gibt es einen Epilog, der sich mit den Bitten des Priamos an Achill vergleichen ließe? Erhebt sich Homer nicht in der Wahl seiner Worte, seiner Sinn- und Redefiguren, in der ganzen Anlage seines Werkes über die Grenzen menschlichen Geistes? Daher muß man schon Geist besitzen, wenn man ihm nicht nachahmend – denn das ist unmöglich –, sondern verstehend nachfolgen will. 51. Er hat in Wahrheit auf dem gesamten Gebiet der Wortkunst alle weit hinter sich gelassen, vor allem die Ependichter. Der Vergleich innerhalb desselben Stoffgebiets zeigt dies mit größter Deutlichkeit.

52. Nur zuweilen nimmt Hesiod[116] einen höheren Aufschwung. Ein großer Teil seines Werkes besteht aus einer Aufzählung von Namen, dennoch sind seine Lebensregeln in Spruchform von Nutzen, und der Fluß seiner Worte und ihre glatte Fügung wirken gefällig. Er nimmt den ersten Platz unter den Autoren des mittleren Stils ein. 53. Bei Antimachos[117] lobt man dagegen seine Kraft und

[115] *Ilias* 18, 18 ff.; 9, 529 ff. – Priamos: *Ilias* 24, 486 ff.

[116] Um 700 v. Chr., Schöpfer des griechischen Lehrgedichts. Das zuerst erwähnte Werk ist die *Theogonie (Entstehung der Götter)*, in der Namen von Heroenmüttern aufgezählt werden. Die Lebensregeln finden sich in Hesiods zweitem Werk, den *Werken und Tagen*. – Zu den drei Stilformen vgl. XII 10, 58 ff.

[117] Ependichter des 5. Jahrhunderts v. Chr.; seine Werke sind nicht erhalten.

Würde und seine dem Alltagston ganz ferne Ausdrucksweise. Aber obwohl so ziemlich alle Literaturwissenschaftler ihm den zweiten Rang in der epischen Dichtung einräumen, fehlt ihm doch die Kraft, auf das Gemüt zu wirken, die Anmut, ein geordneter Aufbau und überhaupt jeder Kunstcharakter. Dadurch zeigt sich klar, was für ein großer Unterschied darin besteht, einem anderen besonders nahe zu kommen oder der zweite nach ihm zu sein. 54. Panyasis[118], der eine Mischung der beiden letztgenannten bildet, erreicht nach allgemeinem Urteil im Stil die Vorzüge keines von beiden, er übertrifft aber Hesiod, was den Stoff, und Antimachos, was den Aufbau angeht. Apollonios[119] nimmt keinen Platz in dem von den Literaturhistorikern aufgestellten Kanon ein, denn die Kritiker der Dichtkunst, Aristarch und Aristophanes, haben keine Zeitgenossen darin aufgenommen. Er hat jedoch ein beachtliches Werk geschaffen, das sich durchweg auf der Höhe des mittleren Stils hält. 55. Der Stoff des Arat entbehrt jeder leidenschaftlichen Bewegtheit; es fehlt jede Abwechslung, jedes Pathos, jede Charakterschilderung und jede gestaltete Rede. Immerhin erfüllt er die Ansprüche der Aufgabe, der er sich gewachsen glaubte. Bewunderung verdient Theokrit[120] in seinem Bereich, aber seine Muse des Land- und Hirtenlebens scheut nicht nur das Forum, sondern überhaupt das Stadtleben.

56. Ich höre förmlich, wie mir meine Leser von allen Seiten Dichternamen in großer Zahl zurufen. Wie? Hat Pisandros nicht den Heraklesmythos schön gestaltet? Hatten Vergil und Macer nicht guten Grund, sich Nikandros[121] als Vorbild zu nehmen? Und wie? Wollen wir Euphorion übergehen? Hätte Vergil ihn nicht lobenswert gefunden, hätte er niemals in seinen *Eklogen* die »Gedichte in der Weise des Mannes aus Chalkis« erwähnt. Wie? Horaz

[118] Onkel des Geschichtsschreibers Herodot, um 480 v. Chr., schrieb u. a. ein verlorenes Heraklesepos.

[119] Apollonios Rhodios, Autor des erhaltenen Epos *Die Argonauten*, um 295–215, Bibliothekar in Alexandria wie Aristarch von Samothrake, um 216–144, und Aristophanes von Byzanz, um 257–180; die beiden letzteren gaben die griechischen Autoren in kommentierten kritischen Ausgaben heraus. – Zu Arat vgl. Anm. 114.

[120] Theokrit aus Syrakus, um 275 v. Chr., bedeutender Idyllendichter. – Pisandros aus Rhodos, um 650 v. Chr.

[121] Nikandros von Kolophon, um 150 v. Chr., Verfasser von Lehrgedichten, den Vergil in seinen *Georgica* benützt. – Aemilius Macer war ein Dichterfreund Ovids. – Euphorion aus Chalkis auf Euböa, um 275 v. Chr., Verfasser von Epen und Elegien. – Die Vergilstelle ist *Eklogen* 10, 50.

hätte ohne Grund Tyrtaios[122] und Homer in einem Atem genannt? 57. Nun, ich meine, keiner wird so unbewandert sein in der Dichtung, daß er nicht einen Katalog aus einer Bibliothek abschreiben und in seine Lehrbücher einfügen kann.

Es ist auch nicht so, als ob ich die Autoren etwa nicht kenne, die ich übergehe, oder als ob ich sie überhaupt verdamme; ich habe ja gesagt, daß sich bei einem jeden etwas Nützliches finden läßt. 58. Doch wir wollen uns zu diesen Schriftstellern erst wenden, wenn unsere Kräfte voll entwickelt und gefestigt sind, so, wie wir es auch bei opulenten Gastmählern machen, daß wir uns erst an den besten Gerichten satt essen und uns dann auch von der Vielfalt des Bescheideneren erfreuen lassen. Erst dann wird es auch Sinn haben, die Elegiendichter zu studieren, als deren bester Kallimachos[123] gilt, während nach der Meinung der meisten Philetas[124] den zweiten Rang einnimmt.

59. Doch wenn wir die sichere Gewandtheit erstreben, von der ich gesprochen habe, dann müssen wir uns mit den Allerbesten vertraut machen; wir müssen unsern Geist formen und ein eigenes Kolorit der Darstellung entwickeln, und dies, indem wir viel lesen, nicht vielerlei. Also wird uns von den drei Jambendichtern, die die Billigung des Aristarch gefunden haben, einzig Archilochos[125] für die angestrebte Stilsicherheit von besonderem Nutzen sein. 60. Er hat den kraftvollsten Ausdruck, Kernsätze, die bald kräftig zupackend, bald knappgefaßt und geistsprühend sind, und er hat Saft und Kraft. Daher sind manche davon überzeugt, es sei nur seinem Stoff, nicht seinem Talent zuzuschreiben, wenn man ihn nicht an allererster Stelle nennt.

61. Von den neun Lyrikern[126] ist Pindar bei weitem der erste in seinem geistigen Höhenflug, seiner Erhabenheit, seinen Wort- und Sinnfiguren, der überreichen Fülle seiner Themen wie seiner Sprache und im Fluß seiner Dichtung. Um dieser Vorzüge willen

[122] 7. Jahrhundert v. Chr., aus Sparta, Elegiendichter, u. a. Kampflieder. – Die Horazstelle ist *Ars Poetica* 401.

[123] Kallimachos aus Kyrene, um 250 v. Chr., berühmter Elegiendichter, Vorbild der römischen Elegiker Properz und Tibull, auch Catulls und Ovids.

[124] Philetas von Kos, Freund Theokrits, Elegiendichter, um 280 v. Chr.

[125] Die beiden nicht Genannten sind Semonides aus Samos, um 664 v. Chr., und Hipponax aus Ephesos, um 540 v. Chr., Jambendichter, oft mit satirischem Inhalt. – Archilochos aus Paros, um 650 v. Chr., gilt als Erfinder der Jambendichtung. In seinen zum Teil erhaltenen Gedichten spricht sich zum ersten Mal ein Dichter über eigenes Fühlen und Erleben aus. Er wirkte besonders auf Horaz.

hielt ihn Horaz mit Recht für unnachahmlich. 62. Das starke Talent des Stesichoros zeigt sich schon bei der Wahl seines Stoffes, er besingt nämlich gewaltige Kriege und berühmte Feldherrn, und seine Lyrik ist den gewichtigen Themen der epischen Dichtung gewachsen. Im Sprechen und im Handeln stattet er seine Personen mit der Würde aus, die ihnen zukommt, und hätte er nur ein wenig mehr Maß gezeigt, so hätte er wohl mit Homer in ernsthafte Konkurrenz treten können. Aber er strömt über und ergießt sich allzu weit, ein Fehler, der zwar tadelnswert ist, sich aber aus der Fülle seines Talents ergibt. 63. Alkaios[127] hat das Lob verdient, er spiele auf goldener Leier, und zwar in dem Teil seines Werkes, wo er seine Angriffe gegen die Tyrannen richtet und eine große moralische Wirkung entfaltet. In seiner Ausdrucksweise ist er knapp und erhaben und in der Kraft seiner Sprache dem Redner oft ähnlich. Doch tändelt er auch und ist in die Gefilde der Liebesdichtung hinabgestiegen, obwohl ihm erhabenere Themen mehr liegen. 64. Simonides[128] schreibt durchweg im schlichten Stil, die Natürlichkeit und Anmut seiner Sprache macht ihn einer Empfehlung wert. Seine Stärke liegt jedoch in der Erregung des Mitgefühls, so daß ihn einige auf diesem Gebiet an die Spitze aller Autoren dieser Dichtgattung stellen.

65. Die alte Komödie ist ziemlich die einzige Form der Dichtung, die die berühmte Reinheit und den Reiz des Attischen bewahrt hat. Sie bietet eine überreiche Fülle freimütiger Äußerungen und tut sich hervor, indem sie das Laster anprangert, doch entfaltet sie ihre Kraft ebenso stark auch in den übrigen Partien. Sie ist erhaben, geschmackvoll und anmutig zugleich; nehmen wir einmal Homer aus, der, wie Achill unter den Helden, stets unvergleichlich

[126] Zu diesem Kanon gehören außer den im folgenden Genannten: Alkman aus Sardes, um 620 v. Chr., Sappho aus Lesbos, um 600 v. Chr., Ibykos aus Rhegion, um 540 v. Chr., Anakreon aus Teos und Bakchylides aus Keos, um 465 v. Chr. – Pindar, geb. 522 v. Chr. bei Theben, bedeutendster Dichter der Chorlyrik, verherrlichte in seinen Oden die Adelswelt seiner Zeit (u. a. Gedichte auf Olympiasieger). Die Horazstelle ist *Oden* IV 2, 1. – Stesichoros, geb. 632 v. Chr., der berühmteste Dichter Siziliens, Chorlyriker, der Stoffe aus der Heldensage behandelte.

[127] Alkaios aus Lesbos, um 600 v. Chr., bedeutender Lyriker, nahm an den Parteikämpfen seiner Heimat teil und wurde verbannt. Seine Lyrik ist zum Teil politisch, er beeinflußte Horaz in seinen Oden (alkäische Strophe und Thematik).

[128] Simonides von Keos, 556–468 v. Chr., dichtete Siegesgesänge, Preislieder für Wettkämpfer und Trauergesänge. Berühmt waren auch seine Trinklieder und Dithyramben.

ist, so gibt es vielleicht keinen Stil, der dem des Redners ähnlicher oder für seine Schulung geeigneter ist. 66. Es gibt eine ganze Anzahl von Dichtern, doch sind Aristophanes, Eupolis und Kratinos die bedeutendsten[129].

Die Tragödie hat Aischylos[130] als erster zu hoher Geltung gebracht, er ist erhaben, würdig und pathetisch oft bis zum Schwulst, häufig aber weist er mangelnde Glätte und Harmonie auf. Daher gestatteten die Athener in späterer Zeit den Dichtern, seine Stücke in revidierter Form beim Wettstreit der Dramendichter zur Aufführung zu bringen, und auf diese Weise haben viele den Siegespreis davongetragen. 67. Zu weitaus glänzenderer Entfaltung brachten Sophokles und Euripides diese Kunstform. Da sie im Stil ganz verschieden sind, ist viel darüber gestritten worden, welcher der größere Dichter sei, eine Frage, die ich, da sie mit unserm jetzigen Thema nichts zu tun hat, unentschieden lasse. Es wird jeder eingestehen müssen, daß für jemanden, der sich auf die Tätigkeit als Gerichtsredner vorbereitet, Euripides bei weitem nützlicher ist. 68. Seine Sprache ist zwar von denen getadelt worden, für die die Würde, die tragische Hoheit und der volltönende Klang des Sophokles besser zum erhabenen Stil zu passen scheinen, aber er nähert sich mehr dem Stil der Rede, ist reich an Sentenzen, die beinahe denen der Philosophen gleichkommen, und was seine Rede und Gegenrede angeht, so läßt er sich ohne weiteres mit einem gewandten Gerichtsredner vergleichen. In der Erregung aller Affekte verdient er Bewunderung, in der Erweckung von Mitgefühl aber läßt er sich unbedenklich als Meister bezeichnen. 69. Ein großer Bewunderer, wie er oft bezeugt, und ein Nachahmer des Euripides, freilich auf einem ganz anderen Gebiet, ist Menander[131], meines

[129] Aristophanes aus Athen, um 450–385 v. Chr.; seine bekanntesten Stücke: *Lysistrate, Die Frösche, Die Wolken* (mit Sokrates), *Die Ritter, Die Vögel.* Er nahm Stellung zu Tagesfragen: Angriffe auf Politiker (Perikles, Kleon) und Intellektuelle (Sokrates, Euripides). Auch seine Zeitgenossen Eupolis (446–410 v. Chr.) und Kratinos (gest. 423 v. Chr.) übten in ihren Komödien Zeitkritik.

[130] Aischylos aus Eleusis, 525–456 v. Chr., schuf die Tragödie in ihrer klassischen Form, vor allem als Trilogie; erhalten sind sieben Tragödien: *Perser, Hiketiden, Orestie* (Trilogie), *Sieben gegen Theben, Prometheus.* – Sophokles aus Athen, 496–406 v. Chr., sieben erhaltene Dramen, u. a. *Aias, Antigone, Oidipus, Elektra.* – Euripides, 480–406 v. Chr., lebte wie die beiden vorigen in Athen, achtzehn Dramen sind erhalten, u. a. *Alkestis, Medeia, Hippolytos, Elektra, Iphigenieia.* Einflüsse der Sophistik und Rhetorik zeigen sich in seinem sentenzenreichen Stil und seiner Mythenkritik. Quintilian denkt vor allem an seine Stichomythien, Streitgespräche in knapper, schlagfertiger Art.

Erachtens der einzige, dessen gründliche Lektüre ausreicht, um alle die Fähigkeiten zu entwickeln, die ich hier zur Vorschrift mache: So vollkommen ist seine Darstellung des wirklichen Lebens, so reich ist er in der Kunst der Gedankenfindung und im sprachlichen Ausdruck, so vollkommen paßt sich seine Darstellung jedem Gegenstand, jeder Person und Gefühlslage an. 70. Wahrhaftig nicht ohne Grund haben einige die Reden, die man dem Charisios zuschreibt, für Werke des Menander gehalten. Doch ich meine, er zeigt sich in seinen Komödien noch mehr als Redner, oder können die Rechtsstreitigkeiten in seinen Stücken *Epitrepontes, Epikleros, Lokroi* oder die Deklamationen in den Komödien *Psophodes, Nomothetes* und *Hypobolimaios* nicht auf dem ganzen Gebiet der Rhetorik als hervorragend gelten? 71. Nach meiner Meinung ist er für die Deklamationsredner noch etwas mehr von Nutzen, denn sie müssen je nach dem Thema ihrer Streitrede *(controversia)* viele verschiedene Personen darstellen: Väter, Söhne, Soldaten, Bauern, Reiche, Arme, Zornige und Bittflehende, Sanftmütige und Polterer. Und es ist zu bewundern, wie der Dichter jeden dieser Charaktere in der ihm angemessenen Form dargestellt hat. 72. Ja, er hat die Namen aller anderen Dichter dieser Kunstgattung in Vergessenheit geraten lassen, sein Ruhm strahlt so hell, daß sie im Dunkeln bleiben. Dabei kann man auch bei anderen Komödiendichtern, sofern man kein allzu kritischer Leser ist, manches Beachtenswerte finden, so zum Beispiel bei Philemon[132], der es zwar nur dem schlechten Geschmack seiner Zeitgenossen zu verdanken hatte, wenn er öfter dem Menander vorgezogen wurde, der aber nach dem einstimmigen Urteil aller den zweiten Platz verdient.

73. In der Geschichtsschreibung finden wir viele berühmte Namen, doch wird es für niemanden einen Zweifel geben, daß zwei von ihnen den Vorzug vor den anderen verdienen. Ihre Stärke liegt auf verschiedenem Gebiet, doch hat sie ihnen fast gleichen Ruhm eingebracht. Kompakt und knapp und immer vorwärtsdrängend, das ist Thukydides, gefällig, klar und ausführlich ist Hero-

[131] Vgl. Anm. 30. Vier von Menanders Komödien sind durch neuere Papyrusfunde zum Teil erhalten: *Epitrepontes (Das Schiedsgericht)*, *Dyskolos* (*Der Menschenfeind*; vollständig erhalten), *Aspis* oder *Epikleros* (*Der Schild* oder *Die Erbtochter*) und *Die Samierin*. – Charisios war ein athenischer Redner, Zeitgenosse des Demosthenes.

[132] Philemon von Soloi, 360–262 v. Chr., lebte in Athen, zwei seiner Stücke hat Plautus nachgebildet.

dot[133]. Der erste ist stärker in der Darstellung heftiger Leidenschaften, der zweite wirkt mehr aufs Gemüt. Thukydides zeichnet sich aus in seinen politischen Reden, Herodot in seinen Gesprächen; bei dem einen spürt man die Kraft, bei dem andern empfindet man Vergnügen. 74. Theopomp[134] kommt beiden am nächsten. Er ist zwar als Geschichtsschreiber geringer zu bewerten, dafür ist sein Stil dem des Redners ähnlicher – kein Wunder, denn er war lange Zeit Redner, bevor man ihn darauf brachte, sich dieser Gattung zuzuwenden. Philistos[135] verdient es ebenfalls, aus der großen Zahl guter Schriftsteller der späteren Zeit hervorgehoben zu werden; er hat Thukydides nachgeahmt, ist zwar bedeutend schwächer, dafür aber ein gut Teil klarer. Ephoros brauchte nach der Meinung des Isokrates die Sporen. Kleitarchos hat Anerkennung gefunden durch sein Talent, seine Glaubwürdigkeit wird in Zweifel gezogen. 75. Lange Zeit später lebte Timagenes, er verdient Lob, da er die Geschichtsschreibung, die inzwischen vernachlässigt worden war, zu neuem Ruhm erweckte. Xenophon habe ich nicht vergessen, aber er gehört unter die Philosophen.

76. Nun folgt die ungeheure Schar der Redner – allein Athen hat in einer Generation zehn erwähnenswerte hervorgebracht[136]. Bei weitem der größte unter ihnen und geradezu das Muster aller

[133] Thukydides aus Athen, um 460–400 v. Chr., der größte antike Geschichtsschreiber, schrieb die Geschichte des Peloponnesischen Krieges (die Ereignisse der Jahre 431–411). Sein Streben nach Objektivität und strenger wissenschaftlicher Sachlichkeit machte ihn zum Schöpfer der Geschichtswissenschaft. – Herodot aus Halikarnaß (Kleinasien), um 485–425 v. Chr., der »Vater der Geschichte«, verfaßte eine Weltgeschichte, in der er die Geschichte der Völker des Alten Orients, vor allem aber die Perserkriege behandelt. Seine Darstellung enthält die Ergebnisse eigener Forschung (*historíē*) und zahlreiche Novellen (Gyges, Polykrates). – Vgl. auch die Darstellung der Geschichtsschreiber in Cicero *De oratore* II 55 ff.

[134] Theopomp aus Chios, geb. 378 v. Chr., verfaßte eine griechische Geschichte *(Hellenika)* vom Ende des Peloponnesischen Krieges an und fühlte sich als Fortsetzer des Thukydides. Sein Lehrer Isokrates veranlaßte ihn dazu, Geschichte zu schreiben.

[135] Philistos aus Syrakus, gest. 356 v. Chr., Politiker und Schriftsteller, schrieb eine Geschichte Siziliens. – Ephoros aus Kyme (vgl. II 8, 11) war der erste Verfasser einer Universalgeschichte. – Kleitarchos schrieb im 3. Jahrhundert eine Geschichte Alexanders des Großen. – Timagenes kam als Kriegsgefangener 55 v. Chr. nach Rom und gründete eine Rhetorenschule. – Xenophon aus Athen, um 430–355 v. Chr., nach Thukydides und Herodot der bedeutendste griechische Geschichtsschreiber, Verfasser der *Anabasis (Zug der Zehntausend)* und *Hellenika* (*Griechische Geschichte*, in Fortsetzung des Thukydides). Er war Sokratesschüler, verfaßte *Erinnerungen an Sokrates*, ein *Gastmahl*, eine *Apologie des Sokrates*, daher gilt er Quintilian als Philosoph; vgl. § 82.

Beredsamkeit ist Demosthenes, so kraftvoll ist er, so festgefügt ist alles, so straff gespannt, ohne ein überflüssiges Wort, in seinen Reden herrscht eine solche Ausgewogenheit, daß man nichts finden kann, was fehlte oder was zuviel wäre. 77. Der Stil des Aischines ist voller und weitschweifiger, er scheint dem erhabenen Stil noch näher zu kommen, weil er nicht so kurz und bündig ist, er besitzt jedoch mehr Fleisch als sehnige Kraft. Einen besonders reizvollen und treffenden Stil besitzt Hypereides[137], doch eignet er sich besser für weniger bedeutende, um nicht zu sagen gleichgültige Fälle. 78. Lysias[138] ist eine Generation älter, er besitzt Feinheit und Eleganz, und wenn es für den Redner ausreichte zu belehren, könnte man nichts Vollkommeneres finden. Da gibt es nämlich nichts Gehaltloses, nichts Weithergeholtes; einem klaren Quell ist er ähnlicher als einem breiten Strom. 79. Isokrates vertritt einen anderen Stil: Er ist schmuck und gefällig, und mehr für den Sport- als für den Kampfplatz geeignet, strebte er nach allen Reizen eines schönen Stils und tat recht daran, denn er übte sich für den Hörsaal, nicht fürs Gericht. In der Gedankenfindung ist er gewandt, auf das Ehrenhafte gerichtet, und in der Wortfügung ist er so sorgfältig, daß man diese Gründlichkeit schon wieder tadeln kann.

80. Ich bin nicht der Ansicht, daß die genannten Redner allein die Vorzüge besitzen, die ich besprochen habe, es sind nur ihre Hauptvorzüge, und die Redner, die ich nicht aufgeführt habe, sind keineswegs unbedeutend. Ich gebe gerne zu, daß der bekannte Demetrios von Phaleron[139], obgleich mit ihm der Niedergang der Redekunst begonnen haben soll, ein beachtliches Talent und eine reiche Redegabe besitzt, und sei es, daß man ihn nur deshalb erwähnt, weil er sozusagen der letzte aus der attischen Schule ist, den man einen Redner nennen kann; Cicero zieht ihn jedenfalls, was den mittleren Stil angeht, allen anderen vor.

[136] Antiphon, Andokides, Lysias, Isokrates, Isaios, Demosthenes, Aischines, Lykurgos, Hypereides, Deinarchos bzw. Aristogeiton, 4./3. Jahrhundert v. Chr., vgl. XII 10, 21 ff. Zu Demosthenes und Aischines vgl. Anm. 102. Der Kanon der zehn Redner, der in der Schule von Pergamon entwickelt wurde, ist uns für das Werk des augusteischen Literaturkritikers Caecilius von Caleacte bezeugt.

[137] Hypereides aus Athen, 390–322 v. Chr., kämpfte als Politiker wie Demosthenes gegen Philipp von Makedonien und fand ebenfalls dabei den Tod; vgl. auch II, 15, 9. Ein Vergleich beider Redner beim sog. Longinos in seiner stilkritischen Schrift *Über das Erhabene* 34.

[138] Vgl. Anm. 87.

[139] Vgl. Anm. 110. – Die Cicero-Stellen sind *De oratore* II 95, *Orator* 92 und *Brutus* 37 f.

81. Unter den Philosophen, von denen Cicero nach eigenem Geständnis den größten Teil seiner Beredsamkeit bezogen hat[140], ist Platon[141] ohne Zweifel der größte, sowohl in seiner scharfsinnigen Argumentation wie in seiner göttlichen, geradezu homerischen Redekunst. Er erhebt sich ja weit über den gewöhnlichen Gesprächston, den die Griechen »Rede zu Fuß« nennen, und macht auf mich den Eindruck, als inspiriere ihn kein menschliches Talent, sondern gewissermaßen das Orakel des delphischen Gottes. 82. Was soll ich noch Xenophon erwähnen mit seiner ungekünstelten Anmut, die mit keiner Bemühung zu erreichen ist? Die Grazien scheinen seinen Stil gebildet zu haben, und das Urteil über Perikles aus der alten Komödie, auf seinen Lippen habe die Göttin der Überredung ihren Sitz gehabt, läßt sich mit Fug und Recht auf ihn übertragen. 83. Was soll ich noch über den eleganten Stil der übrigen Sokratiker sagen, was über einen Aristoteles[142]? Bei ihm schwanke ich, ob ich mehr seine Kenntnisse, die Fülle seiner Schriften, die Gefälligkeit seines Stils, den Scharfsinn seiner Gedanken oder die Vielfalt seiner Arbeitsgebiete rühmen soll. 84. Theophrast[143] besitzt einen solch göttlichen Glanz in seiner Rede, daß man sagt, er habe seinen Namen daher. Die alten Stoiker haben der Beredsamkeit nicht viel Raum gegeben, doch erteilten sie Ratschläge für ein rechtes Leben, und ihre logischen Schlüsse und ihre Beweisführung sind von größter Bedeutung. Sie waren aber eher scharfsinnige Denker als, was sie auch gar nicht erstrebten, glänzende Redner.

85. Wir kommen jetzt zu den römischen Autoren und wollen sie nach derselben Reihenfolge behandeln. So wie wir mit Homer bei den Griechen den verheißungsvollsten Anfang machten, so ist es bei unseren Autoren mit Vergil[144]. Von allen Dichtern seiner Gattung,

[140] *Orator* 12.

[141] 427–347 v. Chr., Schüler des Sokrates, einer der größten Philosophen der Geschichte. Seine bedeutendsten Werke: *Apologie des Sokrates, Phaidon, Staat* (Ideenlehre), *Gesetze.* – Der Schluß des Satzes § 81 ist eine Reminiszenz an Platons *Menon* 99 d.

[142] Schüler Platons, 384–322 v. Chr., Lehrer Alexanders des Großen (vgl. I 1, 23), der berühmteste Philosoph des Altertums, fortwirkend bis in die Neuzeit; Werke über Ethik, Metaphysik, Politik, Rhetorik, Naturwissenschaft, Poetik.

[143] Vgl. Anm. 106. Sein Büchlein *Charaktere* ist erhalten. – Der Name bedeutet: »redend wie ein Gott«, vgl. Cicero *Orator* 62.

[144] Publius Vergilius Maro, 70–19 v. Chr., aus Mantua, berühmtester römischer Dichter, zu Quintilians Zeit bereits ein Klassiker (Schullektüre). Hauptwerke: *Eklogen (Bucolica, Hirtengedichte), Georgica (Vom Landbau), Aeneis,* das römische Nationalepos, das die Gründung Roms erzählt, im Altertum und Mittelalter das berühmteste Gedicht des Abendlandes.

ob Griechen oder Römer, kommt er Homer ohne Zweifel am nächsten. 86. Ich will mich der Worte bedienen, die ich als junger Mann von Domitius Afer hörte. Auf meine Frage, welcher Dichter seiner Ansicht nach Homer am nächsten komme, erwiderte er: »Der zweite ist Vergil, doch ist er dem ersten näher als dem dritten.« Und wenn wir auch unsere Hochachtung bezeugt haben vor dem himmlischen, unsterblichen Genius Homers, so hat Vergil doch mehr Sorgfalt und Gründlichkeit für sein Werk aufgebracht, einfach weil seine Aufgabe schwieriger war[145]. Und wenn wir uns bei den Glanzstellen Homers geschlagen geben müssen, so können wir das vielleicht bei unserem Autor durch die künstlerische Ausgewogenheit wettmachen.

87. Alle übrigen folgen in weitem Abstand. Macer und Lukrez[146] sind lesenswert, gewiß, aber nicht in dem Sinne, daß sie den Stil, und das heißt den Körper der Beredsamkeit, bildeten; jeder behandelt seinen Stoff mit Eleganz, aber der eine ist gewöhnlich und der andere schwierig. Varro Atacinus[147] hat sich einen Namen als Übersetzer gemacht und ist als solcher nicht zu verachten, doch um rednerische Fähigkeiten an ihm zu entdecken, ist sein Stil zu ärmlich. 88. Ennius wollen wir verehren wie Haine, die durch ihr Alter geheiligt sind und in denen riesige, uralte Bäume stehen, die wir eher mit ehrfürchtigem Schauder als mit Wohlgefallen betrachten. Andere Dichter stehen uns näher und sind für unsern Plan mehr von Nutzen. Ovid[148] tändelt sogar bei seinen epischen Stoffen und ist allzu sehr in sein eigenes Talent verliebt, in einzelnen Partien ist er dennoch zu loben. 89. Cornelius Severus ist zwar ein

[145] Vor allem durch die Herstellung aktueller Bezüge zur Gegenwart und zur Zukunft des römischen Reiches sowie durch die Erwähnung des Augustus als des Vollenders der Geschichte.

[146] Aemilius Macer aus Verona, gest. 16 v. Chr., Freund Vergils und Ovids, schrieb Lehrgedichte im alexandrinischen Stil. – Titus Lucretius Carus, 98–55 v. Chr., Verfasser des Lehrgedichts *De rerum natura (Vom Wesen der Dinge)*, in dem er die Atomlehre des Demokrit und die Philosophie des Epikur behandelt.

[147] Varro aus Atax in Gallien, 82–37 v. Chr., bekannt als Übersetzer des Argonautenepos von Apollonios Rhodios, verfaßte auch epische und satirische Gedichte. – Zu Ennius vgl. Anm. 72.

[148] Publius Ovidius Naso, 43 v. Chr. – 17 n. Chr., aus Sulmo (Mittelitalien), römischer Ritter, nach Vergil der berühmteste römische Dichter, Verfasser u. a. der *Amores (Liebesgedichte)*, der *Metamorphosen* (Verwandlungssagen) und der *Tristia (Klagegedichte)* und der *Briefe aus Pontos* (Elegien aus seiner Verbannung), von Augustus 8 n. Chr. ans Schwarze Meer verbannt. Zu Ovids Tragödie *Medea* vgl. § 98. – Cornelius Severus, Freund des Ovid, Verfasser eines Epos über die Schlacht von Actium. Der sizilische Krieg: Kämpfe Octavians (Augustus') mit Sextus Pompeius (36 v. Chr.).

besserer Versemacher als Poet; hätte er, wie man einmal gesagt hat, seine Dichtung über den sizilischen Krieg bis zum Ende in dem gleichen Stil geschrieben wie das erste Buch, dann hätte er einen berechtigten Anspruch auf den zweiten Platz. Dem Serranus[149] hat ein früher Tod die künstlerische Vollendung versagt. Seine Jugendwerke offenbaren jedoch eine große Begabung und ein in diesem Alter besonders bewundernswertes Empfinden für wahre Dichtung. 90. Einen großen Verlust haben wir vor kurzem durch den Tod des Valerius Flaccus erlitten. Saleius Bassus bewies ein leidenschaftliches und echt poetisches Talent, das durch das Alter nicht abgeklärt wurde. Rabirius und Pedo verdienen schon, daß man sie kennenlernt, falls man viel Zeit hat. Lucan[150] besitzt Feuer und Heftigkeit, er ist ganz hervorragend in seinen allgemeinen Betrachtungen und, um meine Ansicht zu äußern, eher ein Muster für Redner als für Dichter.

91. Ich habe nur diese Dichter erwähnt, denn Germanicus Augustus[151] mußte sich von seiner Beschäftigung mit der Dichtkunst abwenden und die Sorge um den Erdkreis übernehmen; es erschien den Göttern zu wenig, wenn er nur der größte Dichter würde. Was seine Werke angeht, die er als junger Mann in stiller Abgeschiedenheit schuf, nachdem er die höchste Macht abgetreten hatte, wo gibt es mehr Erhabenheit, Belesenheit, mehr Vollkommenheit auf allen Gebieten? Wer könnte besser den Krieg besingen als der, der ihn so erfolgreich geführt hat? Wen würden die Göttinnen, die über diesem Schaffen walten, wohlwollender anhören? Wen würde Minerva, die ihm verwandte Gottheit, eher in ihre Künste einführen? 92. Künftige Zeitalter mögen hierüber mehr berichten, heute wird

[149] Nicht näher bekannter Dichter. – Das unvollendete Argonautenepos des Valerius Flaccus ist erhalten. – Saleius Bassus wird als hervorragender Poet von Tacitus gelobt (*Dialogus de oratoribus* 5). – Gaius Rabirius und Gaius Albinovanus Pedo sind Dichterfreunde Ovids.

[150] Marcus Annaeus Lucanus, Neffe Senecas, 39–65 n. Chr., aus Corduba (Spanien), neben Vergil der bedeutendste römische Epiker, verfaßte ein Epos *Pharsalia* (*Über den Bürgerkrieg* zwischen Pompeius und Caesar) und verherrlichte darin die freie Republik. Als Verschwörer gegen Nero umgekommen.

[151] Kaiser Domitian, der sich nach dem Sieg über die Chatten 84 n. Chr. Germanicus nennen ließ, hatte sich als Prinz aus politischer Taktik eine Zeitlang von den Amtsgeschäften zurückgezogen und Interesse für Wissenschaft und Dichtung vorgegeben, vgl. Tacitus *Historien* IV 86, Sueton *Domitian* 2. – Domitian gab sich als Sohn der Göttin Minerva-Athene aus und veranstaltete Dichter- und Rhetorenwettkämpfe zu Ehren der Göttin, die die Patronin der Künste war (vgl. IV Einleitung 2 ff. [hier nicht abgedruckt] und Sueton *Domitian* 4). – Der Vergilvers ist *Eklogen* 8, 13.

sein Dichterruhm vom strahlenden Glanz seiner großen Taten in den Schatten gestellt. Du magst es uns, die wir die Schätze literarischen Schaffens hüten, vergeben, Caesar, wenn wir dein dichterisches Werk nicht mit Stillschweigen übergehen konnten und uns auf das Zeugnis des Vergilischen Verses berufen:

»Laß um die Schläfe
Zwischen den Siegslorbeern dir auch diesen Efeu sich schmiegen!«

93. Auch in der Elegie fordern wir die Griechen in die Schranken. In dieser Gattung hat, wir mir scheint, Tibull[152] die meiste Glätte und Eleganz. Es gibt auch welche, die Properz bevorzugen. Ovid ist spielerischer als beide, während Gallus ernster ist.

Die Satire ist ganz unser Eigentum. Als erster hat in ihr Lucilius[153] besonderen Ruhm erworben, und er hat so begeisterte Anhänger, daß sie ihn nicht nur den anderen Satirendichtern, sondern allen Dichtern überhaupt ohne Zögern voranstellen. 94. Ich bin von ihrer Meinung ebenso weit entfernt wie von der des Horaz, der meinte, schlammig flösse seiner Dichtung Strom dahin, und so manches könnte man tilgen. Doch ist seine Gelehrsamkeit bewundernswert, ebenso sein Freimut, die daraus entspringende Bissigkeit und sein überaus reicher Witz. Weitaus geschliffener und stilreiner als er ist Horaz[154]. Er ist der Meister, falls mich nicht meine

[152] Albius Tibullus aus Rom, um 55–19 v. Chr., römischer Ritter, besingt in seinen *Elegien* die Ruhe des Landlebens und seine Liebe zu Delia. – Sextus Aurelius Propertius aus Asisium in Umbrien, um 50–15 v. Chr., Freund Ovids, gehörte zum Kreise des Maecenas. In seinen *Elegien* in vier Büchern schildert er seine Liebe zu Cynthia, wendet sich an seine Freunde und an Augustus und behandelt Themen aus Roms Geschichte. Er hatte große Wirkung auf die Nachwelt (Goethes *Römische Elegien*). – Von Gaius Cornelius Gallus, um 69–26 v. Chr., ist nichts erhalten. Vergil erwähnt ihn *Eklogen* 6 und 10.

[153] Gaius Lucilius, um 180–102 v. Chr., aus Suessa Aurunca, Freund des jüngeren Africanus, Schöpfer der römischen Satire (witzige Kritik an politischen und gesellschaftlichen Zuständen); sein Werk ist zum Teil erhalten. – Das Wort *satura* bedeutet ursprünglich eine Schüssel mit verschiedenen Früchten (»bunte Schüssel«), vgl. die verschiedenen Themen der Satire. – Die Horazstelle ist *Satiren* I 4, 11; vgl. auch *Satiren* I 10.

[154] Quintus Horatius Flaccus, aus Venusia in Apulien, 65–8 v. Chr., neben Vergil der bedeutendste Dichter des augusteischen Dichterkreises. Seine Werke: lyrische Gedichte *(Oden)*, die neben dem Alltagsleben *(Carpe diem!)* Themen aus Politik und Philosophie behandeln und mit denen er erzieherisch auf die Römer wirken will (*Römeroden*, Buch III 1–6). Dann hexametrische Gedichte: *Satiren* und *Episteln* (Plaudereien, Populärphilosophisches, Zeitkritik) sowie die *Ars Poetica (Dichtkunst)*, die sich thematisch und in ihrer kritischen Stellungnahme vielfach mit Quintilians zehntem Buch berührt.

Vorliebe für ihn blind macht. Eine hohe und verdiente Wertschätzung genießt auch Persius[155], obwohl er nur ein einziges Buch geschrieben hat. Berühmte Satirendichter gibt es auch zu unserer Zeit, sie wird einst die Nachwelt rühmend nennen.

95. Eine andere, noch ältere Form der Satire, die nicht nur mit dem Versmaß abwechselt, sondern auch Prosa beimischt, hat Terentius Varro[156] begründet, der gelehrteste Mann Roms überhaupt. Er hat eine Vielzahl von höchst gelehrten Büchern geschrieben, war der beste Kenner der lateinischen Sprache, des gesamten Altertums und der griechischen und römischen Geschichte. Doch wird er eher zur Bereicherung der Kenntnisse als der Beredsamkeit beitragen.

96. Die Jambendichtung ist von den Römern nicht als eigene Gattung gepflegt worden, sondern in Verbindung mit anderen Versformen. In ihrer ganzen Schärfe findet man sie bei Catull, Bibaculus[157] und Horaz, obwohl bei dem letztgenannten die Jamben jeweils von einem kürzeren jambischen Vers *(epodos)* unterbrochen werden.

Von unseren Lyrikern ist es wieder Horaz, der nahezu als einziger lesenswert ist. Er nimmt zuweilen einen hohen Aufschwung, ist voller Lebhaftigkeit und Charme, reich an Redefiguren und in der Wahl seiner Worte bei aller Kühnheit sehr glücklich. Wenn man noch jemanden hinzufügen will, so wird dies Caesius Bassus[158] sein, der vor einiger Zeit von uns gegangen ist, doch übertreffen ihn die noch Lebenden weit an Talent.

97. Von den älteren Tragödiendichtern sind Accius und Pacu-

[155] Aulus Persius Flaccus aus Volaterrae (Etrurien), 34–62 n. Chr., Verfasser von sechs Satiren, die Themen des täglichen Lebens auf populärwissenschaftliche Weise zeitkritisch abhandeln. – Quintilian hält sich bei seiner Würdigung an den antiken Grundsatz, keine lebenden Zeitgenossen zu nennen. Die Satiren des Juvenal, neben denen des Horaz die bedeutendsten, waren damals noch nicht erschienen.

[156] Marcus Terentius Varro aus Reate im Sabinerland, 116–27 v. Chr., Gelehrter und Bibliothekar. Von seinem umfangreichen kulturgeschichtlichen Werk ist nichts erhalten, nur seine Schrift *Res rusticae (Über Landwirtschaft)* und Teile von *De lingua latina (Von der lateinischen Sprache)* sowie Fragmente seiner *Menippeischen Satiren,* so genannt nach dem griechischen Dichter Menippos von Gadara, der als erster in einer satirischen Dichtung Verse und Prosa abwechseln ließ.

[157] Gaius Valerius Catullus, aus Verona, um 87–54 v. Chr., gehört zum Kreis der Neoteriker (»Neutöner«), die die augusteische Dichtung vorbereiteten. Bekannt sind vor allem seine Liebesgedichte an Lesbia (Clodia), daneben auch seine Schmähgedichte mit politischem Hintergrund. – Marcus Furius Bibaculus, Freund Catulls, geb. 104 v. Chr. in Cremona; vgl. Horaz *Satiren* II 5, 41.

[158] Freund und Herausgeber des Persius.

vius[159] die berühmtesten durch ihre gewichtigen Sentenzen, ihre bedeutungsschwere Ausdrucksweise und ihre würdevollen Charaktere. Doch es fehlt ihnen die Eleganz und der letzte Schliff, was aber eher ihrer Zeit als ihnen selbst zuzuschreiben ist. Accius gesteht man mehr Kraft zu, Pacuvius erscheint denen, die gerne gebildet erscheinen wollen, gebildeter. 98. Der *Thyestes* des Varius[160] kann es mit jeder griechischen Tragödie aufnehmen. Die *Medea* des Ovid scheint mir zu zeigen, zu welcher Größe sich dieser Dichter hätte erheben können, wenn er es nur über sich gebracht hätte, seinem Talent zu gebieten statt ihm nachzugeben. Von meinen Zeitgenossen ist Pomponius Secundus bei weitem der erste; seine älteren Kritiker hielten ihn als Tragiker für zu schwach, gestanden ihm aber Bildung und Eleganz zu.

99. In der Komödie hinken wir am ärgsten hinterher. Mag Varro auch, mit einem Ausspruch des Aelius Stilo[161], gesagt haben, die Musen bedienten sich der Sprache des Plautus, wenn sie lateinisch sprechen wollten, mögen die Alten auch Caecilius in den Himmel heben, mag man auch die Komödien des Terenz[162] dem Scipio Africanus zuschreiben – sie sind die elegantesten Werke dieser Gat-

[159] Lucius Accius, aus Umbrien, um 170–86 v. Chr., Marcus Pacuvius, aus Brundisium, 220 – um 130 v. Chr., Neffe des Ennius. Beide schrieben Tragödien nach Stoffen aus der griechischen Heldensage, Pacuvius auch eine römischen Inhalts (*fabula praetexta,* Geschichte im römischen Gewand). Sie fanden zur Zeit Quintilians bei den sog. Archaisten besondere Wertschätzung; vgl. die Bemerkung über Pacuvius.

[160] Lucius Rufus Varius, Epiker und Tragiker, Freund des Horaz und Vergil; vgl. Horaz *Satiren* I 10, 44 u. ö. sowie Tacitus *Dialogus de oratoribus* 12. – Publius Pomponius Secundus, um 60 n. Chr. gest., war als Dichter sehr berühmt; vgl. Tacitus *Annalen* XII 28.

[161] Lehrer Ciceros und des Marcus Terentius Varro, ein hochgebildeter Mann. – Statius Caecilius, um 219–166 v. Chr., Zeitgenosse des Ennius; vgl. Horaz *Episteln* II 1, 59, Cicero *De optimo genere dicendi (Von der besten Art zu reden)* 1.

[162] Plautus und Terenz sind die bedeutendsten römischen Komödiendichter. Titus Maccius Plautus, aus Sarsina in Umbrien, um 250–184 v. Chr., Meister der Verwechslungs- und Überraschungseffekte. Hauptwerke: *Amphitruo (Amphitryon), Aulularia (Die Goldtopfkomödie), Miles gloriosus (Der renommierende Soldat), Mostellaria (Das Gespensterstück).* – Publius Terentius Afer aus Karthago, um 195/90–159 v. Chr., kam als Kriegsgefangener nach Rom und trat mit dem Scipionenkreis in Verbindung, der sich für griechische Bildung und Philosophie einsetzte (Scipio Africanus der Jüngere, der Zerstörer Karthagos im 3. Punischen Krieg 146 v. Chr.). Terenz ist als Charakterzeichner unübertroffen; seine Hauptstücke: *Das Mädchen von Andros, Phormio, Der Eunuch.* Beide Dichter wirkten stark auf die Nachwelt (Shakespeare, Molière, Kleist u. a.) und wurden zu Anregern des modernen Lustspiels.

tung und besäßen noch mehr Anmut, wenn sie in Trimetern geschrieben wären –, wir bringen es doch kaum zu einem Schattenbild der griechischen Stücke. 100. Freilich scheint mir auch die in Rom gesprochene Sprache nicht fähig zu sein, diesen witzigen Charme wiederzugeben, der allein Attika geschenkt wurde, zumal ihn die Griechen selbst nicht einmal in einem ihrer anderen Dialekte erreicht haben. In den Komödien mit römischem Inhalt[163] ragt Afranius hervor, hätte er nur nicht die Handlungen seiner Stücke befleckt durch unschickliche Knabenliebe und damit seinen eigenen Lebenswandel offenbart.

101. In der Geschichtsschreibung jedoch bleiben wir nicht hinter den Griechen zurück. Ich scheue mich nicht, dem Thukydides Sallust gegenüberzustellen, und Herodot mag nicht unwillig darüber sein, wenn man Titus Livius[164] mit ihm auf eine Stufe stellt. Denn dieser ist in seinen Schilderungen wunderbar ansprechend und klar, in seinen politischen Reden zeigt er eine Beredsamkeit, die sich nicht beschreiben läßt, so genau ist alles den Umständen wie den Charakteren angepaßt; die seelischen Regungen aber, besonders die sanfteren, hat, um mich bescheiden auszudrücken, kein anderer Historiker so angemessen und eindringlich den Lesern vor Augen gestellt wie er. 102. So hat er durch andere Vorzüge den gleichen Ruhm erlangt wie Sallust durch seine einmalige Art des raschen Vorwärtsdrängens. Mir scheint der Ausspruch des Servilius Nonianus[165] sehr treffend zu sein, beide Geschichtsschreiber seien einander eher ebenbürtig als ähnlich. Servilius habe ich auch selbst noch gehört, er ist bemerkenswert durch die Kraft seines Geistes und seine vielen

[163] *Togatae,* wörtl. Stücke in der Toga, im Gegensatz zur *fabula palliata,* den Stücken im griechischen Gewand, d. h. aus griechischen Stoffen, wie es die meisten Stücke von Plautus und Terenz sind. – Lucius Afranius, Zeitgenosse des Terenz, um 150 v. Chr.; vgl. Cicero *Brutus* 167.

[164] Gaius Sallustius Crispus, aus Amiternum (Sabinerland), 86–34 v. Chr., im Bürgerkrieg Parteigänger Caesars. Werke: *De coniuratione Catilinae (Die Verschwörung des Catilina), Bellum Jugurthinum (Der Krieg mit Jugurtha), Historien,* nur unvollständig erhalten, *2 Briefe an Caesar* (Vorschläge für eine Erneuerung des Staates). Er ahmte den knappen Stil des Thukydides nach und schuf in Rom die Form der historischen Monographie. – Titus Livius aus Padua, 59 v. Chr. – 17 n. Chr., mit Augustus befreundet. Sein Werk *Ab urbe condita (Geschichte Roms von der Gründung an)* reichte in 142 Büchern bis zum Jahre 9 v. Chr., 35 Bücher sind erhalten.

[165] Gest. 60 n. Chr., angesehener Konsular, Politiker und Geschichtsschreiber, vgl. Tacitus *Annalen* XIV 19. – Aufidius Bassus, Geschichtsschreiber der frühen Kaiserzeit, Verfasser einer Monographie über die Kämpfe in Germanien. Aus seinen *Historien* ist die Schilderung von Ciceros Tod erhalten.

Sinnsprüche, doch ist er in seinem Stil nicht so knapp, wie es die Würde der Geschichtsschreibung erfordert. 103. Diese hat Aufidius Bassus, der etwas früher lebte, gerade durch seinen Stil hervorragend gewahrt, besonders in seinem Werk über den Germanenkrieg. Er ist zwar bemerkenswert in allem, doch bringt er seine Vorzüge nicht immer voll zur Geltung. 104. Es bleibt nun noch ein Mann übrig, der dem Ruhm unseres Zeitalters Glanz hinzufügt und des Gedächtnisses der Nachwelt wert ist. Heute kennt man ihn in seiner Bedeutung, die Nachwelt wird ihn mit Namen nennen[166]. Die Freiheitsliebe des Cremutius[167] hat zu Recht ihre Verehrer, obwohl die Passagen, die ihm den Untergang gebracht haben, daraus entfernt sind. Doch den Höhenflug seines Geistes und seine kühnen Aussprüche findet man auch noch in der jetzigen Form seiner Schriften. Es gibt auch noch andere gute Autoren, doch wollen wir ja nur Kostproben bieten von den einzelnen Literaturgattungen, nicht ganze Bibliotheken durchstöbern.

105. Unsere Redner waren es vorzüglich, die die lateinische Sprache der griechischen ebenbürtig an die Seite stellten. Cicero würde ich mit Bestimmtheit jedem Griechen gegenüberstellen. Ich weiß wohl, welchen Sturm der Entrüstung ich errege, zumal ich zu diesem Zeitpunkt nicht vorhabe, ihn mit Demosthenes zu vergleichen[168]; das gehört auch gar nicht hierher, denn ich vertrete die Meinung, daß man Demosthenes zum besonderen Gegenstand der Lektüre machen und geradezu auswendiglernen sollte. 106. Ich glaube,

[166]. Vielleicht Fabius Rusticus, der wegen seiner Darstellungskunst mit Livius verglichen wurde, vgl. Tacitus *Agricola* 10, 3. Tacitus selbst war noch zu jung, als daß er hier gemeint sein könnte (geb. um 55 n. Chr.).

[167] Aulus Cremutius Cordus, 25 n. Chr. angeklagt, da er in seinen *Annalen* Brutus und Cassius und die freie Republik gepriesen hatte (vgl. Tacitus *Annalen* IV 34); seine Schriften wurden verbrannt, später in zensierter Form freigegeben.

[168] Vgl. XII 1, 14 ff. Ein Vergleich der beiden Redner auch beim sog. Longinos *Über das Erhabene* 12, 4 f. sowie bei Plutarch *Cicero* Schluß; Kritik der Zeitgenossen an Cicero XII 10, 12 ff. – Marcus Tullius Cicero, aus Arpinum, 106–43 v. Chr., Konsul 63 v. Chr., kämpfte für die Erhaltung der *res publica*, wurde von Antonius ermordet. Durch seine Vermittlung und Adaptierung griechischen Gedankenguts und seine Haltung als von Systemen unabhängiger, dem Ethischen verpflichteter Denker hat er von allen Römern den größten Einfluß auf das Abendland gehabt, zum Beispiel auf die Ethik des Christentums. Hauptwerke: *De re publica (Über den Staat), De oratore (Vom Redner), Orator (Der Redner), Brutus, Tusculanae disputationes (Gespräche in Tusculum), De officiis (Vom pflichtgemäßen Handeln);* Reden: *Gegen Catilina, Gegen Verres, Für Milo, Für den Oberbefehl des Pompeius, Für Archias, Gegen Marcus Antonius* (14 *Philippische Reden*) sowie *Briefe*.

daß die beiden Redner sich in ihren meisten Vorzügen ziemlich ähnlich sind: in Bezug auf ihr kritisches Urteil, ihre Fähigkeit, eine Ordnung herzustellen, ihre Methode der Einteilung, der Vorbereitung der Argumente und der Beweisführung, kurz in allem, was zur Gedankenfindung gehört. In ihrem Stil besteht ein gewisser Unterschied: Demosthenes ist kompakter, Cicero ausführlicher, der eine bildet kürzere Perioden, der andere längere, der eine ficht immer mit dem Degen, der andere häufig auch mit dem Knüttel. Von Demosthenes kann man nichts wegnehmen, bei Cicero läßt sich nichts hinzufügen, dieser zeigt mehr Kunst, jener mehr Natur. 107. Im Witz sowie in der Erregung des Mitgefühls, den zwei wichtigsten Dingen auf dem Gebiet der Affekte, sind wir überlegen. Mag sein, daß Demosthenes durch die in seiner Stadt geltende Vorschrift um einen echten Epilog gebracht wurde[169], auf der anderen Seite hat uns der andersartige Charakter der lateinischen Sprache nicht die Feinheit gestattet, die die Anhänger des attischen Stils so bewundern. Bei den Briefen, die es von beiden gibt, und den theoretischen Schriften, die es bei Demosthenes nicht gibt, ist kein Vergleich möglich. 108. Es muß auch zugunsten des Demosthenes verbucht werden, daß er der frühere war und Cicero zu einem großen Teil erst zu dem gemacht hat, was er ist. Aber mir scheint, hätte sich Cicero völlig der Nachahmung der Griechen gewidmet, so hätte er die Kraft des Demosthenes, die Fülle Platons und die angenehme Sprache des Isokrates wiedergegeben. 109. Doch er hat wetteifernd nicht nur die Stärke eines jeden erreicht, er hat seine Vorzüge zum größten Teil oder besser gesagt ganz und gar aus sich selber hervorgebracht kraft der glücklichen, überreichen Natur seines unsterblichen Talents. Denn er sammelt nicht, wie Pindar sagt, Regenwasser, sondern fließt dahin wie ein lebendiger Quell, geschaffen als Geschenk der Vorsehung, auf daß die Beredsamkeit alle ihre Künste an ihm zeige. 110. Wer unterrichtet den Hörer genauer, wer erschüttert ihn heftiger? Wer hat jemals eine so angenehme Sprache besessen? So glaubt man auch dort, wo er etwas mit kräftigem Zugriff entwindet, er erreiche es durch freundliches Zureden, und wenn er den Richter mit Gewalt aus seiner Bahn reißt, so scheint dieser doch nicht weggerissen, sondern scheint ihm zu folgen. 111. Ferner spricht er bei allem, was er sagt, mit einer solchen Autorität, daß man sich scheut, anderer Meinung zu sein; er wirkt nicht beflissen wie ein

[169] Vgl. II 16, 4. Der Appell an das Gefühl, wie er besonders wirkungsvoll am Ende einer Rede *(peroratio, epilogus)* seinen Platz hatte, war in Athen verboten.

Advokat, sondern glaubwürdig wie ein Zeuge oder Richter. Und gleichzeitig ziehen all diese Feinheiten, von denen man selbst unter größter Anstrengung kaum eine erreichen kann, mühelos in einem Strom vorüber, und seine Rede, die das Schönste ist, was man überhaupt hören kann, entfaltet sich dennoch mit der allergrößten Leichtigkeit. 112. Daher haben seine Zeitgenossen nicht zu Unrecht von ihm gesagt, er herrsche wie ein König vor den Schranken des Gerichts, und bei der Nachwelt hat er es so weit gebracht, daß Cicero nicht als Name eines Menschen, sondern als Name der Beredsamkeit selbst gilt. Laßt uns daher auf ihn schauen, laßt ihn unser Vorbild sein, und der soll wissen, daß er echte Fortschritte gemacht hat, der an Cicero großen Gefallen findet.

113. Asinius Pollio[170] verfügt über eine reiche Kunst der Gedankenfindung, sein Stil ist äußerst sorgfältig, so daß einige meinen, er habe des Guten etwas zuviel getan, kritisches Urteil und Geist besitzt er in ausreichendem Maße. Aber vom Glanz und Charme Ciceros ist er so weit entfernt, daß man meinen könnte, er sei eine Generation vor ihm geboren. Messalla dagegen besitzt Glanz und Klarheit und zeigt seinen Adel gewissermaßen in der Sprache, doch setzt er seine Kräfte nicht voll ein. 114. Hätte sich Gaius Caesar[171] voll der Forumstätigkeit widmen können, so könnte er als einziger neben Cicero genannt werden. Soviel Kraft besitzt er, soviel geistige Klarheit und ein solches Feuer, daß man den Eindruck bekommt, er habe mit derselben Energie gesprochen, mit der er Kriege geführt hat. Und er schmückte dies alles dazu noch mit einer wunderbar erlesenen Sprache, um die er besonders bemüht war. 115. Caelius[172] hat viel Talent und zeigt sich besonders in seinen Anklagereden sehr geistreich, ein beachtlicher Mann, wenn ihm eine bessere Gesinnung und ein längeres Leben beschieden gewesen wären. Ich bin auf Kritiker gestoßen, die Calvus[173] allen anderen vorzie-

[170] 75 v. Chr. – 4 n. Chr., Freund Vergils (vgl. *Eklogen* 4), angesehen als Dichter, Geschichtsschreiber und Politiker (Ratgeber des Antonius). – Marcus Valerius Messalla Corvinus, 64 v. Chr. – 8 n. Chr., Staatsmann und Redner, Haupt eines Dichterkreises, Gönner Tibulls.

[171] Gaius Julius Caesar, 100–44 v. Chr., der Feldherr und Diktator, wird auch von Cicero im *Brutus* 261 f. als Redner gelobt. Er hat auch das sprachwissenschaftliche Werk *De analogia (Von der Analogie)* verfaßt.

[172] Marcus Caelius Rufus, 88–48 v. Chr., Schüler und Briefpartner Ciceros *(Ad familiares [An die Freunde]* Buch 8), von ihm in der Rede *Pro Caelio (Für Caelius*) verteidigt, Glücksritter und Opportunist (vgl. VI 3, 41 [hier nicht abgedruckt]).

[173] Calvus Licinius Macer, 82 – um 47 v. Chr., Redner und Dichter, Freund Catulls. – Die zweite Meinung bei Cicero *Brutus* 283.

hen, aber auch auf solche, die sich Ciceros Meinung anschließen, er habe sich durch allzu viel Selbstkritik seiner gesunden Kraft beraubt. Doch ist seine Rede feierlich, gewichtig und frei von Prunk, häufig sogar leidenschaftlich. Er ist ein Anhänger des attischen Stils; ein früher Tod hat ihn nicht zur Vollendung kommen lassen, wobei wir voraussetzen, er würde seinem Stil noch mehr Fülle gegeben haben. 116. Und Servius Sulpicius[174] verdankt seinen großen und nicht unverdienten Ruhm nur drei Reden. Cassius Severus wird, mit Verstand gelesen, manches bieten, was man sich zum Muster nehmen kann. Hätte er seinen anderen Vorzügen noch die passende Färbung und die Würde des Stils hinzugefügt, dann müßte man ihm einen Platz unter den Größten zuweisen. 117. Denn er ist sehr reich an Talent, besitzt Galle, Witz und Feuer in staunenswerter Weise, doch folgte er mehr seinem Temperament als vernünftiger Überlegung. Zudem sind seine bissigen Bemerkungen zwar witzig, doch wirken sie eben in ihrer ätzenden Schärfe oft lächerlich.

118. Es gibt noch andere gewandte Redner, aber es wäre zu langwierig, sie alle durchzugehen. Von denen, die ich selbst erlebt habe, sind Domitius Afer und Julius Africanus[175] die hervorragendsten. Der eine ist der überragendere auf dem Gebiet der Kunst und in allem, was zum Stil gehört; man mag ihn ohne Bedenken in den Rang der alten Redner erheben. Der andere ist leidenschaftlicher, aber er übertreibt seine Sorgfalt in der Wahl der Worte und hat bisweilen zu lange Perioden und zu gewagte Metaphern. 119. Es gab auch große Talente vor nicht so langer Zeit. Zum Beispiel war Trachalus[176] im allgemeinen erhaben und von hinreichender Klarheit, man merkte, daß er sich hohe Ziele steckte, aber wenn man ihn hörte, wurde dies noch deutlicher als beim Lesen. Denn mit seiner Stimme, die einen so herrlichen Klang besaß, wie ich es noch bei keinem sonst gehört habe, und mit seinem Vortrag hätte er den An-

[174] Servius Sulpicius Rufus, Jugendfreund Ciceros, bedeutender Rechtsgelehrter, klagte seinen Mitbewerber ums Konsulat, Lucius Murena, an, der von Cicero verteidigt wurde (Rede *Pro Murena [Für Murena]*). – Cassius Severus, 44 v. Chr. – 32 n. Chr., Redner und Pamphletist, von Augustus verbannt; vgl. Tacitus *Annalen* I 72, IV 21. Er habe als erster die Rhetorik der neuen Zeit angepaßt, heißt es bei Tacitus *Dialogus de oratoribus* 19 von ihm.

[175] Domitius Afer, aus Gallien, Konsul 39 n. Chr., Lehrer Quintilians; als Ankläger *(delator)* in Majestätsprozessen kam er zu großem Vermögen und Einfluß, vgl. XII 5, 15, Tacitus *Dialogus* 14, 4; 15, 3. – Julius Africanus, 1. Jahrhundert n. Chr., aus Gallien.

[176] Marcus Galerius Trachalus, Konsul 68 n. Chr., Ratgeber Kaiser Othos; vgl. XII 5, 5.

sprüchen der Bühne genügt. Dazu kam sein stattliches Aussehen, kurz, er besaß alle äußeren Vorzüge in überreichem Maße. Vibius Crispus[177] wiederum war gelassen und angenehm und der geborene Unterhalter, er war besser in Privat- als in Strafsachen. 120. Wäre Julius Secundus ein längeres Leben zuteil geworden, so hätte er bei der Nachwelt den glänzendsten Namen als Redner gehabt. Er hätte seinen übrigen Vorzügen das Fehlende noch hinzugefügt, und damit hatte er schon begonnen, nämlich einen größeren Kampfgeist zu zeigen und seine Aufmerksamkeit öfter einmal von der Form auf den Inhalt zu lenken. 121. Im übrigen aber nimmt er trotz seines frühen Todes einen hohen Rang ein: So gewandt war er im Reden, so gewinnend verlieh er seinem Wollen Ausdruck, so klar, sanft und schön klang seine Rede, so natürlich wirkten seine Worte, selbst beim Gebrauch von Metaphern, und so treffend waren seine in der Hitze des Gefechtes geprägten Wendungen.

122. Wer nach uns über die Redner schreibt, wird reichen Stoff zur Verfügung haben, um die zu preisen, die nun auf dem Höhepunkt ihres Wirkens sind. Es gibt nämlich heute eine große Fülle von Begabungen, die dem Forum Glanz verleihen. Unsere Gerichtsredner, die es zur Vollendung gebracht haben, können es mit den Alten aufnehmen, und junge Leute, die sich die höchsten Ziele gesteckt haben, nehmen sie sich mit Eifer zum Vorbild und versuchen, in ihre Fußstapfen zu treten.

123. Nun bleiben noch die philosophischen Schriftsteller übrig, eine Gattung, in der Rom äußerst wenige hervorgebracht hat, die dazu auch noch beredt waren. Wieder tritt, wie überall, Cicero hervor, sogar auf diesem Gebiet kann er mit Platon in Wettstreit treten. Ganz hervorragend und weitaus besser als in seinen Reden wird Brutus[178] den gewichtigen Themen dieses Faches gerecht; man merkt, daß er das auch fühlt, was er sagt. 124. Nicht gerade wenig hat auch Cornelius Celsus[179] geschrieben, ein Anhänger der Sextii,

[177] Quintus Vibius Crispus, als *delator* (vgl. Anm. 175) unter Nero tätig, starb 90 n. Chr.; vgl. Juvenal *Satiren* 4, 81 ff. – Julius Secundus, einer der angesehensten Redner unter Kaiser Vespasian, Gesprächsteilnehmer in Tacitus' *Dialogus de oratoribus.*

[178] Der Caesarmörder, Anhänger der akademischen und stoischen Philosophie. Eine Schrift von ihm über die Tugend *(De virtute)* wird bei Cicero *Brutus* 3, 11 erwähnt; vgl. auch Tacitus *Dialogus de oratoribus* 21.

[179] Vgl. Anm. 82. – Vater und Sohn Sextius waren Zeitgenossen des Augustus und Vertreter einer pythagoreisch-stoischen Philosophenschule in Rom. – Zu Plautus vgl. Anm. 69. – Catius, ein Zeitgenosse Ciceros, schrieb ein Werk über Naturphilosophie.

nicht ohne Glätte und Eleganz. Bei den Stoikern ist Plautus nützlich für die Kenntnis der Materie. Bei den Epikureern gibt es Catius, nicht gewichtig, aber auch nicht ohne Reiz.

125. Mit Absicht habe ich die Behandlung Senecas[180] in den verschiedenen Literaturgattungen noch aufgeschoben, und zwar wegen der allgemein verbreiteten, aber falschen Meinung über mich, ich würde ihn verdammen und hätte sogar einen Haß auf ihn. In diesen Ruf kam ich, als ich mich darum bemühte, die Schüler der Rhetorik von einem verschrobenen, durch Fehler aller Art gleichsam brüchig gewordenen Stil wieder zu strengeren Maßstäben zurückzuführen. Damals aber war Seneca geradezu die einzige Lektüre aller jungen Leute. 126. Mein Bestreben ging nun nicht darauf hin, ihn ganz und gar zu verbannen, ich wollte nur nicht zulassen, daß man ihn den besseren Autoren vorzog, Autoren, die er nicht müde wurde herabzusetzen. Er war sich nämlich bewußt, daß sein eigener Stil sehr verschieden war von dem dieser Schriftsteller, und er befürchtete, denen nicht zu gefallen, denen diese gefielen. Liebhaber fand er aber mehr als Nachahmer, und diese blieben ebenso hinter ihm zurück wie er hinter den Alten. 127. Ich hätte im übrigen nur gewünscht, daß sie diesem Manne gleich oder doch wenigstens ähnlich geworden wären. Aber man fand nur Gefallen an ihm wegen seiner Fehler, und jeder stürzte sich auf diese und suchte sie nach Kräften nachzuahmen, und damit brachte er Seneca in Verruf, indem er sich rühmte, in derselben Manier zu sprechen. 128. Im übrigen besitzt Seneca viele große Vorzüge: Gewandtheit und Gedankenreichtum, sehr viel Fleiß, umfassende Kenntnisse, obwohl er dabei manchem Irrtum aufgesessen ist durch Leute, die er mit der Erforschung eines bestimmten Gegenstandes beauftragt hatte. Er hat ja sozusagen jedes wissenschaftliche Gebiet behandelt. 129. Denn es sind von ihm Reden, Dichtungen, Briefe und wissenschaftliche Abhandlungen im Umlauf. In der Philosophie ist er zu wenig gründlich gewesen, aber hervorragend ist er, wenn er das Laster anprangert. Seine Werke enthalten eine Vielzahl treffender Aussprüche, vieles ist auch lesenswert wegen seines moralischen Gehalts, aber sein Stil ist größten-

[180] Lucius Annaeus Seneca, 2–65 n. Chr., Sohn des Rhetors Seneca, Onkel des Lucan, aus Corduba (Spanien), Erzieher und Regent Neros, fiel später in Ungnade und wurde von Nero zum Selbstmord gezwungen. Bedeutend als Tragiker (Einfluß auf Shakespeare), Tragödien u. a.: *Medea, Phaedra, Octavia* (römischer Stoff), wie auch als populärphilosophischer Schriftsteller der stoischen Schule. Philosophische Schriften u. a.: *De brevitate vitae (Von der Kürze des Lebens), De beata vita (Vom glücklichen Leben), De ira (Vom Zorn), Briefe an Lucilius.*

teils schlecht und in höchstem Maße gefährlich, weil er so überreich ist an Fehlern, die die Augen blenden. 130. Man könnte wünschen, er hätte sich beim Schreiben von seinem eigenen Talent, aber vom kritischen Urteil anderer leiten lassen[181]. Denn hätte er nur einiges verachtet, nicht gar zu wenig begehrt, hätte er all das Seine nicht zu sehr geliebt, seine gewichtigen Themen nicht in möglichst knappe Sentenzen zerstückelt, dann wäre ihm eher die einmütige Anerkennung der Gebildeten anstatt der Enthusiasmus von Knaben zuteil geworden. 131. Aber er muß auch so von Erwachsenen, von Leuten, die aufgrund strengerer Maßstäbe genügend gefestigt sind, gelesen werden, und zwar so, daß sie ihre kritische Unterscheidungsgabe üben, was Fehler und Vorzüge angeht. Es gibt ja, wie ich gesagt habe, vieles bei ihm, was wir billigen, vieles sogar, was wir bewundern müssen, wir haben nur eine sorgfältige Auswahl zu treffen, und es wäre zu wünschen gewesen, daß er das selbst auch getan hätte. Seine Natur wäre nämlich höherer Ziele wert gewesen; die, die er sich gesteckt hatte, hat er erreicht.

2, 1. Von diesen und anderen Autoren, die der Lektüre wert sind, müssen wir unsern Wortschatz beziehen sowie den abwechslungsreichen Gebrauch der Figuren und die Art des Aufbaus, dann muß sich unsere eigene Begabung nach dem Vorbild all dieser Meisterleistungen entwickeln.

[181] *Velles eum suo ingenio dixisse, alieno iudicio:* Hier faßt Quintilian seine Auffassung über kritischen Intellekt und Genie in der Weise des Seneca in einer Sentenz zusammen. Auch im folgenden Satz ahmt er den pointierten Stil Senecas nach und weist ironisch darauf hin, daß dieser sich in seiner Redeweise nicht an seine philosophischen Grundsätze gehalten habe, zum Beispiel daß der Weise alles verachten solle, bzw. er habe sie übertrieben: Der Weise solle nichts begehren und mit dem Seinigen zufrieden sein. – Dabei darf nicht übersehen werden, daß Seneca genau wie Quintilian den verdorbenen Stil seiner Tage als ein Zeichen sittlichen Verfalls und als ein Grundübel der Zeit anprangert (vgl. *Epistolae* 114 mit Quintilian XII 10, 73–76). Auch er hält die sittliche Vollkommenheit für das höchste und einzige Ziel (vgl. zum Beispiel *Epistolae* 88, 38, wo der *vir bonus,* der Gute, dem *homo litteratus,* dem Vielwisser, vorangestellt wird, mit Quintilian I 2,3).

BUCH XII

Einleitung

1. Ich bin nun zu dem bei weitem schwierigsten Teil meines Vorhabens gekommen. Hätte ich allerdings gleich beim ersten Entwurf des Werkes überschauen können, daß diese Aufgabe mir eine so schwere Last auferlegt, wie ich sie jetzt drückend verspüre, hätte ich mir wohl beizeiten überlegt, ob meine Kräfte auch dafür ausreichen. Doch am Anfang hielt mich eine Scheu davor zurück, das versprochene Werk aufzugeben, dann aber wollte ich, obwohl meine Mühe von Stufe zu Stufe wuchs, nicht, daß all das umsonst gewesen sei, was schon geschafft war, und dieser Gedanke hielt mich durch alle Schwierigkeiten hindurch aufrecht. 2. So habe ich nun, mag auch die Last noch mehr drücken als je zuvor, mir vorgenommen, da ich das Ende schon vor Augen habe, lieber einige Mängel in Kauf zu nehmen als zu verzweifeln. Was mich getäuscht hatte, war auch, daß wir ganz klein angefangen haben. Bald sind wir gleichsam mit frischem Wind ein wenig weiter hinausgefahren; solange wir aber Bekanntes lehrten, was auch die meisten Fachschriftsteller behandelt haben, schienen wir nicht weit vom Gestade entfernt zu sein und viele in unserer Nähe zu haben, die sich sozusagen denselben Winden anzuvertrauen wagten. 3. Als wir aber die zuletzt entwickelte Art der Beredsamkeit, an der sich nur äußerst wenige versucht hatten, in Angriff nahmen, da fand sich nur selten einer, der sich so weit vom Hafen entfernt hatte. Seitdem gar unser Redner, den wir auszubilden versucht haben, aus der Obhut seiner Lehrer entlassen seinem eigenen Impuls folgt oder sich reichere Hilfsmittel aus dem tiefen Born der Weisheit zu gewinnen sucht, da haben wir erst gemerkt, wie weit es uns schon aufs hohe Meer hinausgetragen hatte. Nun war »nur Meer um uns und über uns Himmel«[182]. Einen nur scheinen wir auf der weiten einsamen Fläche wahrzunehmen, Cicero, und selbst dieser, der doch mit einem so wohlausgerüsteten Schiff auf dieses Meer hinausgefahren ist, zieht die Segel ein, hält die Ruder an und glaubt, mit der Abhandlung des Stils allein, dessen sich der vollkommene Redner bedienen wird, genug gesagt zu haben.

[182] Vergil *Aeneis* III 193.

Aber ich will in meiner Kühnheit sogar versuchen, den Charakter des Redners zu formen, und werde ihm seine Pflichten anweisen. Dabei haben wir keinen, in dessen Fußstapfen wir treten können, und wir müssen weiter fortschreiten, wie es die Sache erfordert. Doch kann ein auf ein ehrenhaftes Ziel gerichtetes Bestreben der Billigung sicher sein, und es ist ein geringeres Risiko dabei, wenn man etwas in Angriff nimmt, wofür man leichter auf Nachsicht rechnen kann.

1. Kapitel

Der Redner muß ein ehrenhafter Mann sein

1. Unser Redner, den wir fordern, soll also der Mann sein, der von Cato[183] so definiert wird: *vir bonus dicendi peritus*, ein ehrenhafter Mann, der im Reden erfahren ist. Vor allem muß er die Eigenschaft besitzen, die Cato an die erste Stelle setzt und die dem Wesen der Sache nach die wichtigere und die größere ist, er muß auf jeden Fall ein ehrenhafter Mann sein. Der erste, aber nicht der einzige Grund: Wenn die Beredsamkeit mit ihrer Macht dem Verbrechen Waffen liehe, dann gäbe es für das private und öffentliche Leben nichts Verhängnisvolleres als sie. Auch würden wir uns übel verdient machen um das menschliche Zusammenleben, haben wir doch nach Kräften versucht, etwas beizutragen zur Fähigkeit im Reden, und wir würden diese Waffen dann einem Räuber zur Verfügung stellen und nicht einem Soldaten[184]. 2. Doch warum spreche ich von mir?

[183] Vgl. Anm. 74. – Die Definition des Redners durch Cato berührt sich mit der Auffassung der Stoa und des Aristoteles, ist aber in ihrer apodiktischen Form rein römisch (vgl. Cicero *De oratore* II 85). Hier ist auch noch an einen weiteren Ausspruch Catos zu erinnern *Rem tene, verba sequentur* – halte dich nur an die Sache, die Worte werden schon folgen. – Die Rednerdefinition auch aufgenommen von Seneca Rhetor (d. Ä.) *Controversiae* I Prooemium 9; Plinius *Briefe* IV 7.

[184] Quintilian erinnert mit einer der bei Cicero üblichen Klauseln (rhythmischen Satzschlüssen) an dessen Äußerung aus *De oratore* III 55: »Je größer diese Geschicklichkeit ist, desto mehr muß sie mit Rechtschaffenheit und höchster Einsicht verbunden werden. Denn wollten wir Menschen, die diese Tugenden nicht besitzen, die Beredsamkeit lehren, dann würden wir sie nicht zu Rednern machen, sondern Rasenden Waffen in die Hand geben.« Die Stelle ist vorgeprägt bei Platon *Gorgias* 456 d (vgl. auch Cicero *De inventione* I 1) und wirkt noch weiter bei Johannes von Salisbury, *Metalogicon* I 1.

Die Natur selbst hätte sich ja bei ihrem besonderen Geschenk an das Menschengeschlecht, durch das sie uns über alle anderen Geschöpfe erhoben hat, nicht als Mutter, sondern als Stiefmutter gezeigt, wenn sie die Fähigkeit des Redens ersonnen hätte als Helfershelferin des Verbrechens, als Gegnerin der Unschuld, als Feindin der Wahrheit. Als stumme Geschöpfe auf die Welt zu kommen, die jeder Vernunft entbehren, wäre für die Menschen dann besser gewesen, als die Gaben der Vorsehung zur gegenseitigen Vernichtung zu verwenden. 3. Doch gehe ich in meiner Überzeugung noch weiter. Ich sage nämlich nicht nur, daß der Redner auch ein ehrenhafter Mann sein muß, sondern daß einer gar kein Redner sein kann, wenn er kein anständiger Mensch ist. Denn man kann doch wahrhaftig Leuten keine Intelligenz zusprechen, die, wenn sie die Wahl zwischen dem Weg der Tugend und dem des Lasters haben, lieber dem schlechten Weg folgen, noch kann man ihnen Einsicht zubilligen, wenn sie sich durch den unvorhergesehenen Ausgang ihrer Taten selbst oft die schwersten Strafen der Gesetze, immer aber die eines schlechten Gewissens zuziehen. 4. Wenn die Auffassung, ein schlechter Mensch könne nur ein Dummkopf sein, nicht nur von den Philosophen vertreten wurde[185], sondern allzeit auch die Überzeugung jedes Menschen war, so wird gewiß kein Dummer jemals ein Redner werden. Man bedenke auch, daß der Geist keine Muße finden kann, nicht einmal für diese edelste aller Beschäftigungen, wenn er nicht von allen Lastern frei ist: Erstens können Tugend und Laster nicht gemeinsam in demselben Herzen wohnen, und es ist für ein und denselben Geist ebenso unmöglich, gleichzeitig das Beste wie das Schlechteste zu ersinnen, wie es für einen und denselben Menschen unmöglich ist, zugleich gut und schlecht zu sein. 5. Und zweitens muß der Geist, der sich mit einer Materie von solchem Umfang befaßt, von allen anderen ablenkenden Gedanken frei sein, selbst von solchen ohne Schuldcharakter. Denn nur so wird der Geist, frei und ungeteilt, ohne daß er durch irgend etwas zerstreut oder in eine andere Richtung gelenkt wird, seine Aufmerksamkeit ganz allein auf das richten, was seine Aufgabe ist.

6. Wenn dagegen übermäßige Sorge um Landbesitz, überängst-

[185] Hier liegt der philosophische Grundsatz vor, daß die Tugend auf Einsicht beruht, das schlechte Handeln auf Unwissenheit (vgl. die sokratische Maxime: Das Gute wissen heißt das Gute tun). Wenn die Argumentation im folgenden nicht ausreichend erscheint, so ist zu bedenken, daß hier die allgemein bekannte sokratische Beweisführung vorauszusetzen ist (vor allem aus Platons *Gorgias*, vgl. II 15), die das Ergebnis hinlänglich gesichert hatte.

liche Gewissenhaftigkeit in Vermögensangelegenheiten, eine Passion für die Jagd und ganze Tage, die den Spielen geopfert werden, unseren Studien so viel Zeit rauben – jede Stunde, die wir einer anderen Beschäftigung widmen, geht ja der Beredsamkeit verloren–, was, glauben wir, wird dann erst das Ergebnis von Leidenschaft, Habgier und Neid sein, die so hemmungslose Vorstellungen in uns wecken, daß sie sogar unseren Schlaf und unsere Träume stören? 7. Nichts ist ja so sehr in Anspruch genommen, so unbeständig, von so vielen verschiedenartigen Leidenschaften zerspalten und hin und her gerissen wie der Sinn eines Bösen. Denn wenn er sich dunkle Pläne ausdenkt, wird er von Hoffnung, Mühe und Sorgen gequält, und selbst wenn ihm sein Verbrechen geglückt ist, plagen ihn Angst, Reue und die Furcht vor allen möglichen Strafen[186]. Wo gibt es hierbei einen Platz für die Wissenschaften oder irgendeine edle geistige Beschäftigung? Wahrhaftig nicht mehr als für Früchte auf einem Boden voller Dornen und Disteln.

8. Außerdem – ist nicht eine gewisse Bedürfnislosigkeit vonnöten, um die Strapazen unserer Studien zu ertragen? Was kann man sich von Begierde oder Schwelgerei erhoffen? Ist ferner nicht das Streben nach Ruhm eine der stärksten Triebfedern für die intensive Hinwendung zu den Wissenschaften? Glauben wir aber etwa, daß schlechten Menschen etwas am Ruhm liegt? Wer sieht schließlich nicht, daß es die Rede größtenteils mit der Behandlung des Rechten und Billigen und des Guten zu tun hat? Wird ein schlechter und ungerechter Mensch darüber sprechen können, wie es die Würde dieser Themen verlangt? 9. Schließlich wollen wir einmal den gewichtigsten Teil dieses Problems beiseite lassen und das Zugeständnis machen, es solle, was ja in Wirklichkeit überhaupt nicht sein kann, zwei Männer geben, die einander gleich sind an Talent, Lerneifer und Kenntnissen, einer der schlechteste und der andere der beste Mensch: Wer wird der bessere Redner sein? Natürlich der, der auch der bessere Mensch ist. Also können niemals der schlechte Mensch und der vollkommene Redner die gleiche Person sein. 10. Denn nichts kann vollkommen sein, wenn es noch etwas anderes gibt, was besser ist. Doch um nicht den Anschein zu erwecken, ich würde mir nach Art der Sokratiker selbst die Antworten auf meine Fragen ausdenken, will ich annehmen, es gäbe einen Menschen, der so verstockt ist gegenüber der Wahrheit, daß er die Behauptung

[186] Hier wird auf das philosophische Ideal der Ataraxie verwiesen: Nur der kann glücklich sein, der frei ist von allen heftigen Gemütsbewegungen.

wagt, ein schlechter Mensch mit demselben Talent, demselben Fleiß und denselben Kenntnissen werde ein um nichts schlechterer Redner sein als ein guter Mensch: Laßt mich auch diesen seines Unverstandes überführen. 11. Es gibt sicherlich keinen Zweifel daran, daß die Rede in ihrer Gesamtheit darauf abzielt, dem Richter die vorgetragenen Argumente als wahrheitsgetreu und ehrenhaft erscheinen zu lassen. Wer von beiden wird ihn aber leichter überzeugen – der Gute oder der Schlechte? Der Gute wird doch öfter das sagen, was wahr und ehrenhaft ist. 12. Doch selbst gesetzt den Fall, seine Pflicht führt ihn einmal dazu – was durchaus geschehen kann, wie ich gleich zeigen werde –, daß er versucht, diese Aussagen mit falschen Argumenten zu stützen, dann werden ihm seine Zuhörer zwangsläufig mehr Glauben schenken. Schlechte Menschen dagegen werden in ihrer Verachtung eines guten Rufs und ihrer Unkenntnis des Rechten bisweilen die Maske des Biedermanns verlieren. Dann werden sie bei ihrer Darlegung des Falles übers Ziel hinausschießen und bei der Bekräftigung ihrer Argumente jedes Anstandsgefühl vermissen lassen. 13. Weiter zeigen sie bei Dingen, die sich doch nicht erreichen lassen, ungehörige Rechthaberei und erfolgloses Bemühen. Wie im Leben, so stellen sie nämlich auch vor Gericht unbillige Ansprüche. Außerdem geschieht es häufig, daß ihnen, selbst wenn sie die Wahrheit sagen, niemand Glauben schenkt, und ein solcher Mann erscheint als Anwalt vor Gericht selbst als Beweis einer schlechten Sache.

14. Nun muß ich zu den Einwürfen Stellung nehmen, die man mir wie aufgrund einer umfassenden Verschwörung macht: War Demosthenes also kein Redner? Und doch haben wir gehört, er sei ein schlechter Mensch gewesen. War Cicero kein Redner? Und doch gibt es viele, die seinen Charakter tadeln. Was soll ich darauf antworten? Meine Entgegnung muß zwangsläufig große Entrüstung erregen, ich muß zuerst versuchen, mein Publikum zu besänftigen. 15. Mir scheint nämlich Demosthenes keineswegs einen so herben Tadel seines Charakters zu verdienen, daß ich all das glaube, was seine Feinde gegen ihn zusammengetragen haben, zumal wenn ich lese, wie tapfer er als Politiker für sein Vaterland eingetreten ist und was er für ein rühmliches Ende gefunden hat[187]. 16. Was Cicero angeht, so kann ich nicht finden, daß er irgendwann in seinem Leben die Gesinnung eines vorbildlichen Bürgers vermissen ließ. Zum Beweis soll dienen die ruhmreiche Führung seines Konsulats, die

[187] Vgl. Plutarch *Demosthenes* 29; 30.

beispielhafte Integrität bei der Verwaltung seiner Provinz, die Ablehnung der Mitgliedschaft im Zwanzigmännerkollegium[188]. Während der Bürgerkriege, die in seiner Lebenszeit besonders schlimm wüteten, hat ihn weder Hoffnung noch Furcht jemals davon abgehalten, sich der besseren Sache, das heißt dem Gemeinwohl, zur Verfügung zu stellen. 17. Einigen scheint er nicht genügend tapfer gewesen zu sein. Diesen hat er selbst die beste Antwort gegeben: Er empfinde Furcht nicht, wenn es gelte, Gefahren auf sich zu nehmen, sondern nur, wenn er sie voraussehe. Das hat er mit seinem Tod bewiesen, den er in vorbildlicher Haltung auf sich genommen hat[189]. 18. Und selbst wenn diesen Männern die Tugend in ihrer letzten Vollendung gefehlt hat, so will ich denen, die fragen, ob sie also Redner gewesen seien, in der Art der Stoiker antworten, die auf die Frage, ob Zenon, Kleanthes oder Chrysipp[190] selbst Weise wären, entgegneten, jene seien große Männer und verehrungswürdig, aber sie hätten die höchste Vollendung der menschlichen Natur noch nicht erreicht. 19. So wollte sich auch Pythagoras nicht wie seine Vorgänger einen Weisen nennen lassen, sondern einen, der nach Weisheit strebte[191]. Was mich betrifft, so habe ich dem allgemeinen Sprachgebrauch gemäß immer gesagt und sage es auch weiterhin, daß Cicero der vollkommene Redner ist, und zwar meine ich es so, wie wir allgemein unsere Freunde gute und sehr kluge Menschen nennen, obwohl diese Bezeichnung ja eigentlich nur dem wahrhaft Weisen zukommt. Aber um es ganz geradeheraus und streng nach der Wahrheit zu sagen, so bin ich noch auf der Suche nach dem vollkommenen Redner, den auch jener gesucht hat[192]. 20. Ich gebe nämlich zu, daß Cicero auf dem höchsten Gipfel der Redekunst steht,

[188] Von Caesar 59 v. Chr. beantragte Landverteilungskommission, durch die er sich Einfluß und seinen Anhängern Schlüsselpositionen verschaffen wollte. Cicero widersetzte sich Caesars Machtstreben und beraubte sich dadurch seines Schutzes, als er 58 verbannt wurde (vgl. Cicero *De lege agraria [Über das Landverteilungsgesetz]* sowie II 16, 7 und Anm. 95).

[189] D. h. er hätte ihm entgehen können, wenn er sein Vaterland verlassen und nach Griechenland geflohen wäre.

[190] Die ersten Leiter der stoischen Schule: Zenon, ihr Begründer, um 334–263 v. Chr., Kleanthes von Assos, um 331–232 v. Chr., sein Nachfolger, und Chrysipp von Soloi, um 281–208 v. Chr., Vollender der stoischen Lehre, hervorragender Dialektiker; vgl. auch I 1,4; 10,32. – Für die Stoiker besaß nur Gott die wahre Vollkommenheit, der Begriff des *sapiens*, des Weisen, war ein Ideal. Der Philosoph war der προκόπτων, einer, der Fortschritte macht auf seinem Weg. Vgl. die Entkräftung ähnlicher Vorwürfe bei Seneca *De beata vita* 17 ff.

[191] D. h. Philosoph; vgl. Cicero *Tusculanae disputationes* V 9.

[192] Vgl. Cicero *De oratore* III 84, *Orator* 7.

und finde so gut wie nichts, was man bei ihm noch hinzufügen könnte, aber vielleicht würde ich noch etwas entdecken, was er selbst noch beschnitten hätte, wie ich glaube – das allgemeine Urteil der Fachkenner geht ja ungefähr dahin, es fänden sich die meisten Vorzüge und nur wenige Fehler bei ihm, und er selbst bestätigt, er habe viel von seinem jugendlichen Überschwang abgelegt. Nun hat er sich selbst, obwohl er doch wahrhaftig keine geringe Meinung von sich hatte, doch niemals den Namen eines Weisen zugelegt und hätte sicher noch besser sprechen können, wenn ihm ein längeres Leben und gesichertere Zeitumstände für sein Schaffen zuteil geworden wären. So ist es keine Gehässigkeit von mir, wenn ich sage, daß ihm die letzte Vollendung gefehlt hat, der aber keiner näher gekommen ist als er. 21. Und wenn ich eine andere Meinung hätte, könnte ich sie mit noch größerem Nachdruck und Freimut vertreten[193]. Hat doch auch Marcus Antonius erklärt, er habe noch keinen wirklich beredten Mann gesehen, was doch noch weniger ist als ein Redner, und selbst Cicero suchte ihn immer noch und machte sich nur ein Bild von ihm als einem Ideal. Warum sollte ich es da nicht wagen zu behaupten, daß man irgendwann einmal in ferner Zukunft etwas noch Vollendeteres finden wird als das, was wir jetzt haben? 22. Ich will diejenigen übergehen, die Cicero und Demosthenes nicht einmal in der Beredsamkeit die Palme reichen, erschien doch dem Cicero selbst Demosthenes nicht vollkommen genug, von dem er behauptete, er sei bisweilen eingenickt, und Cicero war es nicht für Brutus und Calvus[194], die seinen Stil sogar in seinem Beisein tadelten, und auch nicht für Asinius Pollio, den Vater wie den Sohn, die die Fehler seines Stils an zahlreichen Stellen ihrer Bücher in geradezu feindseliger Weise attackieren.

23. Laßt uns immerhin auch das Zugeständnis machen, das die Natur am allerwenigsten gelten läßt, und sagen, daß sich ein schlechter Mann gefunden hat, der höchst beredt ist: Ich werde dennoch leugnen, daß er ein Redner ist. Denn ich würde auch nicht allen, die sich zum Dreinschlagen rasch bei der Hand gezeigt haben, die Bezeichnung tapfer beilegen, da wahre Tapferkeit ohne die Tugend nicht denkbar ist[195]. 24. Muß nicht der, den man zur Verteidigung vor Gericht zu Hilfe ruft, eine Zuverlässigkeit besitzen,

[193] Quintilians Kritik an Ciceros Stil verträgt sich nicht mit seiner Verehrung für ihn. – Marcus Antonius: in *De oratore* I 94.

[194] Vgl. Anm. 178 und 173. – Asinius Pollio der Vater vgl. Anm. 170. Der Sohn hatte ein Buch verfaßt, in dem er die Redekunst seines Vaters und die Ciceros verglich.

die sich durch Begierde nicht bestechen, durch Beziehungen nicht beeinflussen, durch Furcht nicht schrecken läßt – ein Verräter, ein Überläufer, ein Anwalt, der es mit der Gegenpartei hält, sollen wir die des ehrwürdigen Namens Redner für wert halten? Und wenn sich diese Eigenschaft, die wir gemeinhin Rechtschaffenheit nennen, sogar bei durchschnittlichen Anwälten findet, warum sollte dann unser Redner – der, den es noch nicht gab, der aber durchaus einmal existieren kann – nicht im Charakter ebenso wie im Reden vollkommen sein? 25. Wir wollen ja keinen Handwerker des Forums ausbilden, auch keine käufliche Stimme und keinen, um härtere Ausdrücke zu vermeiden, für Rechtshändel ganz brauchbaren Anwalt von der Sorte, die man gemeinhin mit einem Wort *causidicus* (einer, der recht und schlecht für Geld plädiert) nennt, sondern einen Mann, der außer einem hervorragenden Talent auch noch eine umfassende Kenntnis aller schönen Künste besitzt, einen Mann endlich, der uns zum Wohl der Menschheit geschenkt ist, wie ihn die Vergangenheit noch nicht gesehen hat, in jeder Hinsicht einzigartig und vollkommen, dem die beste Gesinnung und die beste Rede eigen ist. 26. Wieviel von seiner Zeit wird ein solcher Mann darauf verwenden, Unschuldige zu verteidigen, das Verbrechertum in Schranken zu halten oder bei Vermögensstreitigkeiten der Wahrheit gegen die Lüge beizustehen? Zweifellos wird unser Redner sich in diesen Angelegenheiten als Meister zeigen, dennoch wird sein Stern in einem größeren Wirkungskreis noch heller strahlen, wenn er den Senat bei seinen Beratungen leitet und das Volk vom Irrtum auf den rechten Weg bringt. 27. Scheint nicht Vergil einen solchen Mann vor Augen zu haben, wenn er ihn darstellt, wie er im Volk einen Streit schlichtet, bei dem schon Fackeln und Steine geschleudert werden:

Doch da erscheint ein Mann von Verstand und gewichtigem Ansehn,
Und nun schweigt es zumal und steht mit horchendem Ohre?[196]

Hier haben wir also jemanden, der in erster Linie ein ehrenwerter Mann ist, erst danach fügt der Dichter hinzu, daß dieser sich aufs Reden versteht:

[195] Ausführlich definiert bei Platon *Laches* 192 b; vgl. auch Cicero *De officiis* I 62. Für Quintilian ist die Rhetorik eine *virtus*, eine Tugend, ein Schlechter aber kann an der Tugend keinen Anteil haben, also auch nicht an der Beredsamkeit.

[196] Vergil *Aeneis* I 151 ff.

Während sein Wort sie lenkt und die Geister und Herzen beruhigt.

28. Weiter – wird nicht auch derselbe Mann, den wir darstellen, im Krieg, wenn es gilt, die Soldaten zur Schlacht anzufeuern, die Lehren der Philosophie ausschöpfen für seine Rede? Denn wie kann man Männern, die unmittelbar vor der Schlacht stehen, all die mannigfachen Ängste vor der Mühsal des Kämpfens, vor dem Schmerz und endlich dem Tode selbst anders nehmen, als daß man an deren Stelle die Liebe zum Vaterland, die Tapferkeit und das leibhafte Bild des Guten treten läßt. 29. Und diese Gefühle kann ganz sicher der Mann am besten erwecken, der sie zuvor in sich selbst erweckt hat[197]. Die Verstellung wird sich nämlich verraten, wenn man auch noch so sehr auf der Hut ist; eine so große Beredsamkeit kann gar kein Mensch haben, daß er nicht ins Stottern kommt und steckenbleibt, sooft seine Worte von seiner wahren Gesinnung abweichen. Ein schlechter Mensch muß aber notwendigerweise anders sprechen, als er denkt. 30. Die Guten werden jedoch niemals um ehrenhafte Worte verlegen sein und auch niemals um Themen, die das Gute zum Inhalt haben, sie sind ja zugleich auch weise. Und wenn es diesem Mann auch einmal an verführerischem Reiz seiner Rede fehlen sollte, so wird ihm doch seine Natur Schmuck genug verleihen, und was ehrenhaft gesagt ist, ist immer auch beredt.

31. Daher sollen die jungen Leute, ja wir alle, gleich welchen Alters – es ist ja nie zu spät, einem guten Vorsatz zu folgen – mit ganzem Herzen danach streben und unsere Anstrengungen darauf richten; vielleicht glückt es uns auch einmal, die Vollkommenheit zu erreichen. Wenn uns nämlich die Natur keine Schranken setzt, ehrenhaft und beredt zu sein, warum sollte nicht irgend jemand, und sei es nur einer, beides erreichen können? Und warum sollte nicht ein jeder von uns hoffen, selbst dieser Jemand zu sein? 32. Wenn aber hierzu die Kraft unserer Begabung nicht ausreichen sollte, so werden wir doch entsprechend unseren Fortschritten in beiden Beziehungen besser werden. Das wollen wir aber auf jeden Fall aus unseren Gedanken fernhalten, daß das höchste Gut, die Beredsamkeit, eine Verbindung mit dem Laster eingehen könnte. Die

[197] Hier liegen Gedanken der griechischen Philosophie zugrunde: Die von Aristoteles bekannte Verbindung von Logos und Ethos, vom gesprochenen Wort, das den Charakter enthüllt, was zu dem Anspruch führt, die Lehre eines Menschen müsse sich in seinem Lebenswandel widerspiegeln (vgl. Seneca *Epistolae* 75,7), außerdem die Lehre vom Überspringen der Affekte *(sympatheia)*; vgl. Cicero *De oratore* II 189 ff.

Fähigkeit zu reden ist, wenn sie unter schlechte Menschen gerät, selbst als etwas Schlechtes anzusehen, schlechter macht sie dann die, denen sie zuteil wird.

33. Es ist mir so, als hörte ich einige – es gibt ja immer welche, die es vorziehen, beredt statt gut zu sein – zu mir sagen: »Warum dann die vielen Kunstregeln bei der Beredsamkeit? Warum hast du so viel über die bestimmte Färbung der Rede, über die verschiedenen Methoden der Verteidigung bei schwierigen Fällen, ja sogar über ein Schuldgeständnis gesprochen, wenn es nicht so ist, daß bisweilen eine kraftvolle rednerische Fähigkeit sogar über die Wahrheit selbst triumphiert? Ein guter Mann wird doch nur die gute Sache vertreten, und diese wird von der Wahrheit allein genug geschützt, auch ohne gelehrte Regeln.« 34. Mit meiner Antwort werde ich in erster Linie mein eigenes Werk verteidigen, doch will ich auch meine Kritiker zufriedenstellen in der Frage, wie es mit der Pflicht eines ehrenhaften Mannes steht, wenn ihn die Umstände einmal dazu geführt haben, Schuldige zu verteidigen. Die Frage zu behandeln, was wir bei der Verteidigung von Unwahrheit oder gar Unrecht einmal zu sagen hätten, das ist nicht ohne Nutzen, und sei es nur, um dieses leichter aufzudecken und zu widerlegen, gerade wie man Heilmittel besser anwenden kann, wenn man weiß, was dem Körper schaden kann. 35. So sprechen auch die Anhänger der akademischen Schule zwar für und wider eine Sache[198], sie leben aber doch nur einer Auffassung gemäß, und der berühmte Karneades, der in Rom im Beisein des Censors Cato nicht weniger kraftvoll gegen die Gerechtigkeit gesprochen haben soll, als er am Tag zuvor für sie gesprochen hatte, dieser Karneades ist kein ungerechter Mann gewesen. Ja, auch das Wesen der Tugend enthüllt sich, wenn man ihr die Schlechtigkeit gegenüberstellt, die Gerechtigkeit ist noch klarer zu erkennen aus der Betrachtung des Ungerechten, und noch sehr viele andere Dinge lassen sich aus ihrem Gegenteil beweisen. Die Gedankengänge seiner Gegner sollten dem Redner also ebenso vertraut sein wie einem Feldherrn die Pläne der Feinde. 36. Und auch das, was auf den ersten Blick schwer einzusehen ist, können die Umstände einmal

[198] Die Akademiker, d. h. die Vertreter der sog. mittleren Akademie (platonische Schule), hielten ein absolutes Wissen für unerreichbar und suchten als Erkenntnisziel das Wahrscheinliche *(verisimile)*, das sie durch eine Pro- und Contra-Diskussion jedes Gegenstandes *(in utramque partem disserere)* erreichten. Karneades, ein Hauptvertreter der akademischen Schule, kam 155 v. Chr. mit der sog. Philosophengesandtschaft nach Rom (vgl. Anm. 10 und Cicero *De re publica* III 9 ff.).

mit sich bringen, ich meine, daß ein ehrenhafter Mann bei einer Verteidigung auch einmal dem Richter die Wahrheit verheimlicht. Wenn sich einer meiner Leser wundert, daß ich solch eine These vorbringe – obwohl ich nicht ihr Erfinder bin, sondern Männer, die das Altertum als die größten Lehrer der Weisheit ansah[199] –, so soll er bedenken, daß es eine Vielzahl von Fällen gibt, die nicht durch die Tatsachen, sondern durch ihre Beweggründe ehrenhaft oder unehrenhaft werden. 37. Denn wenn es oftmals eine gute Tat ist, einen Menschen umzubringen, wenn es bisweilen ruhmvoll sein kann, die eigenen Kinder zu töten, und wenn es gestattet ist, um des Gemeinwohls willen Dinge zu tun, die noch schrecklicher in Worten wiederzugeben sind als diese, so dürfen wir nicht nur ausschließlich darauf sehen, was für eine Sache der ehrenhafte Mann vertritt, sondern auch, warum und mit welcher Gesinnung.

38. Zuerst nun müssen mir alle das zugestehen, was selbst die strengsten Vertreter der stoischen Lehre einräumen, daß nämlich auch der gute Mann einmal eine Lüge vorbringen wird, und er wird dies zuweilen aus geringfügigen Anlässen tun, so wie wir bei kranken Kindern zu ihrem eigenen Besten allerlei erfinden und ihnen Versprechungen machen, die wir nicht einzuhalten gedenken. 39. Um wieviel eher, wenn es darum geht, einen Räuber von der Ermordung eines Menschen abzubringen oder einen Feind zu täuschen, um das Vaterland zu retten. So ist eine Handlungsweise, die sonst sogar bei Sklaven Tadel verdient, ein anderes Mal sogar bei einem Weisen zu loben. Gibt man dies zu, so sehe ich, daß es eine ganze Reihe von Möglichkeiten gibt, die einen Redner mit Recht veranlassen könnten, Fälle zu übernehmen, die er ohne das Vorhandensein eines ehrenhaften Beweggrundes abgelehnt hätte. 40. Ich will damit nicht sagen – wir sollten uns ja von strengeren Maßstäben leiten lassen –, daß dies gelten soll, wenn unser Vater, Bruder oder Freund vor Gericht steht, obwohl uns das nicht wenig Kopfzerbrechen machen wird, wenn wir hier das Bild der Gerechtigkeit vor Augen haben und dort das der Freundes- und Verwandtenpflicht. Wir wollen aber jeden Zweifel ausräumen. Gesetzt den Fall, jemand hat an einer Verschwörung gegen einen Tyrannen teilge-

[199] Vgl. Cicero *De officiis* II 51, wo der Stoiker Panaitios als Vertreter dieser These bezeichnet wird (vgl. auch Aristoteles *Rhetorik* 1355 a). Die in § 37 genannten Taten: der Tyrannenmord überhaupt und Anspielung auf Ciceros Rede für Milo; Tötung der Kinder im Interesse des Staates wird von Lucius Junius Brutus, Konsul 509 v. Chr., berichtet (Vergil *Aeneis* VI 820 f.) sowie von Manlius Torquatus (Livius 8,7).

nommen und wird deshalb angeklagt. Wen von beiden wird unser Redner lieber am Leben sehen? Und wenn er die Verteidigung übernimmt, wird er sie nicht mit unwahren Argumenten führen, gerade wie der Anwalt, der eine schlechte Sache vor Gericht vertritt? 41. Wenn ein Richter im Begriff steht, Taten zu verurteilen, die zu Recht geschehen sind, falls wir nicht darlegen, daß sie nicht geschehen sind – wird der Redner nicht mit diesen Mitteln einen Bürger retten, der nicht nur unschuldig, sondern sogar aller Ehren würdig ist? Gesetzt den Fall, wir stellen fest, daß Taten zwar für sich genommen gerecht, unter den bestehenden Verhältnissen aber für den Staat nicht von Nutzen sind. Werden wir dann nicht rhetorische Mittel anwenden, die ihrem Beweggrund nach zwar gut, den Künsten der Schlechten aber doch ähnlich sind? 42. Weiter wird doch niemand einen Zweifel daran haben, daß, falls man Schuldige auf irgendeine Weise bessern kann – eine Möglichkeit, die durchaus zugestanden werden muß –, es mehr im Interesse des Staates ist, sie zu erhalten als sie zu bestrafen. Wenn es einem Redner klar ist, daß jemand zwar im Sinne der Anklage schuldig ist, er aber ein anständiger Mensch werden wird, wird er da nicht darauf hinarbeiten, daß er freigesprochen wird? 43. Man stelle sich nun vor, ein tüchtiger Feldherr, einer, ohne dessen Hilfe der Staat den Feind nicht besiegen kann, steht unter der Anklage eines klar bewiesenen Verbrechens: Wird nicht das öffentliche Interesse den Redner zu seiner Verteidigung aufrufen? Bekanntlich hat Fabricius seine Stimme geltend gemacht, daß Cornelius Rufinus Konsul wurde, obwohl dieser im übrigen ein schlechter Bürger und sein persönlicher Feind war, allein aus dem Grunde, weil er ihn als brauchbaren Feldherrn kannte und ein Krieg drohte. Als sich einige darüber wunderten, antwortete er ihnen, er wolle lieber von einem Mitbürger ausgeplündert als von einem Feind in die Sklaverei verkauft werden[200]. Hätte er also nicht, wenn er ein Redner gewesen wäre, eben diesen Rufinus sogar bei klar erwiesener Unterschlagung öffentlicher Gelder verteidigt? 44. Es ließen sich noch viele ähnliche Beispiele anführen, doch mag dieses eine genügen. Ich vertrete ja nicht die Ansicht, daß unser Redner oft in dieser Weise handeln muß, ich will nur zeigen, daß, wenn ihn auch die Umstände einmal dazu zwingen, die Definition dennoch in Kraft bleibt: »Der Redner ist ein ehrenhafter Mann, der des Redens kundig ist.«

[200] Vgl. Cicero *De oratore* II 268. – Gaius Fabricius Luscinius, 279 v. Chr. Konsul, berühmt wegen seines Edelmutes und seiner Unbestechlichkeit im Kriege gegen König Pyrrhos.

45. Es ist auch notwendig, zu lehren wie zu lernen, auf welche Weise man bei schwierigen Fällen mit der Beweisführung verfährt. Häufig besitzen ja ehrenwerte Fälle eine Ähnlichkeit mit unehrenhaften, und einem unschuldigen Angeklagten kann eine Menge von scheinbar der Wahrheit entsprechenden Beschuldigungen schwer zusetzen; folglich müssen bei seiner Verteidigung dieselben Mittel eingesetzt werden, als ob er schuldig wäre. Schließlich gibt es bei guten und schlechten Fällen zahllose übereinstimmende Punkte: Zeugenaussagen, schriftliche Beweise, Verdächtigungen, Meinungen. Dies wird nicht anders bekräftigt oder widerlegt, ob es nun wirklich oder nur scheinbar wahr ist. Daher wird der Redner seine Rede den Umständen anpassen, jedoch wird sein Ethos immer erhalten bleiben.

2. Kapitel

Der Redner muß die Mittel zur Charakterbildung kennen

1. Der Redner ist also ein ehrenhafter Mann, und dieser ist ohne die sittliche Vollkommenheit nicht denkbar. Diese Vollkommenheit aber muß, wenn sie auch manche Impulse aus der Natur nimmt, durch Unterweisung vervollkommnet werden. Charakterbildung hat der Redner also in erster Linie bei seinen Studien zu betreiben. Er muß sich mit dem ganzen Gebiet des Ehrenhaften und Gerechten eingehend beschäftigen, ohne das niemand weder ein ehrenhafter Mensch noch ein Redekundiger werden kann. 2. Oder wir müßten uns denen anschließen, die die Ansicht vertreten, die moralische Haltung sei von Natur aus festgelegt und könne durch Unterweisung nicht gefördert werden. Ja, sie gehen so weit zu behaupten, alle Handwerkertätigkeiten, sogar die geringsten unter ihnen, bedürften der Unterweisung, die Tugend aber, das Geschenk, durch das der Mensch den Göttern am nächsten kommt, falle uns in den Schoß, ohne Anstrengung, einfach nur, weil wir das Licht der Welt erblickt haben! Kann ein Mensch enthaltsam leben, der nicht weiß, was Enthaltsamkeit überhaupt ist? 3. Kann einer tapfer sein, der seine Seele nicht gereinigt hat von der Furcht vor Schmerz, vor dem Tod und vor abergläubischem Wahn? Oder kann einer gerecht sein, der das Gebiet des Rechten und des Guten sowie die Gesetze, die allen Menschen von Natur gegeben sind, und auch die, die einzelne Völker und Stämme sich gegeben haben, niemals in einer wissenschaft-

lichen Form behandelt hat? Welch eine geringe Meinung haben diese Leute von solchen Dingen, wenn sie ihnen so leicht erscheinen! 4. Doch ich will das übergehen, was für niemand zweifelhaft sein kann, der nur, wie man so sagt, einmal in wissenschaftliches Studium hineingerochen hat.

Ich will mich zu meiner nächsten These wenden, nämlich daß niemand auch nur ein guter Redner werden kann, der nicht das gesamte Wirken der Natur gründlich studiert und seinen Charakter durch die Lehren der Philosophie und die Gesetze der Logik geformt hat[201]. 5. Nicht ohne Grund behauptet ja Lucius Crassus im dritten Buch von *De oratore*[202] mit Nachdruck, daß alles, was Recht und Billigkeit, Gerechtigkeit, Wahrheit, das Gute und deren Gegenteil betrifft, die Domäne des Redners bildet und die Philosophen, wenn sie diese Tugenden mit der Macht des Wortes verteidigen, sich der Waffen der Rhetorik bedienen und nicht ihrer eigenen. Er gibt aber auch zu, daß man diese Kenntnisse von der Philosophie entlehnen müsse, offenbar weil sie deren ursprüngliches Eigentum gewesen sind. 6. Von hierher ist es auch zu verstehen, daß Cicero so oft in seinen Werken und Briefen bezeugt, die Beredsamkeit entspringe aus dem Born der Weisheit, und so hätten auch eine Zeitlang dieselben Männer Ethik und Rhetorik unterrichtet. Daher geht auch mein Aufruf nicht dahin, daß ich mir als Redner einen Philosophen wünsche; es gibt ja keine andere Lebensform, die sich mehr dem öffentlichen Leben und allen Pflichten des Redners entzieht. 7. Welcher Philosoph hat sich häufig als Anwalt betätigt oder hat als Redner in der Volksversammlung Ruhm gewonnen? Wer hat aktiv Anteil genommen an der Leitung des Staates – das bildet doch das Hauptthema bei den meisten! Aber ich will, daß der Redner, den ich ausbilde, sozusagen ein römischer Weiser sein soll, der sich nicht in der Abgeschiedenheit theoretischer Diskussionen, sondern in der Erprobung der Wirklichkeit und im Handeln als der wahrhaft politisch tätige Mann erweist[203]. 8. Doch da die philosophischen Studien von denen, die sich der Beredsamkeit zuwandten, im Stich gelassen wurden und sich die Philosophie nicht mehr auf dem Gebiet der Praxis, d. h. auf dem Forum im Lichte der Öffentlichkeit, be-

[201] Die drei Gebiete der antiken Philosophie: Physik, Ethik, Dialektik.

[202] *De oratore* III 74 ff., 105 ff., 123 ff.

[203] Vgl. I Einleitung 10. – Der Römer als Mann der Praxis: Vgl. auch § 29 und Anm. 212 sowie Cicero *De oratore* III 108; 123. *Vere civilis vir*, der wahrhaft politisch tätige Mann, ist eine Umschreibung des platonischen Begriffs πολιτικός (der in rechter Weise politisch aktive Bürger, der Staatsmann). Vgl. I 10, 15.

wegt, sich vielmehr zunächst in die Säulenhallen und Gymnasien und dann in die Hörsäle der Schulen zurückgezogen hat, müssen wir das Rüstzeug für den Redner, weil es nicht mehr von den Redelehrern vermittelt wird, nun freilich von denen nehmen, in deren Besitz es verblieben ist. Die Autoren müssen gelesen werden, die ihre Lehren über die Tugend niedergelegt haben, damit das Leben des Redners an die Kenntnis der göttlichen und menschlichen Dinge gebunden ist. 9. Um wieviel größer und herrlicher erschienen diese, wenn sie von Männern gelehrt würden, die sie auch rednerisch am besten ausdrücken könnten! Möge doch die Zeit kommen, da der vollkommene Redner, den wir uns wünschen, diese Wissenschaft – sie ist durch die Anmaßung und die Laster einiger weniger, die ihre Güter veruntreut haben, in schlechten Ruf gekommen[204] – als sein Eigentum beansprucht und sie, wie im Falle von gestohlenem und wiedergewonnenem Gut, wieder dem System der Rhetorik zuführt!

10. Die Philosophie teilt sich bekanntlich in drei Teile, Naturphilosophie, Ethik und Dialektik, und ich frage: In welchem dieser Teile steht sie nicht mit der Aufgabe des Redners in Verbindung? Wir wollen einmal die Reihenfolge umkehren: Was den letzten Teil angeht, der sich ganz auf sprachliche Ausdrucksweisen stützt, so kann niemand an meiner Ansicht zweifeln. Denn die eigentümliche Bedeutung eines jeden Wortes zu kennen, Unklarheiten zu beseitigen, Unverständliches zu enträtseln, Wahres von Falschem zu unterscheiden, einen Beweis zu erbringen oder ein Argument als nichtig zu erweisen, das ist alles Sache der Redner. 11. Zwar muß man es vor Gericht nicht so bis ins einzelne zerlegt und in knappste Form gefaßt vorbringen wie bei einer philosophischen Disputation, da der Redner seine Zuhörer nicht nur belehren, sondern vor allem auch mitreißen und unterhalten soll, wozu er auch Angriffsgeist, Kraft und stilistische Eleganz benötigt, geradeso wie ein Fluß auch eine stärkere Strömung hat, wenn er zwischen hohen Ufern mit mächtigem Strudel dahinfließt, als wenn das Gewässer seicht ist und sein Lauf von Steinen gehemmt wird. 12. So machen es auch die Trainer in der Sportschule: Sie lehren ihre Schüler das, was sie Wendungen und Gänge nennen, auch nicht deswegen, damit die Schüler die erlernten Übungen nun bei den Wettkämpfen auch alle anwenden – denn Gewicht, Stärke und Atem machen noch mehr aus –, sondern damit ihnen eine Reserve zur Verfügung steht, aus der sie den einen oder anderen Kunstgriff anwenden können, wie

[204] Vgl. I Einleitung 15.

es die Situation erfordert. 13. So ist es auch mit der Kenntnis der Dialektik, oder wenn wir sie lieber Diskussionskunst nennen wollen[205]. Sie ist oft von Nutzen bei Definitionen, Zusammenfassungen, Differenzierungen, bei der Klärung von Mehrdeutigkeiten, beim Unterscheiden und Klassifizieren, beim Reizen oder Verwirren des Gegners. Doch wenn sie die Gerichtsrede in ihrem ganzen Verlauf an sich reißen will, dann wird sie wirksameren Künsten im Wege stehen und wird ihre Kräfte, die für ihre feinen Unterscheidungen zersplittert sind, eben durch diese Feinheit zunichte machen. 14. Daher finden sich manche Anwälte, die bei Wortstreiten wunder wie schlau sind, die aber, wenn sie das Feld jener Spitzfindigkeiten verlassen, in einem schwerwiegenderen Fall nicht mehr ausrichten als kleine Tiere, die auf engem Raum sehr beweglich sind, auf offenem Feld aber leicht gefangen werden können.

15. Wir kommen nun zur Moralphilosophie, die Ethik genannt wird und die in jedem Fall dem Redner ganz und gar angemessen ist. Wir haben es mit einer solchen Fülle der verschiedenartigsten Prozesse zu tun, wie wir es in den vorausgegangenen Büchern dargelegt haben: Im einen suchen wir etwas durch Mutmaßung herauszubekommen, im andern ziehen wir unsere Schlüsse mittels Definition, bei wieder einem anderen wird der Prozeß auf der Basis der Gesetzesauslegung niedergeschlagen oder an einen anderen Gerichtshof überwiesen, andere Fälle werden auf dem Weg des Syllogismus entschieden oder beziehen sich auf einander widersprechende Gesetze beziehungsweise führen zu verschiedenen Beurteilungen infolge einer Doppeldeutigkeit im Gesetzestext[206]. Dabei gibt es kaum einen Fall, der nicht in irgendeinem Punkt die Behandlung des Rechten und Guten erforderte. Und wer wüßte nicht, daß es viele Fälle gibt, die ganz und gar und ausschließlich nach ihrer Beschaffenheit abgehandelt werden müssen[207]?

[205] *Dialectica – disputatrix;* vgl. *oratoria – oratrix* II 14, 1 ff.

[206] Die in den rhetorischen Handbüchern verschieden formulierten *status* oder *constitutiones* (juristischen Betrachtungsweisen) eines Falles: 1. *status coniecturalis – an sit?* Mutmaßung: Ist die Tat geschehen? 2. *status definitivus – quid sit?* Definition des Tatbestandes: Was ist es für eine Tat? (zum Beispiel Mord oder Notwehr?). 3. *status qualitatis: quale sit?* Wie ist die Tat zu bewerten? (Etwa zu Recht oder Unrecht, gezwungen oder freiwillig geschehen?). 4. *status translativus:* Frage nach dem zuständigen Gerichtshof oder Fragen bezüglich eines Widerstreits zwischen Wortlaut und Absicht eines Gesetzes. Vgl. auch Cicero *De inventione* I 10 ff. und die *Rhetorik an Herennius* I 18 ff.

[207] Status Nr. 3.

16. Und in der Gattung der Beratungsreden – wie könnten wir einen Rat geben, ohne die Frage nach dem Ehrenhaften aufzuwerfen? Ja, selbst das dritte Gebiet der Rhetorik, das die Aufgaben von Lob und Tadel umfaßt, beruht doch wohl auf der Behandlung dessen, was richtig und was falsch ist. 17. Und über Gerechtigkeit, Tapferkeit, Enthaltsamkeit, Selbstbeherrschung und die rechte Gesinnung den Göttern und Menschen gegenüber – wird da der Redner nicht das meiste sagen können? Aber unser ehrenhafter Mann, der diese Begriffe nicht nur als bloße Worte, ihm vom Hörensagen bekannt, im Munde führt, sondern die Tugend in ihrem Wesen und in ihren Ausprägungen in sein Inneres aufgenommen hat und auch ihr gemäß denkt und fühlt, dieser Mann wird auch in seinem Denken nicht in Schwierigkeiten geraten, sondern frei heraussagen, was er weiß. 18. Alle allgemeinen Fragen sind von größerer Bedeutung als die speziellen, denn der Teil ist ja im Ganzen enthalten, er repräsentiert aber seinerseits nicht unbedingt wieder das Ganze. Daher gibt es keinen Zweifel, daß die allgemeinen Fragen in unseren Fällen besonders häufig zu behandeln sind. 19. Schließlich gibt es dabei viele Punkte, die in Form einer passenden und kurzgefaßten Schlußfolgerung zu definieren sind – deshalb wird diese juristische Betrachtungsweise auch die definierende genannt. Ist es daher nicht notwendig für den Redner, daß er sich auch von denen Unterweisungen erteilen läßt, die sich in besonderem Maße diesem Gebiet gewidmet haben? Weiter – beruht nicht jeder juristische Fall entweder auf der genauen Bedeutung der Worte, auf der Frage, ob etwas zu Recht oder zu Unrecht geschah, oder auf einer Vermutung bezüglich der Absicht eines Gesetzestextes? Ein Teil davon gehört zur Dialektik, ein Teil zur Ethik. 20. Also enthält die Rede von Natur aus eine Beimischung aller dieser Elemente, wenn sie in Wahrheit eine Rede ist. Denn bloße Geschwätzigkeit, die nichts von dieser Wissenschaft weiß, muß zwangsläufig in die Irre gehen, weil sie entweder keine oder falsche Führer hat.

Die Naturphilosophie ist im Hinblick auf die Übung im Reden viel fruchtbarer als die übrigen Gebiete der Philosophie; es bedarf ja auch einer größeren Inspiration, über göttliche als über menschliche Dinge zu sprechen. Außerdem schließt sie auch den gesamten Bereich der Ethik ein, von dem wir zuvor gesagt haben, daß ohne ihn eine Rede nicht möglich ist. 21. Denn wenn das Weltall von der Vorsehung gelenkt wird, so muß der Staat sicherlich von tüchtigen Männern geleitet werden; wenn unser Geist göttlichen Ursprungs ist, müssen wir nach der Tugend streben und dürfen nicht zu Sklaven der Begierden unseres irdischen Körpers werden. Wird der Redner dieses Thema nicht häufig behandeln? Schließlich gibt es Fragen in bezug auf Vorzeichen, Orakelsprüche und alle anderen religiösen Themen, über die oft wichtige Debatten im Senat stattfinden. Wird unser Redner sie nicht zu behandeln haben, wenn er, wie es uns vorschwebt, zugleich auch der künftige Staatsmann ist? Wie kann man endlich glauben, daß ein Mann im Besitze der Beredsamkeit ist, der das höchste Gut nicht kennt? 22. Wenn uns dies auf dem Wege logischer Überlegung nicht einleuchtet, müssen wir doch den Beispielen aus der Geschichte glauben. Perikles besaß eine kraftvolle und nahezu unglaubliche Beredsamkeit. Wir besitzen zwar keine schriftlichen Zeugnisse darüber, aber die Geschichtsschreiber wie auch die Dichter der alten Komödie, dieses Völkchen mit einem besonders losen Mundwerk, haben es bezeugt. Und er ist, das steht fest, ein Schüler des Naturphilosophen Anaxagoras gewesen[208]. Und Demosthenes, der größte aller griechischen Redner, soll bei Platon studiert haben. 23. Cicero hat selbst häufig bezeugt, daß er den Schulen der Rhetoren nicht so viel verdanke wie den Wandelhallen der Akademie; niemals hätte er auch ein so fruchtbares Talent entwickelt, wenn er seinem Geist die Schranken des Forums und nicht die Endpunkte des Weltalls als Grenze angewiesen hätte.

Dies führt mich zur Behandlung einer anderen Frage, nämlich welche philosophische Schule der Beredsamkeit den meisten Nutzen bringt, obgleich da nicht viele sind, die um die Palme streiten können. 24. Denn Epikur[209] schickt uns zunächst schon selbst fort; er weist ja seine Anhänger an, vor jeder Art von wissenschaftlicher Betätigung auf dem schnellsten Schiff Reißaus zu nehmen. Auch

[208] Vgl. Platon *Phaidros* 269 e, 270 a, Cicero *De oratore* III 138, *Brutus* 44. Anaxagoras aus Klazomenai, 499–427 v. Chr., führte die Naturphilosophie in Athen ein. Sein oberstes Prinzip war der νοῦς, der den Kosmos durchwaltende Geist. Er wurde wegen Asebie (Mißachtung der Staatsreligion) angeklagt und verbannt. – Zu Demosthenes als Schüler Platons vgl. XII 10, 24, Cicero *De oratore* I 89, Tacitus *Dialogus de oratoribus* 32. – Ciceros Zeugnis über die Akademie: *Orator* 12.

[209] Gründer der Schule der Epikureer, 341–270 v. Chr., aus Samos. Er vertrat die Auffassung, daß der Weise zurückgezogen leben müsse (λάθε βιώσας) und das Freisein von Schmerz und Furcht ein Wohlgefühl bereite, das als das höchste Gut anzusehen sei. – Aristipp von Kyrene, um 425–355 v. Chr., Sokratesschüler, stellt die Lust in den Mittelpunkt seiner Güterlehre. – Pyrrhon von Elis, um 360–270 v. Chr., Gründer der skeptischen Schule, die die Ungestörtheit des Gemüts (Ataraxie) erstrebte und sich jeder Entscheidung enthielt, da alles unbestimmt sei.

Aristipp, der in der Lust des Körpers das höchste Gut sieht, ermuntert uns nicht gerade zu unsern mühseligen Studien. Und was kann Pyrrhon zu unserm Werk beitragen? Er wird sich ja nicht einmal darüber im klaren sein, ob überhaupt Richter existieren, an die er sich wendet, oder ein Angeklagter, für den er spricht, oder ein Senat, wo er seine Meinung abzugeben hat. 25. Die Akademie halten manche für die brauchbarste Schule, da es dort üblich ist, für und wider eine Sache zu diskutieren, was der Gerichtspraxis am meisten entgegenkommt. Zum Beweis führt man auch noch an, daß diese Schule Männer hervorgebracht hat, die wegen ihrer Beredsamkeit berühmt sind. Die Peripatetiker[210] rühmen sich sogar, eine Art Studium der Beredsamkeit zu haben; denn zur Übung allgemeine Fragen abzuhandeln ist ein Brauch, der von ihnen stammt. Die Stoiker müssen zwar zugeben, daß ihren Lehrern gewöhnlich Fülle und Glanz der Rede gefehlt hat. Sie bestehen jedoch darauf, daß niemand scharfsinniger in der Beweisführung oder subtiler in der Schlußfolgerung ist. 26. Aber das gilt nur für ihren engeren Kreis; als ob sie einen Eid geschworen hätten oder sich in den Fesseln eines Aberglaubens befänden, halten sie es für ein Verbrechen, von einer einmal gewonnenen Überzeugung abzuweichen.

Für einen Redner besteht keinerlei Notwendigkeit, auf irgendein philosophisches System zu schwören. 27. Denn größer und herrlicher ist das Werk, das er sich zum Ziel gesetzt hat und um das er sich bemüht wie ein Bewerber um ein Staatsamt. Es geht ihm ja darum, im Leben wie in der Beredsamkeit den Ruhm der Vollkommenheit zu erringen. Folglich wird er sich als Muster für seine Redekunst jeweils die größten Meister nehmen, um ihrem Vorbild zu folgen, zur Bildung seines Charakters aber wird er die ehrenhaftesten Lehren und den geraden Weg zur sittlichen Vollkommenheit wählen. Von jeder Möglichkeit, sich zu üben, wird er Gebrauch machen, doch den Übungen, die den höchsten und von Natur aus edelsten Zielen dienen, wird er sich vorzüglich widmen. 28. Läßt sich denn ein Thema finden, das zu einer würdigen und reichen Form der

[210] Die Schule des Aristoteles, um 335 v. Chr. in Athen gegründet, entstanden durch Abspaltung von der Akademie Platons, legte besonderen Wert auf die Wissenschaften. Der Peripatos forderte die Eingliederung der Affekte in die menschliche Seele und unterschied sich damit von der Stoa, die ihre Bekämpfung und Ausrottung forderte, da nur so die Tugend, die allein zur Glückseligkeit ausreiche, unangefochten ihren höchsten Platz im menschlichen Geist behaupten könne. Zu den Gründern der Stoa vgl. Anm. 190. – Eine Diskussion über die Philosophenschulen und ihr Verhältnis zur Rhetorik auch bei Cicero *De oratore* III 59 ff.

Beredsamkeit mehr beiträgt als die Behandlung der Tugend, des Staates, der Vorsehung, des Ursprungs der Seele und der Freundschaft? Das sind Themen, bei denen sich gleichermaßen der Geist wie die Rede erhebt: Was sind die wahren Güter, wodurch läßt sich die Furcht bannen, die Begierde in Schranken halten, wie können wir uns über die Vorurteile der Masse erheben und unsere aus himmlischen Gefilden stammende Seele wieder in Verbindung bringen mit den Gestirnen, die ihr wesensverwandt sind[211]?

29. Es wird sich aber empfehlen, nicht nur diese Lehren der Philosophie studiert zu haben, es wird vielmehr noch wichtiger sein, auch die berühmten Aussprüche und Taten, die uns aus alter Zeit überliefert sind, zu kennen und allzeit zu beherzigen. Diese finden sich in der Tat nirgendwo in größerer Anzahl oder in bedeutenderer Form als in den Zeugnissen aus der Vergangenheit unseres Staates. 30. Tapferkeit, Gerechtigkeit, Treue, Selbstbeherrschung, Anspruchslosigkeit, Verachtung des Schmerzes und des Todes – wer könnte das besser lehren als ein Fabricius, Curius, Regulus, Decius, Mucius[212] und unzählige andere? Wenn die Griechen in moralischen Vorschriften den Vorrang haben, so die Römer – was viel wichtiger ist – in Vorbildern für ein rechtes Leben.

31. Mit der bloßen Kenntnis dieser Dinge wird sich ein Mann nicht zufriedengeben, der glaubt, daß es nicht ausreicht, sein Augenmerk auf sein Zeitalter und seine eigene Lebenszeit zu richten, der vielmehr die ganze Tradition der Vergangenheit als Raum für ein

[211] Der Text ist hier korrupt, ebenso der Anfang von § 31; vgl. Austins Ausgabe S. 88.

[212] Die Hinwendung zur Praxis am Ende des Kapitels ist typisch römisch. Die Sentenz über die verschiedene Begabung der Griechen und Römer als Theoretiker und Praktiker ist ein Topos der römischen Literatur (vgl. auch XII 10, 36 ff. und Cicero *De oratore* III 137, *De amicitia [Von der Freundschaft]* 10) und kulminiert in Vergils berühmter Stelle *Aeneis* VI 847 ff. *(Tu regere imperio . . .)*. – Zu Fabricius vgl. Anm. 200; Marcus Curius Dentatus, Konsul 290, 275, 274 v. Chr., siegte über König Pyrrhos und die Samniten, Vorbild für militärische Tüchtigkeit und Anspruchslosigkeit. Marcus Atilius Regulus, Konsul 267 v. Chr., geriet im 1. Punischen Krieg in Gefangenschaft und wurde 250 als Unterhändler nach Rom geschickt, wo er aber von der Annahme der karthagischen Friedensbedingungen abriet und, den Martertod vor Augen, wieder ins Feindeslager zurückkehrte. Publius Decius Mus Vater und Sohn, Konsuln 340 bzw. 312 v. Chr., kämpften gegen die Samniten und weihten sich freiwillig dem Tod *(devotio)*, um das Heer und den Sieg zu retten (vgl. Livius 8, 6 ff.). – C. Mucius Scaevola versuchte Rom durch die Ermordung des Etruskerkönigs Porsenna von der Belagerung zu befreien. Als die Tat mißglückte und er gefaßt wurde, spottete er der angedrohten Folter, indem er seine rechte Hand ins Feuer hielt (*Scaevola:* Linkshand).

ehrenvolles Leben und als Ruhmesbahn ansieht. Aus diesen Gründen möchte ich, daß der Redner aus den Quellen der Gerechtigkeit schöpft; den hieraus gewonnenen Sinn für Freiheit soll er vor Gericht und im Senat unter Beweis stellen. Keiner wird jemals der vollkommene Redner werden, dem für eine ehrenhafte Rede die Kenntnisse und der Mut fehlen.

3. Kapitel

Die Notwendigkeit juristischer Kenntnisse für den Redner

1. Auch das bürgerliche Recht sowie die Gebräuche und religiösen Vorschriften des Staates, in dem er lebt, muß der Redner kennen. Denn wie kann er fähig sein, einen Rat zu geben in öffentlichen oder privaten Angelegenheiten, wenn er von so vielen Dingen, die die Grundlage eines Staatswesens bilden, keine Ahnung hat? Wie wird er sich zu Recht einen Gerichtspatron nennen können, wenn er sich das Allerwichtigste bei einem Prozeß von jemand anderem holen muß – ungefähr wie die, die Werke der Dichter vortragen? 2. Er wird ja gewissermaßen fremde Aufträge ausführen und sich auf die Autorität anderer stützen bei dem, wofür er vom Richter Glauben fordert, und er, der der Helfer der Angeklagten sein soll, wird selbst der Hilfe bedürfen. Dieses Verfahren hat manchmal geringere Nachteile, wenn man das Fragliche zu Hause im voraus überdenken und zusammenstellen und wie die übrigen Punkte des Falles studieren kann und dann das fertige Ergebnis vor den Richter bringt. Aber was wird in den Fällen geschehen, in denen der Redner sich plötzlich vor Fragen gestellt sieht, wie sie häufig erst im Verlauf des Prozesses auftauchen? Soll er sich da beschämt umschauen und die Hilfsadvokaten in den Bänken hinter ihm um Rat fragen? 3. Und kann er genügend sorgfältig darauf achten, was man ihm sagt, wenn er es eben in dem Moment hört, wo er es schon in seiner Rede bringen muß, kann er es mit genügendem Nachdruck bekräftigen oder so natürlich darlegen, als ob es sein geistiges Eigentum wäre? Mag sein, daß er es in seinem Plädoyer kann, aber wie wird es dann im Streitgespräch mit der Gegenpartei sein, wo er sich laufend neuen Argumenten gegenübersieht und ihm keine Zeit zur Information bleibt? Was wird er tun, wenn sein Rechtskundiger

zufällig einmal nicht da ist? Oder wenn dieser sich in einer bestimmten Frage nicht genug auskennt und ihm eine falsche Information liefert? Das ist ja das schlimmste Übel bei solch einer Unwissenheit, daß der Betreffende sich immer darauf verläßt, sein Ratgeber wisse schon Bescheid. 4. Es ist keineswegs so, daß ich mich in unseren herrschenden Gebräuchen nicht auskennte oder die vergessen hätte, die bei uns sozusagen im Waffenlager sitzen und den Kämpfern die Geschosse zureichen. Ich weiß auch sehr wohl, daß die Griechen es genauso machen, daher haben diese Leute auch den Namen *pragmatici* (die, welche die juristischen Fakten liefern). Doch ich spreche von einem Redner, der in seinen Prozessen nicht nur seine Stimme, sondern alles, was von Nutzen sein kann, einzusetzen hat.

5. Ich will auch nicht, daß er hilflos ist, wenn er vor seinem eigentlichen Auftritt einmal zu juristischen Formalitäten zugezogen wird, noch soll er unerfahren sein in der schriftlichen Abfassung von Zeugenaussagen. Denn wer soll eher die Punkte vorbereiten, die er beim Plädoyer bringen will, als er selbst? Oder würde man einen für einen geeigneten Feldherrn halten, der zwar in der Schlacht tüchtig und tapfer ist und ein Meister in allem, was das Kämpfen angeht, der aber keine Truppen ausheben, sie nicht auf einen Punkt zusammenziehen und ausrüsten kann, der den Nachschub nicht sichern und keinen Platz für ein Lager auswählen kann? Der Krieg muß nämlich zuerst vorbereitet, dann erst geführt werden. 6. Ganz ähnlich wäre es mit einem Anwalt, der den größeren Teil dessen, was für den Sieg erforderlich ist, anderen überläßt, zumal dieses Haupterfordernis gar nicht so schwierig ist, wie es Außenstehenden vielleicht erscheinen mag[213]. Denn das Recht, soweit es feststeht, beruht gänzlich auf Gesetzestexten oder auf der Gewohnheit. Zweifelhafte Fälle sind nach dem Gesetz von Recht und Billigkeit zu behandeln. 7. Was schriftlich niedergelegt ist oder auf staatlichen Brauch zurückgeht, bringt keine Schwierigkeit mit sich, denn es erfordert Kenntnis und kein Nachdenken. Die Auslegungen der Rechtsgelehrten aber beziehen sich entweder auf die Interpretation des Wortlauts oder auf die Unterscheidung zwischen recht und unrecht. Die Bedeutung eines jeden Wortes zu verstehen ist aber entweder allen klugen Menschen gemeinsam oder das besondere Eigentum des Redners; was aber Recht und Billigkeit angeht, so wird dies dem Besten jeweils auch am besten bekannt sein. 8. Ich halte

[213] Vgl. Cicero *De oratore* I 167 ff.; 183.

den Redner in erster Linie für einen ehrenhaften und vernünftigen Mann, der sich einer Aufgabe verschrieben hat, die von Natur aus auf das Beste zielt, und daher wird er nicht ernstlich beunruhigt sein, wenn irgendein Rechtsgelehrter eine von der seinen abweichende Ansicht vertritt, denn man gesteht es diesen ja auch zu, daß sie untereinander an verschiedenen Meinungen festhalten. Aber selbst wenn er über die Ansicht jedes einzelnen Bescheid wissen will, bedarf es nur der Lektüre, und sie ist von allen Arten des Studierens die, welche am wenigsten Mühe kostet. 9. Wenn sich viele, die an ihrem Erfolg als Redner verzweifelt sind, an das Studium dieser Kommentare gemacht haben, wie leicht muß es dann für einen Redner sein, das zu wissen, was die sich aneignen, die nach eigener Aussage nicht zum Redner taugen? Marcus Cato war in der Tat ein hervorragender Redner und ein profunder Rechtskenner, während man Scaevola und Servius Sulpicius auch eine reiche Beredsamkeit zugesteht[214]. 10. Und Cicero wurde bei seinen Plädoyers von seiner Rechtskenntnis niemals im Stich gelassen, ja er hatte sogar ein Werk über dieses Gebiet in Angriff genommen. Daran sieht man, daß ein Redner nicht nur Zeit hat, um das Recht zu studieren, sondern sogar, um es zu lehren.

11. Es soll aber niemand glauben, er müsse meinen Rat, den ich zur Formung des Charakters in Verbindung mit dem Studium des Rechts gegeben habe, aus folgendem Grunde tadeln: Wir kennen ja viele, die der Mühe, die das Streben nach der Redekunst notwendigerweise mit sich bringt, überdrüssig geworden sind. Sie haben sich zu diesem Studium geflüchtet wie in einen Schlupfwinkel ihrer Faulheit. Einige von ihnen haben sich die Edikte der Prätoren und das bürgerliche Recht ausgesucht und wollten lieber Formelspezialisten oder, wie Cicero sagt[215], Gesetzeskrämer sein, und dabei geben sie vor, eine Sparte erwählt zu haben, die mehr Nutzen bringt, während sie doch nur etwas Leichteres haben wollten. 12. Andere vertreten einen noch höheren Anspruch in ihrer Faulheit: Sie setzen alsbald ein ernsthaftes Gesicht auf, lassen sich einen Bart wachsen, und als verachteten sie das Studium der Rhetorik, setzen sie sich eine Weile in die Hörsäle der Philosophen. Anschließend zeigen sie in der Öffentlichkeit eine gestrenge Miene, daheim frönen

[214] D. h. neben ihrer Rechtskenntnis. – Zu Cato vgl. Livius 39, 40, 6. – Quintus Mucius Scaevola Pontifex, Konsul 95 v. Chr., der erste römische Rechtswissenschaftler, Amtsgenosse des Redners Crassus; vgl. Cicero *Brutus* 145; 163; 194 ff. – Zu Servius Sulpicius vgl. X 1, 116 und Anm. 174.

[215] *De oratore* I 236.

sie ihren Lastern, und indem sie alle anderen verächtlich machen, suchen sie sich selbst Geltung zu verschaffen. Philosophie kann man nämlich heucheln, Rhetorik nicht.

4. Kapitel

Der Redner muß Präzedenzfälle kennen

1. Es ist sehr wichtig, daß der Redner einen reichen Vorrat an Beispielfällen aus alter wie aus neuer Zeit zur Verfügung hat, und er muß nicht nur das kennen, was in Geschichtswerken schriftlich niedergelegt ist, was in mündlicher Tradition gleichsam von Hand zu Hand weitergegeben wird oder was sich von Tag zu Tag zuträgt, er soll auch die Beispiele aus den Werken der großen Dichter nicht vernachlässigen. 2. Denn was früher geschehen ist, hat eine Autorität wie ein schriftliches Zeugnis oder eine richterliche Entscheidung. Es besitzt eine sichere Glaubwürdigkeit aufgrund seines Alters, oder man meint, große Männer hätten es erfunden, um uns damit eine Lehre zu erteilen. Der Redner soll also möglichst viele dieser Beispiele kennen. Daher kommt es ja auch, daß alte Männer über eine größere Autorität verfügen; man glaubt, daß sie mehr erfahren und gesehen haben, wie dies Homer so häufig bezeugt[216]. Aber wir brauchen nicht zu warten, bis wir alt sind, denn das Studium befähigt uns dazu, daß wir, soweit es die Kenntnis der Dinge angeht, den Eindruck erwecken können, in vergangenen Zeiten gelebt zu haben.

[216] Vor allem in der Gestalt des weisen Nestor, vgl. *Ilias* 1, 250; 2, 370 ff.

5. Kapitel

Schüchternheit, körperliche Voraussetzungen des Redners

1. Das sind die Voraussetzungen, deren Darlegung ich versprochen hatte, Voraussetzungen nicht, wie einige glauben, für die Rhetorik, sondern für den Redner selbst. Dies sind die Waffen, die er zur Hand haben, das Wissen, mit dem er ausgerüstet sein muß. Hinzukommen muß noch ein Vorrat an Worten und Redefiguren, über den er mit Leichtigkeit verfügen kann, eine Technik der Gedankenfindung, Übung in der Anordnung, ein gutes Gedächtnis und ein ansprechender Vortrag. Doch von größter Bedeutung ist dabei eine starke Persönlichkeit, die sich keine Angst einjagen, die sich von Mißfallenskundgebungen nicht schrecken läßt und sich durch hochgestellte Personen im Publikum nicht zu einer Zurückhaltung veranlaßt sieht, die über den schuldigen Respekt hinausgeht. 2. Die gegenteiligen Eigenschaften, die als Fehler zu betrachten sind, Überheblichkeit, Unbesonnenheit, Dünkel, Anmaßung, sind zwar abscheulich, aber ohne Standhaftigkeit, gesundes Selbstvertrauen und Mut werden Wissenschaft, Studium, ja selbst ein Fortschritt gleichermaßen ohne Nutzen sein, gerade so wie wenn man Ängstlichen und Schwachen Waffen in die Hand gibt.

Mit einigem Zögern sage ich – man kann es nämlich falsch auffassen –: Sogar die scheue Zurückhaltung, die wohl ein Fehler ist, aber doch ein liebenswerter, aus dem sehr leicht Tugenden entstehen können, auch sie erweist sich bisweilen als Hindernis und ist schon oft die Ursache dafür gewesen, daß die Früchte des Talents und des Studiums nicht zutage traten, sondern im Verborgenen verkümmerten. 3. Falls sich jedoch einer meiner Leser noch nicht so genau mit der Bedeutung eines jeden Wortes auskennt, so soll er wissen, ich tadele nicht die Bescheidenheit, sondern die Schüchternheit[217], die in einer Haltung der Furchtsamkeit besteht und den Geist vom Handeln zurückhält. Sie führt zu Verwirrung, Unzufriedenheit mit

[217] Vgl. hierzu F. Lossmann, *Verecundia*, in: *Römische Wertbegriffe*, hrsg. von H. Oppermann, Darmstadt 1967, S. 343 ff., sowie Cicero *De oratore* I 119 ff. Die wahre Form der *verecundia* muß auch vorgetäuscht werden, da sich in ihr der Respekt vor dem Gericht und den sachverständigen Zuhörern sowie das Pflichtgefühl des Anwalts gegenüber seinem in Gefahr befindlichen Klienten ausdrückt. Sie zeigt also das Ethos des Redners. In der Kaiserzeit sinkt sie vielfach zum reinen Spannungsmoment herab; vgl. Tacitus *Dialogus de oratoribus* 6.

dem bereits Gesagten und plötzlichem Verstummen. Wer könnte also zögern, ein Gefühl den Fehlern zuzurechnen, das jemandem Scham einflößt, etwas zu tun, was recht ist? 4. Andererseits bin ich keineswegs dagegen, wenn sich der Redner zu Beginn mit einiger Erregung erhebt, die Farbe wechselt und zu erkennen gibt, daß er sich eines Risikos wohl bewußt ist. Sind diese Anzeichen nicht vorhanden, sollte man sie vortäuschen. Doch die Tragweite unserer Aufgabe, nicht Furcht soll man spüren, wir sollten bewegt sein, aber nicht zusammenbrechen. Das beste Mittel gegen eine solche Schüchternheit ist Selbstvertrauen, und wie ängstlich uns auch zumute sein wird, wir werden im Bewußtsein unserer großen Aufgabe einen festen Halt finden.

5. Es gibt auch körperliche Voraussetzungen, wie ich oben erwähnt habe, die aber durch sorgfältige Pflege gefördert werden können: Stimme, eine gute Lunge und Anmut in Haltung und Benehmen. Diese Dinge sind von solcher Bedeutung, daß sie häufig einem Redner den Ruf eines großen Talents eintragen. Unsere Zeit hatte Redner von reicherer Fülle, doch Trachalus[218] schien, wenn er sprach, alle seine Zeitgenossen zu überragen. So stattlich war sein Aussehen, so feurig blickten seine Augen, soviel Würde strahlte sein Antlitz aus, so eindrucksvoll war seine Gestik, und seine Stimme hatte nicht nur, wie Cicero fordert, Ähnlichkeit mit der eines Schauspielers, sie übertraf vielmehr die Stimme jedes Schauspielers, den ich jemals gehört habe. 6. Ich erinnere mich noch: Er sprach in der Basilica Julia vor dem ersten Tribunal. Es fanden wie üblich vier Gerichtsverhandlungen gleichzeitig statt[219], und das ganze Gebäude hallte wider vom Lärm, doch man hörte und verstand ihn, und, was für die anderen Anwälte besonders peinlich war, er erhielt Beifall von allen vier Tribunalen. Doch solche Gaben wünscht man sich, und nur wenigen wird das Glück zuteil. Wenn wir sie nicht besitzen, so sollen wir damit zufrieden sein, von denen gehört zu werden, vor denen wir sprechen.

So soll der wahre Redner aussehen, über diese Kenntnisse soll er verfügen.

[218] Vgl. X 1, 119 und Anm. 176. – Die Cicerostelle ist *De oratore* I 128.

[219] Der Centumviralgerichtshof, häufig erwähnt in den Briefen des Plinius, war ein aus 105, später 180 Männern gebildetes Richterkollegium, das in Simultanverhandlungen über Zivilsachen, besonders Erbschafts- und Vormundschaftsangelegenheiten, urteilte. In der Zeit der Republik waren die großen Redner dort kaum aufgetreten, jetzt gewann dieser Gerichtshof an Bedeutung, da die großen Prozesse, namentlich Staatsprozesse, meist nicht mehr öffentlich verhandelt wurden; vgl. Tacitus *Dialogus de oratoribus* 38 f.

6. Kapitel

Der Zeitpunkt des ersten Auftretens

1. Den Zeitpunkt des ersten Auftretens wird man zweifellos in Rücksicht auf die Kräfte jedes einzelnen bestimmen. Ich will kein bestimmtes Alter dafür festlegen, wir wissen ja, daß Demosthenes schon als Knabe Prozesse gegen seine Vormünder geführt hat[220], daß Calvus, Caesar und Pollio schon lange vor dem Quästorenalter in höchst bedeutenden Prozessen aufgetreten sind. Von anderen heißt es, sie hätten noch in der Knabentoga Plädoyers gehalten, und Caesar Augustus hat mit zwölf Jahren von den Rostra herab die Leichenrede für seine Tante gehalten.

2. Es muß dabei, so scheint mir, ein Maß eingehalten werden: Einerseits soll das junge Laub nicht vorzeitig abgestreift und, solange es noch bitter ist, seiner Verwendung zugeführt werden. Daraus entsteht nämlich die Mißachtung ernster Arbeit, die Grundlagen werden gelegt für ein dreistes Wesen, und was das gefährlichste auf jedem Gebiet ist, das Selbstvertrauen ist dann größer als die wirkliche Kraft.

3. Aber man darf seine Lehrzeit auch nicht bis ins Greisenalter hinausschieben, denn die Furcht vor dem öffentlichen Auftreten wächst von Tag zu Tag, und unser Wagnis wird immer größer; während wir aber hin und her überlegen, wann wir anfangen sollen, ist es bereits zu spät zum Anfangen. Daher ist es das Passendste, wenn die Früchte unseres Studiums frisch und noch süß dargeboten werden, solange man noch auf Nachsicht hoffen kann, das Publikum wohlgesonnen ist, Kühnheit nicht unziemlich wirkt, unsere Jugend das, was fehlen mag, ausgleicht und man jugendlichen Überschwang für ein Zeichen von Talent hält. 4. So ist es zum Beispiel mit der ganzen wohlbekannten Stelle aus Ciceros Rede für Sextus Roscius[221]: »Denn was ist allen so gemeinsam wie die Luft den Lebenden, die Erde den Toten, das Meer denen, die darin treiben, die Küste den an Land Getriebenen?« Diese Stelle hat er im Alter von sechsundzwanzig Jahren unter größtem Beifall vorgetragen, doch gibt er selbst als älterer Mann zu, daß er sich mit der Zeit etwas abgekühlt habe und mit den Jahren abgeklärter geworden sei. Und soviel auch privates Studium zum Erfolg beitragen kann,

[220] Vgl. Plutarch *Demosthenes* 6, Tacitus *Dialogus de oratoribus* 34. – Quästor wurde man mit dreißig Jahren. – Zu Augustus vgl. Sueton *Augustus* 8.

[221] *Pro Roscio Amerino* 72. – Ciceros Eingeständnis: *Orator* 107.

so bringt das Forum doch einen Fortschritt ganz eigener Art, es weht eine andere Luft, die echte Gefahrensituation läßt alles ganz anders aussehen, und wenn man beides für sich betrachten will, so macht die Praxis ohne Theorie mehr aus als die Theorie ohne Praxis. 5. Daher verlieren so manche, die in den Schulen alt und grau geworden sind, den Kopf, weil ihnen alles so neu ist, wenn sie vor Gericht kommen, und sie wünschen sich, es müßte alles ähnlich sein wie bei ihren Schulübungen. Aber hier sitzt der Richter und hüllt sich in Schweigen, der gegnerische Anwalt unterbricht dich, keine unüberlegte Äußerung bleibt unbemerkt, jede Behauptung, die du machst, mußt du beweisen, und was du dir in tage- und nächtelangem Studium mühselig zusammengetragen hast, fällt unter den Tisch, weil die Zeit abgelaufen ist. Auch gibt es Fälle, in denen man ohne den sonst immer üblichen Schwulst zu reden hat, das können diese Redekünstler am wenigsten. 6. Und so kommt es, daß du so manche findest, die sich zu beredt vorkommen, als daß sie Prozesse führen könnten.

Im übrigen bin ich dafür, daß unser Redner, den wir noch im Glanz seiner frischen Jugendkraft auf das Forum geführt haben, mit einer möglichst leichten und populären Sache beginnt, gerade wie auch die wilden Tiere ihre Jungen mit weicherer Nahrung aus ihrer Beute füttern. Außerdem soll er nun nicht von seinem ersten Auftreten an einen Prozeß nach dem andern führen und seine gute Anlage, die noch des Wachstums und der Pflege bedarf, schon verhärten. Er soll vielmehr, sobald er weiß, wie die Stätte seines Wirkens aussieht und worauf seine Studien gerichtet sein müssen, eine Pause einlegen, um sich zu erholen und frische Kräfte zu schöpfen. 7. So wird er auch in einem Alter, in dem ein Wagnis noch leichter fällt, über seine Anfängerangst hinwegkommen, er wird es aber in seinem Wagemut nicht so weit treiben, die Schwierigkeiten seiner Aufgabe zu unterschätzen. Von dieser Überlegung hat sich auch Cicero leiten lassen. Als er sich bereits unter den Gerichtspatronen seiner Zeit einen großen Namen gemacht hatte, reiste er nämlich nach Kleinasien und studierte dort bei verschiedenen Lehrern der Rhetorik und Philosophie, vor allem aber bei Apollonios Molon, den er bereits in Rom gehört hatte und bei dem er in Rhodos nun seinen Stil abermals formte und sozusagen umschmolz[222]. Nur dann wird die Mühe entsprechend belohnt werden, wenn sich Theorie und Praxis in Übereinstimmung befinden.

[222] Cicero *Brutus* 314 ff.

7. Kapitel

Was der Redner bei der Übernahme von Prozessen zu beachten hat

1. Wenn unser Redner seine Kräfte für alle Arten von Prozessen genügend entwickelt hat, wird er zunächst genau überlegen müssen, was er für Fälle übernehmen soll. Zwar wird der ehrenhafte Mann lieber Angeklagte verteidigen als jemanden unter Anklage stellen, doch darf er keinen solchen Abscheu vor dem bloßen Namen eines Anklägers haben, daß er sich durch kein öffentliches oder privates Interesse dazu bringen läßt, jemanden wegen seiner Handlungen zur Rechenschaft zu ziehen. Denn die Gesetze haben aus sich heraus keine Wirkung, wenn kein fähiger Anwalt zu ihrem Schutz seine Stimme erhebt, und wenn man es nicht für recht hält, das Verbrechen seiner Strafe zuzuführen, so ist dies fast gleichbedeutend damit, ihm Tür und Tor zu öffnen. Den Schlechten aber freie Bahn einzuräumen ist sicher nicht im Interesse der Guten.

2. Daher wird der Redner weder die Klagen der Bundesgenossen noch die Ermordung eines Freundes oder Verwandten noch Verschwörungen gegen das Gemeinwesen ungerächt lassen, nicht als ob er begierig wäre, die Schuldigen zu bestrafen, sondern weil er ihre Fehler verbessern und ihren Charakter heilen will[223]. Diejenigen aber, die mit Vernunftgründen nicht auf den rechten Weg zurückgeführt werden können, kann man nur durch Furcht in Schranken halten. 3. Daraus folgt: Das Leben eines Anklägers zu führen und sich durch die Aussicht auf Gewinn dazu verleiten zu lassen, Menschen vor Gericht zu bringen[224], das kommt gleich nach dem Straßenraub. Andererseits kann man es mit den Heldentaten der Kämpfer fürs Vaterland auf eine Stufe stellen, wenn man einen Mann unschädlich gemacht hat, der auf das Verderben des Staates aus war. Daher haben es führende Männer im Staat nicht verschmäht, auch diese Aufgabe zu übernehmen. Bei den jungen

[223] Die Besserungstheorie (vgl. auch XII 1, 42) ist stoischen Ursprungs; vgl. auch Seneca *De ira* II 31,8.

[224] Die in der Kaiserzeit übliche Praxis der *delatores* (Denunzianten); vgl. die Einleitung S. 29. – Im folgenden wird auf Ciceros erfolgreichen Kampf gegen Catilina angespielt sowie auf seine Anklage des Verres. In den großen Prozessen zur Zeit der Republik ging es meist um Ausbeutung der Provinzen, räuberische Erpressung und Mißhandlung der Provinzialen; die Ankläger fühlten sich als Patrone der gequälten Bundesgenossen.

Männern von hohem Adel, die schlechte Bürger anklagten, sah man dies so an, als ob sie dem Gemeinwesen damit gleichsam ein Unterpfand ihrer Gesinnung geben wollten. Denn ihr Haß auf die Schlechten und ihre Bereitschaft, Feindschaften auf sich zu nehmen, konnte nur als Beweis für das Vertrauen in ihre eigene Rechtschaffenheit angesehen werden. 4. Auch Hortensius, die Brüder Lucullus, Sulpicius, Cicero, Caesar und sehr viele andere haben Anklagen übernommen, so auch die beiden Cato. Von ihnen führt der eine den Namen eines Weisen; falls man den anderen aber nicht ebenfalls dafür hält, so wüßte ich nicht, für wen dieser Titel sonst gelten sollte[225].

Andererseits wird unser Redner auch bei der Verteidigung nicht für jeden eintreten; er sollte den schützenden Hafen seiner Beredsamkeit nicht auch für Piraten öffnen, und bei der Übernahme eines Falles sollte er sich in erster Linie von der Sache leiten lassen. 5. Freilich kann ein Mann nicht alle Klienten vertreten, die das Recht auf ihrer Seite haben, davon gibt es ja eine ganze Menge. So wird er sich auch ein wenig von der Persönlichkeit derer beeinflussen lassen, die ihm Klienten empfehlen, ebenso auch von denen, die das Urteil sprechen werden. Auf diese Weise wird er dem Wunsch der Besten willfahren, denn diese wird ein ehrenhafter Mann ja auch zu seinen engsten Freunden zählen.

6. Von zwei Wegen, auf denen man um Gunst buhlt, hat er sich fernzuhalten: Weder soll er den Mächtigen gegen Leute geringeren Standes seine Dienste verkaufen noch – was die üblere Art ist, sich hervorzutun – niedriger gestellte Personen mit aller Gewalt gegen solche von hohem Rang aufhetzen. Denn nicht die gesellschaftliche Stellung ist es, die eine Sache gut oder schlecht macht. Auch soll man sich durch keine Scheu daran hindern lassen, einen Fall, den man übernommen hat, weil er einem als die bessere Sache erschien, wieder niederzulegen, wenn man beim Studium der Fakten bemerkt hat, daß man das Recht dabei nicht auf seiner Seite hat. Nur soll man vorher dem Klienten die Wahrheit sagen. 7. Denn wenn wir nach Recht und Billigkeit urteilen, ist das der größte Dienst, den wir unseren Klienten erweisen können, sie nicht durch falsche Hoffnungen zu täuschen. Auch verdient der Klient die Mühe nicht, die sich der Anwalt macht, wenn er seinen Rat nicht annimmt, und sicherlich ziemt es sich für unsern Redner nicht, wissentlich das Un-

[225] Der jüngere Cato, der sich nach Caesars Sieg bei Thapsos 46 v. Chr. in Utica den Tod gegeben hatte, galt als Symbolfigur sittlicher Vollkommenheit und edlen Mannestums sowie als unbeugsamer Verfechter eines freien Gemeinwesens.

recht zu verteidigen. Sollte er aus den oben genannten Gründen einmal etwas nicht der Wahrheit Entsprechendes verteidigen, so wird seine Handlungsweise dennoch ehrenhaft sein.

8. Ob der Anwalt stets ohne Honorar plädieren soll, bleibt eine offene Frage. Sie auf den ersten Blick zu entscheiden, verriete Unüberlegtheit. Jeder weiß doch, daß es das Ehrenvollste wäre und einer edlen Erziehung und der von uns geforderten Geisteshaltung am meisten entspräche, seine Dienste nicht zu verkaufen und das aus einem so hohen Gut entspringende Ansehen nicht zu schmälern, denn sehr viele Dinge verlieren ihren Wert, wenn sie für einen bestimmten Preis zu haben sind. 9. Das sieht ja ein Blinder, wie man so schön sagt, daß keiner, der über ausreichende Mittel zum Leben verfügt – und dazu genügt ein bescheidenes Auskommen – und aus der Anwaltstätigkeit eine Geldquelle macht, dem Vorwurf schmutziger Habsucht entgehen kann. Sind aber andererseits die persönlichen Verhältnisse bei jemand so, daß er noch etwas für den nötigen Lebensunterhalt braucht, so würde ihm keine Vorschrift eines Philosophen verbieten, sich in dieser Form einen Dank für seine Dienste abstatten zu lassen. So hat auch Sokrates Spenden für seinen Lebensunterhalt bekommen, und Zenon, Kleanthes und Chrysipp[226] haben ein Honorar von ihren Schülern angenommen. 10. Ich sehe auch nicht, wie man auf gerechtere Weise zu Einnahmen kommen könnte als durch die ehrenwerteste aller Tätigkeiten und von Leuten, um die wir uns am meisten verdient gemacht haben. Diese wiederum würden, wenn sie uns keine Gegenleistung erbrächten, unserer Verteidigung geradezu unwürdig erscheinen. Das ist nicht nur gerecht, sondern auch notwendig, denn wir wenden unsere gesamte Mühe und Zeit für fremde Angelegenheiten auf und beschneiden uns damit jede andere Möglichkeit eines Gelderwerbs.

11. Doch müssen wir auch dabei Maß halten, und es kommt sehr darauf an, von wem man etwas annimmt und wieviel, und wie weit wir dabei gehen. Ein Feilschen nach Piratenart sowie die verabscheuenswerte Geschäftemacherei, bei der die Summe nach der Gefahr bemessen wird, in der der Klient schwebt, solche Praktiken werden sogar von halben Schuften abgelehnt, wieviel mehr dann, wenn es um einen Anwalt geht, der sich anständiger Menschen und gerechter Fälle annimmt und daher keine Undankbarkeit zu fürchten hat. Und sollte es doch einmal so sein, dann meine ich,

[226] Vgl. Anm. 190.

ist es besser, wenn sich der Klient ins Unrecht setzt. 12. Der Redner wird nicht mehr einnehmen wollen, als er unbedingt braucht. Und selbst wenn er arm ist, wird er es nicht als eine Bezahlung annehmen, sondern es als freundliche Gegenleistung betrachten und sich bewußt sein, daß er dazu den größeren Teil beigetragen hat. Daraus, daß dieser Dienst nicht käuflich sein sollte, folgt ja nicht, daß er umsonst zu sein hätte. Sich erkenntlich zu zeigen ist in erster Linie Sache des Schuldners.

8. Kapitel

Das Studium des Falles

1. Als nächstes müssen wir betrachten, wie man einen Fall zu studieren hat, das ist nämlich das Fundament für die Rede. Es gibt je niemanden, dessen Talent so kümmerlich ist, daß er es nicht fertigbrächte, nach sorgfältigem Studium aller Punkte seines Falles den Richter darüber ins Bild zu setzen. 2. Doch nur äußerst wenige lassen sich das angelegen sein. Da gibt es solche nachlässigen Anwälte, die es gar nicht interessiert, wo der Kernpunkt des Falles liegt, wenn sie nur die Möglichkeit haben, ganz ohne Bezug auf die Streitsache große Töne anzustimmen entweder über beteiligte Personen oder über einen Gemeinplatz, den sie abhandeln. Von denen will ich gar nicht reden, aber da sind noch andere, die vor lauter Aufgeblasenheit so verrückt sind, daß sie so tun, als seien sie stark beschäftigt, und immer etwas haben, was sie vorher noch erledigen müssen. Sie bestellen dann ihren Klienten am Tag vor der Verhandlung oder noch am gleichen Morgen zu sich, bisweilen brüsten sie sich auch damit, sie hätten sich erst im Gerichtssaal mit dem Fall vertraut gemacht. 3. Andere rühmen sich ihres Talents, indem sie sich den Anschein geben, als seien sie im Handumdrehen im Bilde. Sie machen einem vor, daß sie die Fakten sozusagen schon im Kopf und begriffen haben, bevor sie sie überhaupt gehört haben. Dann leiern sie mit höchster Zungenfertigkeit einen langen Sermon ab, der weder mit dem Richter noch mit dem Angeklagten etwas zu tun hat, aber tosenden Applaus weckt. Dann werden sie vom Forum heimgeleitet, mächtig schwitzend und mächtig umschwärmt.

4. Für mich ist auch das feine Getue eines Mannes unerträglich,

der seine Freunde damit beauftragt, sich über den Fall Aufklärung zu verschaffen, obwohl das noch das geringere Übel ist, falls die Freunde sich wenigstens richtig informieren und ihn auch ordnungsgemäß unterrichten. Aber wer kann sich so gut über den Fall informieren wie der Anwalt selbst? Wie wird dieser Agent, dieser Mittelsmann und Zwischenträger geduldig eine solche Mühe auf sich nehmen für fremder Leute Fälle, wenn die, die das Plädoyer halten, es für ihre eigenen nicht für nötig erachten? 5. Es ist auch eine höchst schädliche Angewohnheit, sich mit einer schriftlichen Aufstellung zufriedenzugeben, die entweder der Klient verfaßt, der ja gerade deshalb seine Zuflucht zu einem Anwalt nimmt, weil er selbst der Führung eines Prozesses nicht gewachsen ist, oder einer von der Sorte von Advokaten, die selber zugeben, daß sie keinen Prozeß führen können, die sich aber dann mit der schwierigsten Aufgabe bei der Verhandlung eines Falles überhaupt befassen. Denn wenn jemand fähig ist zu entscheiden, was ausgesprochen, was verheimlicht, abgebogen, verändert, oder gar, was fingiert werden muß, warum sollte der dann nicht selbst als Redner auftreten? Das ist doch das Schwierigere, was den Redner erst ausmacht. 6. Diese Leute würden nicht so viel Schaden anrichten, wenn sie nur alle Fakten wahrheitsgetreu niederschreiben würden. Doch wie die Sache steht, fügen sie eigene Gedanken und eine eigene Färbung hinzu und so manches, was noch gefährlicher ist als die Wahrheit. Und die meisten Anwälte nehmen es in Empfang und meinen, es sei ein Verbrechen, etwas daran zu ändern. Sie halten sich so sorgfältig daran wie an ein Übungsthema in der Schule. Die Folge ist, daß sie auf Fehlern ertappt werden und die Fakten, die sie von ihren Klienten nicht hören wollten, jetzt von ihrem Gegner zu hören bekommen. 7. Wir sollten uns zuallererst einmal an einem ungestörten Ort Zeit nehmen für unsere Partei und die Leute von uns aus dazu ermuntern, uns vom Fleck weg alles zu erzählen, so ausführlich und so weit ausholend, wie sie nur wollen. Sich etwas Überflüssiges anzuhören ist nämlich kein so großer Nachteil, wie etwas Wesentliches nicht zu wissen. 8. Häufig wird der Anwalt bei Dingen, denen der Klient weder im Positiven noch im Negativen eine Bedeutung zugemessen hat, einen wunden Punkt entdecken und zugleich auch die Art, ihn zu beheben. Auch sollte der Anwalt, der ein Plädoyer vor sich hat, nicht so sehr auf sein Gedächtnis vertrauen, daß er es sich verdrießen ließe, sich über das Gehörte Notizen zu machen.

Ein einmaliges Anhören sollte ihm nicht genug sein, der Klient sollte dazu gebracht werden, seine Aussage mehrmals zu wiederholen, nicht nur, weil er bei der ersten Darlegung einige Punkte vergessen haben könnte, was besonders einem Ungebildeten oft passieren kann, sondern auch, damit man feststellen kann, ob der Klient immer das Gleiche sagt. 9. Sehr viele lügen nämlich, und als ob sie ihren Fall nicht erzählten, sondern schon verhandelten, sprechen sie nicht wie mit ihrem Anwalt, sondern wie mit dem Richter. Daher dürfen wir ihnen niemals zu bereitwillig Glauben schenken, sondern müssen sie auf alle mögliche Weise in die Enge treiben, in Verwirrung bringen und aus der Reserve locken. 10. So haben auch die Ärzte nicht nur die offen zu Tage liegenden Übel zu kurieren, sondern müssen auch die verborgenen aufspüren, die ihnen oftmals sogar von den Patienten selbst verheimlicht werden. Ebenso muß der Anwalt unter die Oberfläche schauen. Wenn er genügend Geduld beim Anhören aufgebracht hat, muß er nämlich in eine andere Rolle schlüpfen und den Part seines Gegners spielen; er muß sich dabei jedes überhaupt denkbare Gegenargument vor Augen stellen, das eine solche Verhandlung ihrem Wesen nach nur zuläßt. Der Klient muß einem unbarmherzigen Kreuzverhör unterworfen und hart bedrängt werden. 11. Denn wenn wir alles ausforschen, stoßen wir schließlich dort auf die Wahrheit, wo wir sie am wenigsten vermutet hätten.

Um alles zusammenzufassen: Beim Studium des Falles ist der ungläubige Anwalt der beste. Der Klient verspricht nämlich das Blaue vom Himmel herunter: Das Volk ist sein Zeuge, versiegelte Dokumente mit Zeugenaussagen warten nur auf ihre Verwendung, der Gegenanwalt selbst wird dieses und jenes nicht bestreiten. 12. Es ist daher nötig, sich jedes Dokument anzusehen, und wo der Augenschein nicht ausreicht, muß man es Wort für Wort lesen. Denn sehr häufig gibt es die fraglichen Dinge überhaupt nicht, die da in Aussicht gestellt worden sind, oder sie enthalten weniger oder gewisse Punkte, die uns schaden werden, oder sie sind übertrieben und wirken gerade dadurch unglaubwürdig, weil sie ein normales Maß überschreiten. 13. Schließlich wird man oft finden, daß der Faden zerrissen oder das Wachs des Siegels zerbrochen ist, oder die Aussagen sind nicht durch Zeugen beglaubigt. Hat man dies nicht zu Hause gründlich untersucht, wird es vor Gericht eine böse Überraschung geben, und diese Dinge werden einem mehr Schaden zufügen, wenn man dann auf sie verzichten muß, als wenn man niemals mit ihnen gerechnet hätte. Wenn der Anwalt alle Beweisquellen untersucht, die ich angegeben habe[227], wird er noch vieles herausfinden, von dem der Klient meinte, es gehöre nicht zur Sache. 14. Während des Plädoyers danach zu suchen und alle einzeln zu erproben ist aus den bereits erwähnten Gründen höchst unvorteilhaft, es ist dagegen eine Notwendigkeit, beim Studium des Falles alles zu untersuchen: den Charakter der beteiligten Personen, die Umstände von Ort und Zeit, das Milieu, das Tatwerkzeug und das übrige, woraus wir nicht nur die sogenannten künstlichen Beweise[228] ableiten, sondern auch feststellen können, welche Zeugen man zu fürchten und wie man sie zu widerlegen hat. Es kommt nämlich sehr darauf an, ob der Angeklagte Neid, Haß oder Verachtung ausgesetzt ist; der erste lastet auf den Höhergestellten, der nächste auf denen gleichen Ranges und die dritte auf den unteren Schichten.

15. Hat der Anwalt so den Fall gründlich untersucht und sich alles vor Augen gestellt, was dem Klienten nützen oder schaden könnte, muß er eine dritte Rolle übernehmen, die des Richters, und sich vorstellen, die Sache würde vor ihm verhandelt. Der Punkt, der ihn beeindruckt hätte, falls er die Sache zu entscheiden hätte, den müßte er für den ausschlaggebenden halten. So wird er sich selten über den Ausgang der Verhandlung täuschen, und wenn, dann wird es die Schuld des Richters sein.

9. Kapitel

Was beim Plädoyer zu beachten ist

1. Was beim Plädoyer zu beachten ist, habe ich fast überall in meinem Werk ausgeführt; einige wenige Punkte will ich aber an dieser Stelle noch behandeln, da sie besonders hierher gehören, denn sie beziehen sich mehr auf die Pflichten des Anwalts als auf das System der Rhetorik. Vor allem soll er sich nicht, wie es so viele tun, nur weil er auf der Stelle Beifall haben will, verleiten lassen, die Interessen seines Falles preiszugeben. 2. Auch die Feldherren haben ihre Heere ja nicht immer durch ebene, freundliche Landschaften zu führen, sondern müssen sehr oft rauhe Berge ersteigen, Städte erstür-

[227] V 10, 20 ff.
[228] Vgl. die Einleitung S. 25.

men, die auf schroffen Felsen gelegen oder durch ihre Befestigungen schwer angreifbar sind. So wird auch die Rede, wenn sie die Möglichkeit hat, gern etwas freier dahinströmen, und wenn sie offenes Feld zum Kampfplatz hat, wird sie alle ihre Kräfte entfalten, um auf ihre Zuhörer zu wirken. 3. Aber wenn sie sich gezwungen sieht, das Recht auf seinen Winkelzügen zu verfolgen oder die Wahrheit aus dunklen Tiefen ans Licht zu ziehen, dann wird sie nicht herangesprengt kommen und nicht blitzende, scharfe Sentenzen wie Wurfgeschosse gebrauchen. Sie wird vielmehr mit Befestigungen, unterirdischen Gängen, Überfällen aus dem Hinterhalt und geheimer Strategie arbeiten. 4. Diese Maßnahmen finden während ihrer Verwendung keinen Beifall, sondern erst nach ihrem Einsatz, und selbst die Beifallshungrigsten werden auf diese Weise mehr Erfolg haben. Denn wenn die Beifallsstürme ersterben, die diese falschen Glanzstellen der Rede bei ihren Anhängern erweckt haben, ersteht der Ruhm wahrer Größe in umso stärkerem Maße; die Richter machen kein Hehl daraus, wer Eindruck auf sie gemacht hat, der gut unterrichtete Redner findet Glauben, und den wahren Beifall erhält die Rede erst am Ende.

5. Die alten Redner pflegten ihre rhetorischen Künste sogar zu verschleiern; dies empfiehlt auch Marcus Antonius[229], damit der Redner mehr Glaubwürdigkeit genießt und man weniger vor Advokatenkniffen auf der Hut ist. Doch die Kunst der damaligen Zeit ließ sich noch verheimlichen. Sie hatte noch keinen solchen rednerischen Glanz entfaltet, um sogar Widerstrebende mitzureißen. Daher mag der Kunstcharakter und der strategische Plan verborgen bleiben wie alles, was seine Wirkung verliert, wenn man es durchschaut. So weit ist eine Verschleierung in der Redekunst möglich. 6. Was aber die Wortwahl, die gedankliche Tiefe der Sentenzen und die Eleganz der Redefiguren betrifft, so treten sie entweder in Erscheinung, oder sie müssen als nicht vorhanden gelten. Aber gerade weil sie sichtbar sind, müssen sie nicht noch aufdringlich herausgestellt werden. Und wenn wir unter zwei Möglichkeiten die Wahl hätten, sollte eher die Sache als der Redner den Beifall erhalten. Das Ziel des Redners sollte es sein, den Eindruck zu erwecken, er habe in einer guten Sache gut gesprochen.

Eines ist sicher: Niemand kann schlechter sprechen als einer, der Beifall findet, während seine Sache Mißfallen erregt; dann muß ja der Beifall von etwas hervorgerufen worden sein, was außerhalb

[229] Cicero *De oratore* II 1, 4.

der Sache liegt. 7. Auch wird der Redner nicht an dem weitverbreiteten Dünkel leiden, keine Fälle von geringerer Bedeutung zu übernehmen, als ob sie unter seiner Würde seien oder als ob eine zu wenig ergiebige Materie seinem Ruhme abträglich sei. Denn die Pflicht ist die oberste Richtschnur bei der Übernahme eines Falles, und für seine Freunde sollte der Redner es ja geradezu wünschen, daß sie in möglichst geringfügige Fälle verwickelt sind; wer seine Pflicht in seiner Sache erfüllt hat, der hat auch mehr als gut geredet.

8. Aber es gibt auch welche, die, wenn sie einmal Fälle übernommen haben, die weniger Möglichkeiten zur Entfaltung ihrer Beredsamkeit bieten, sie mit anderswo hergeholten Themen ausschmücken und, wenn alle anderen Mittel versagen, die Lücken in ihren Reden mit Beschimpfungen ausfüllen – wenn sie Glück haben, mit realem Hintergrund, sonst eben erdichtet. Die Hauptsache ist, sie haben einen Tummelplatz für ihr Genie, der ihnen Beifall verschafft, solange sie reden. Davon wird sich, so meine ich, unser vollkommener Redner so sehr fernhalten, daß er nicht einmal Vorwürfe machen wird, die auf Wahrheit beruhen, es sei denn, die Sache erfordere es. 9. Das ist nämlich eine ganz und gar hündische Beredsamkeit, wie Appius[230] sagt, die ihre Aufgabe darin sieht, den Vertretern der Gegenpartei Übles nachzusagen; die solches tun, müssen damit rechnen, daß sie auch ihrerseits Übles zu hören bekommen. Denn die, die so vorgehen, werden ebenfalls häufig angegriffen, und für die aggressive Haltung des Anwalts muß mit Sicherheit der Klient büßen. Doch ist dieser Fehler noch gering im Vergleich mit dem, der im Charakter begründet ist; denn wer Böses redet, unterscheidet sich von einem, der Böses tut, nur durch den Mangel an Gelegenheit.

10. Ein häßliches und rohes Vergnügen, das keinem anständigen Zuhörer gefällt, verschaffen sich oft solche Kläger, die lieber Rache als Verteidigung wollen. Doch darin wie auch in anderem darf der Anwalt ihnen nicht willfahren. Kann es denn ein freier Mensch ertragen, auf Geheiß eines anderen gegen jemanden ausfällig zu werden? 11. Aber es gibt auch welche, die ihre Freude daran haben, auf den Gegenanwalt loszugehen, ein Verhalten, das, wenn er es nicht etwa verdient hat, keineswegs menschenwürdig ist, wenn man an die Anwaltskameradschaft denkt, und das auch unvorteilhaft für den Redner ist. Denn er gibt seinem Gegner das Recht, ihm mit gleicher Münze heimzuzahlen. Dann widerspricht es auch den Inter-

[230] Appius Claudius Caecus, vgl. II 16, 7 und Anm. 95. Die Überlieferung stammt aus Sallust *Historien* 2 fragm. 37 D.

essen der Sache, deren Anwälte völlig zu Gegnern und Feinden werden. Und die Kräfte des Gegenanwalts, wie gering sie auch sein mögen, werden durch die Beleidigung nur gesteigert werden. 12. Vor allem aber geht die Eigenschaft verloren, die dem Redner hauptsächlich Ansehen und Glaubwürdigkeit verleiht, die Besonnenheit, wenn er sich von einem ehrenhaften Mann in einen Zänker und Schreihals verwandelt und nicht den Richter, sondern seinen haßerfüllten Klienten zufriedenstellen will. 13. Häufig läßt man sich auch vom schönen Schein einer freimütigen Rede zu unüberlegten Äußerungen hinreißen, was nicht nur den jeweiligen Fällen, sondern auch den Rednern selbst Gefahren bringt. Nicht ohne guten Grund pflegte Perikles zu beten, es möge ihm kein Wort in den Sinn kommen, mit dem er beim Volk Anstoß erregen könnte. Was Perikles in bezug auf das Volk dachte, das gilt, meine ich, in Hinsicht auf alle, die uns einen vergleichbaren Schaden zufügen können. Denn Äußerungen, die im ersten Moment kühn erscheinen, gelten dann als töricht, wenn sie Schaden angerichtet haben.

14. Da nun die Methoden der Anwälte so verschieden sind und die einen ihrer Sorgfalt wegen als langsam, die anderen ihres raschen Vorgehens wegen als übereilt getadelt werden, scheint es mir durchaus am Platze zu sein, mich über das rechte Maß zu äußern, das der Redner dabei einhalten muß. 15. Er wird für sein Plädoyer soviel Sorgfalt aufwenden, wie er nur kann. Denn schlechter zu plädieren, als man könnte, das ist nicht nur ein Zeichen von Nachlässigkeit, das tut ein schlechter Mensch, einer, der das Vertrauen täuscht und zum Verräter wird an der übernommenen Sache. Daher soll der Redner nicht mehr Fälle übernehmen, als er sich zutrauen kann. 16. Er soll sich beim Reden so weit wie möglich an sein Konzept halten und, wenn es die Umstände erlauben, an das, was er sich, wie Demosthenes sagt, auch eingehämmert hat. Dieses Verfahren ist möglich bei den Reden am ersten Verhandlungstag und in den Verhandlungen, die bei Prozessen in Staatsangelegenheiten im Abstand von einigen Tagen stattfinden. Wo man aber vom Fleck weg antworten muß, kann man nicht alles vorbereiten, ja das Konzept hat Leuten, die nicht so schlagfertig sind, sogar schon geschadet, wenn der Gegenanwalt andere als die erwarteten Argumente brachte. 17. Solche Redner trennen sich nur ungern von ihrem Manuskript, während der ganzen Verhandlung behalten sie es im Blick und suchen, ob sie nicht irgend etwas davon noch herausklauben und ihrer Stegreifrede einfügen können. Wenn dies glückt, dann fehlt der Zusammenhang, und es fällt auf, nicht nur wegen der klaffenden Fugen, wie

bei einer schlecht verfugten Handwerksarbeit, sondern auch wegen des uneinheitlichen Stils. 18. So kann die Rede nicht frei dahinfließen, das sorgfältig Konzipierte paßt sich dem Zusammenhang nicht an, und eines steht dem andern im Wege; das Niedergeschriebene bildet eine Fessel für den Geist, anstatt seiner Führung zu folgen. Deshalb müssen wir in diesen Verhandlungen, wie die Leute auf dem Land sagen, »auf all unsern Füßen stehen«. 19. Denn für die Darlegung bzw. Widerlegung der Argumente können wir das schriftlich niederlegen, was wir bringen wollen, und eine solche Vorbereitung ist auch möglich in bezug auf die mit Sicherheit zu erwartenden Gegenargumente; über diese kann man sich nämlich bisweilen vorher im klaren sein. Was aber das übrige angeht, so können wir dafür nur eine Art der Vorbereitung von zu Hause mitbringen, nämlich daß wir den Fall genau kennen. Auf eine andere Weise können wir uns im Gerichtssaal absichern, indem wir die Rede unseres Gegners mit Aufmerksamkeit anhören. 20. Doch haben wir auch die Möglichkeit, vieles im voraus zu überdenken und unsern Geist gegen alle unerwarteten Ereignisse zu wappnen. Diese Methode bietet noch mehr Sicherheit als die schriftliche Abfassung, da man dabei noch leichter einen Gedankengang fallen lassen und in eine andere Bahn lenken kann. Mag er auch gezwungen sein, eine Antwort zu improvisieren, oder mag sonst ein Umstand eine Stegreifrede erfordern, so wird sich unser Redner, dem Studium, eigene Bemühung und die Erfahrungen der Praxis auch Wendigkeit vermittelt haben, doch niemals überrumpelt fühlen. 21. Er steht gewappnet und gleichsam zum Losschlagen bereit da, und die Beredsamkeit wird ihm vor Gericht so wenig fehlen wie die Sprache in Angelegenheiten des täglichen und privaten Lebens, und er wird sich niemals aus einer solchen Besorgnis einer Belastung entziehen, wenn er nur Zeit hat, sich mit dem Fall zu befassen. Denn alle erforderlichen Kenntnisse stehen ihm allzeit zu Gebot.

10. Kapitel

Die Stilarten

1. Nun muß ich die noch ausstehende Frage nach den Stilarten behandeln. Dies habe ich zu Anfang in meiner Gliederung als den dritten Teil meines Werkes bezeichnet, denn ich hatte mir vorgenommen, über die Kunst, den Künstler und das Werk zu sprechen[231]. Da nun das Ziel der Rhetorik und das des Redners ein guter Stil ist und es von diesem mehrere Arten gibt, wie ich zeigen werde, so sind Kunst und Künstler in diese Betrachtungen einbezogen. Doch unterscheiden sie sich sehr voneinander, und das nicht nur individuell, wie sich Statuen, Bilder und Reden jeweils voneinander unterscheiden, sondern auch generell, wie zum Beispiel etruskische Statuen von griechischen und asianische Redner von den attischen verschieden sind[232]. 2. Diese unterschiedlichen Stilarten, von denen ich spreche, haben ihre Meister und auch ihre Anhänger. Daher kommt es auch, daß es noch keinen vollkommenen Redner gegeben hat und auch noch keine vollkommene Kunst: nicht nur, weil der eine Künstler mehr in dieser, der andere in jener Form hervorragt, sondern weil eine Stilform nicht allen gefällt, was teils in der Verschiedenheit von Ort und Zeit, teils im Geschmack eines jeden und seinen Idealvorstellungen begründet ist.

3. Die ersten großen Maler, deren Werk nicht nur wegen ihres Alters Beachtung verdient, sind nach allgemeiner Auffassung Polygnot und Aglaophon[233]. Ihre schlichte Art der Farbgebung hat noch heute Anhänger, die in ihrer Begeisterung diese fast primitiven Werke, die sozusagen erst den Keim gelegt haben für die Kunst nach ihnen, den späteren Meistern vorziehen, meiner Ansicht nach in dem Bestreben, sich als besondere Kunstkenner hervorzutun.

[231] II 14, 5.

[232] Vgl. § 16ff. – Asianisch wird der reichere, schmuckvollere Stil aus Kleinasien genannt, attisch heißt der knappere, schlichtere aus Attika (besonders Athen).

[233] Polygnot aus Thasos, Schüler seines Vaters Aglaophon, wirkte um 470–440 v. Chr. Er hat bei der Ausmalung der στοὰ ποικίλη, der »Bunten Halle«, in Athen mitgewirkt, in der später die Stoiker lehrten, die daher ihren Namen hatten. Die verlorene Malerei ist uns aus antiken Beschreibungen (u. a. Pausanias, Lukian, Plinius d. Ä.) bekannt, einen Eindruck gewinnen wir aus der Wirkung der großen Maler auf die Vasenmalerei.

4. Dann haben Zeuxis und Parrhasios[234] einen bedeutenden Beitrag zu dieser Kunst geleistet. Sie haben etwa zur selben Zeit gelebt, während des Peloponnesischen Krieges; es findet sich nämlich bei Xenophon ein Gespräch des Sokrates mit Parrhasios. Zeuxis soll die Darstellung von Licht und Schatten erfunden, Parrhasios besondere Feinheit bei der Linienführung entwickelt haben. 5. Zeuxis ließ die Glieder plastischer hervortreten und wollte seiner Darstellung damit Größe und Erhabenheit verleihen. Darin folgt er, wie man glaubt, Homer, der sogar seine weiblichen Personen in heroischer Gestalt erscheinen läßt. Parrhasios dagegen steckte auf dem ganzen Gebiet die Grenzen in der Weise ab, daß man ihn den Gesetzgeber dieser Kunst nennt. Denn alle anderen Künstler nahmen sich seine Darstellungen von Göttern und Heroen zum Vorbild, als ob diese notwendigerweise so und nicht anders aussehen müßten. 6. Die Malerei befand sich um die Zeit Philipps von Makedonien bis zu den Nachfolgern Alexanders auf einem besonderen Höhepunkt, doch zeichneten sich ihre Künstler durch verschiedenartige Vorzüge aus. Protogenes zum Beispiel ragte vor allem durch seine Sorgfalt hervor, Pamphilos und Melanthios durch die wissenschaftliche Vertiefung, Antiphilos durch seine Leichtigkeit, Theon von Samos durch die Lebhaftigkeit seiner Szenen, die φαντασίαι genannt werden, und Apelles[235] durch Genie und Grazie, auf die er selbst besonders stolz war. Euphranor fand Anerkennung, weil er als Maler wie als Bildhauer ein wunderbarer Künstler war, während so viele andere große Meister mit ihm wetteiferten.

7. Ähnliche Unterschiede bestehen bei den Bildhauern[236]. Die Kunst des Kallon und Hegesias ist roh und der etruskischen sehr ähnlich; das Werk des Kalamis ist schon weniger steif, während Myrons Figuren eine größere Weichheit zeigen als die der bisher Erwähnten. In sorgfältiger Ausführung und würdevoller Schönheit

[234] Zeuxis aus Herakleia wirkte um 420–390 v. Chr. Seine Helena wird von Cicero *De inventione* II 1 ff. genannt. Im Gegensatz zur Erhabenheit des Polygnot stellte er seine Gestalten in reizvoller Schönheit dar. Bei Zeuxis' Zeitgenossen Parrhasios rühmte man die zarten Umrißlinien seiner Figuren. Im Gespräch mit Sokrates (Xenophon *Erinnerungen an Sokrates* III 10, 1–5) geht es um die Frage, ob seelische Eigenschaften künstlerisch darzustellen sind. Beide Maler haben die Eigenart der Vasenmalerei im »Reichen Stil« bestimmt.

[235] Der bedeutendste der genannten Maler (vgl. Anm. 67). Er wirkte am Hofe Alexanders des Großen und schuf dessen offizielle Bildnisse. Sein Bild der aus dem Meer emportauchenden Aphrodite kam nach Rom, wo Quintilian es gesehen haben könnte. – Euphranor von Korinth (Blütezeit um 364–361 v. Chr.) wirkte noch auf die pompejanische Wandmalerei und soll auch literarische Werke über Kunst verfaßt haben.

überragt Polyklet alle übrigen. Zwar reichen die meisten ihm die Palme, doch um nichts frei von irgendeinem Makel erscheinen zu lassen, kreidet man es ihm an, daß seine Gestalten zu wenig hoheitsvoll sind. 8. Denn während er der menschlichen Gestalt eine ideale Schönheit verlieh, schien er der majestätischen Würde der Götter nicht gerecht geworden zu sein. Er soll vor der Darstellung des reifen Alters zurückgeschreckt sein und sich nur an glatte Wangen herangewagt haben. Doch die Gaben, die Polyklet mangelten, wurden Pheidias und Alkamenes zuteil. 9. Pheidias war ein größerer Meister in der Götter- als in der Menschendarstellung; in der Kunst seiner Goldelfenbeinstatuen war er ohne einen Rivalen, selbst wenn er nur das Bildnis der Athene in Athen oder den Zeus von Olympia in Elis geschaffen hätte. Dessen Schönheit scheint die Verehrung, die dem Gott entgegengebracht wurde, noch gesteigert zu haben, so sehr entsprach die Majestät des Werkes der Gottheit. Nach allgemeiner Auffassung sollen Lysipp und Praxiteles am naturgetreuesten gearbeitet haben. Demetrios wird getadelt, weil er seinen Realismus zu weit getrieben habe, ihm ging es mehr um Ähnlichkeit als um Schönheit.

10. Wenn man bei der Redekunst die verschiedenen Stilformen betrachten will, wird man fast ebenso viele verschiedenartige Talente finden, wie es körperliche Unterschiede gibt. Es gab nämlich einige Stilformen, die ihrer Zeit entsprechend ziemlich grobschlächtig waren, im übrigen aber beachtliches Talent verraten. Hierzu mögen wir Redner wie Laelius, Africanus, Cato und die Gracchen[237] rechnen, die man wie Polygnot und Kallon einstufen kann. Auf einer mittleren Stufe befinden sich Lucius Crassus und Quintus

[236] Aus dem Kanon der zehn Genannten seien hervorgehoben: Myron, Höhepunkt um 460–430 v. Chr.: Diskuswerfer (vgl. II 13, 10), Athene-Marsyas-Gruppe; Polyklet, 450–420 v. Chr.: Speerträger, Diadumenos (Jüngling mit der Siegerbinde). Pheidias, 460–430 v. Chr., der führende Bildhauer Athens im 5. Jahrhundert v. Chr.: Seine berühmten Goldelfenbeinwerke (Zeus von Olympia, Athena Parthenos von der Akropolis) sind nicht erhalten. Charakteristisch für seine Kunst sind der Apoll von Kassel und die Athena Lemnia in Dresden. Lysipp, um 370–310 v. Chr.: Apoxyomenos (Athlet), Heraklesstatuen, Alexanderbildnis. Lysipp, wie die anderen Meister auch als Erzgießer hervorragend, war der Wegbereiter der hellenistischen Kunst. Praxiteles, Höhepunkt um 364–360, führender Bildhauer Athens im 4. Jahrhundert v. Chr.: Hermes von Olympia, Apollon Sauroktonos, Aphrodite von Knidos.

[237] Vgl. Cicero *Brutus* 83 ff., 65 ff., 104, 125. Im *Brutus* 70 ff. findet sich ebenfalls eine Aufzählung von Malern und Bildhauern; die vergleichende Entwicklungsgeschichte der Künste war bereits in Griechenland ausgebildet.

Hortensius[238]. 11. Dann erblühte eine reiche Fülle von Rednern, die sich im Alter kaum voneinander unterschieden. Hier finden wir die Energie Caesars, die Naturbegabung des Caelius, die feine Eleganz des Calidius, die Sorgfalt des Pollio, die Würde des Messalla, die Strenge des Calvus, die Erhabenheit des Brutus, den Scharfsinn des Sulpicius und die Bitterkeit des Cassius. Bei unseren Zeitgenossen erlebten wir die reiche Fülle Senecas, die Kraft des [Julius] Africanus, die Reife des Afer, die reizvolle Art des Crispus, den volltönenden Klang des Trachalus und die Eleganz des Secundus. 12. Mit Cicero aber haben wir keinen Mann wie Euphranor, der nur in einigen Stilarten hervorragt, sondern einen, der alle, in denen jeder einzelne sich Ruhm erworben hat, am hervorragendsten in sich vereint. Dennoch haben ihn schon seine Zeitgenossen anzugreifen gewagt: Er sei zu bombastisch, sei asianisch, überströmend, wiederhole sich zu oft, sei in seinem Witz bisweilen frostig, in seiner Wortfügung abgehackt, extravagant und – ein abwegiger Vorwurf – zu weich für einen Mann[239]. 13. Später, als er als Opfer der Triumvirn bei den Proskriptionen umgekommen war, traten seine Hasser, seine Neider und Rivalen auf, Speichellecker der damaligen Machthaber, und griffen ihn an, der sich nicht mehr wehren konnte. Der Mann, der heutzutage einigen als nüchtern und trocken gilt, mußte sich von seinen Gegnern sagen lassen, sein Stil treibe zuviel Blüten, und sein Talent ergieße sich unkontrolliert. Beides ist falsch, doch mag der letzte Vorwurf eher zu entschuldigen sein als der erste. 14. Seine schärfsten Kritiker waren die Redner, die für Nachahmer attischer Beredsamkeit gehalten werden wollten. Diese Gruppe, die sich gleichsam durch geheimnisvolle Riten für eingeweiht hielt, hat ihn wie einen Fremdling verfolgt, der ihrem Wahn nicht genügend Respekt erwies und sich von ihren Gesetzen nicht binden lassen wollte. Wir haben sie heute noch unter uns, ein trockenes, saft- und kraftloses Häuflein. 15. Diese sind es nämlich, die ihre Schwächlichkeit hinter der Bezeichnung Gesundheit verstecken, was aber das genaue Gegenteil ist. Da sie eine glänzendere Art der Beredsamkeit wie die Strahlen der Sonne nicht ertragen können, verstecken sie sich im Schatten eines großen Namens[240]. Da ihnen Cicero

[238] Zu Crassus und Hortensius siehe Cicero *Brutus* 143 ff. und 317 ff.; zu den übrigen vgl. X 1.

[239] Vgl. die Kritik bei Tacitus *Dialogus de oratoribus* 18; 22. Der Streit zwischen den römischen Asianern und Attizisten bei Cicero *Brutus* 284 ff.

[240] Zur attischen Beredsamkeit zählte Lysias, das Vorbild der Attizisten, aber auch Demosthenes. – Ciceros Entgegnung: *Brutus* 284 ff., *Orator* 25 ff.

selbst mehrfach ausführlich geantwortet hat, ist es für mich sicherer, wenn ich mich hierüber kurz fasse.

16. Die Unterscheidung zwischen Attikern und Asianern gab es schon in früherer Zeit. Die ersteren galten als knapp und von gesunder Konstitution, die anderen dagegen für geschwollen und inhaltsleer; bei diesen gab es nichts Überflüssiges, jenen mangelte es in besonderem Maße an Geschmack und Maß. Nach der Meinung von einigen, unter denen sich Santra[241] befindet, soll dies folgenden Grund haben: Die griechische Sprache habe sich allmählich bis in die benachbarten Städte Kleinasiens ausgebreitet, und Männer, die sie noch nicht genügend beherrschten, hätten als Redner auftreten wollen. Daher hätten sie damit begonnen, das, was sie genau ausdrükken wollten, in Umschreibung zu sagen, und schließlich habe sich diese Ausdrucksweise bei ihnen eingebürgert. 17. Mir scheint der unterschiedliche Stil auf den Volkscharakter von Rednern und Hörern zurückzugehen: Die Attiker, geglättet und fein wie sie sind, konnten nichts Aufgeblasenes und Übertriebenes ertragen, die Asianer aber neigten mehr zu Schwulst und Gepränge und spreizten sich auch mit einer großsprecherischen Redekunst.

18. Später fügten die Kritiker, die diese Einteilung vorgenommen haben, noch eine dritte Stilart hinzu, die rhodische, die für sie eine mittlere und aus den beiden anderen gemischte Form darstellte. Die Redner dieser Schule sind nämlich weder so knapp wie die Attiker noch so überfließend wie die Asianer. So scheinen sie einiges dem Charakter des Volkes, anderes ihrem Gründer zu verdanken. 19. Denn es war Aischines, der sich diesen Ort als Exil erwählt hatte und der die Kultur von Athen nach Rhodos brachte, und gerade wie manche Pflanzen bei einem Wechsel von Klima und Boden ihre Art ändern, so vermischte sich der feine attische Wohlgeruch mit fremden Düften. Folglich gelten auch die Redner aus dieser Schule sozusagen für gemächlich und gelinde, doch fehlt ihnen nicht die Gewichtigkeit, und sie gleichen eher ruhigen Gewässern als den klaren Quellen des Attischen oder den wirbelnden Strömen des Asianischen.

20. Niemand sollte demnach Bedenken haben, den attischen Redestil als den bei weitem besten anzusehen. Zwar haben alle attischen Redner etwas gemeinsam, nämlich ein strenges und unfehlbares Urteilsvermögen, doch zeigt sich ihr Talent in zahlreichen verschiedenen Formen. 21. Folglich bin ich der Ansicht, daß sich diejenigen sehr täuschen, die einzig solche Redner als attisch ansehen, die

[241] Altlateinischer Grammatiker.

schlicht, klar und ausdrucksvoll, aber mit einer sozusagen anspruchslosen Redekunst zufrieden sind und ihre Hände stets in den Falten ihres Gewandes verborgen halten. Denn welcher Redner ist auf diese Weise attisch? Lysias soll es sein, ihn stellen ja die Anhänger dieses Stils als Muster für das Attische auf. Also brauchen wir nicht bis zu Kokkos und Andokides[242] zurückzugehen. Ich möchte mir aber doch die Frage erlauben, ob Isokrates attisch gesprochen hat. 22. Doch ist niemand so von Lysias verschieden wie er. Sie sagen nein. Und doch hat uns seine Schule die größten Redner geschenkt. Suchen wir etwas, was ähnlicher ist. Ist Hypereides ein Attiker? Sicherlich, und doch bevorzugt er das Gefällige. Ich will eine Vielzahl von Rednern übergehen, wie Lykurg, Aristogeiton und ihre Vorgänger Isaios und Antiphon; man kann von ihnen sagen, daß sie generell eine Ähnlichkeit aufweisen, doch sind sie individuell verschieden. 23. Wie steht es mit Aischines, den ich eben erwähnt habe? Ist sein Stil nicht mehr in die Weite gehend, kühner und erhabener? Und wie ist es schließlich mit Demosthenes? Überflügelt er nicht alle diese schlichten, bedachtsamen Redner durch seine Energie, seine Erhabenheit, durch den Schwung seines Geistes, seine stilistische Feinheit und seine rhythmische Fügung? Erhebt er sich nicht zur Größe in seinen allgemeinen Betrachtungen? Erfreut er nicht durch seinen Reichtum an Redefiguren? Brilliert er nicht durch seine Metaphern? Verleiht er nicht stummen Dingen die Sprache und legt ihnen eine Rede in den Mund? 24. Hat er nicht durch den berühmten Eid bei den gefallenen Kämpfern von Marathon und Salamis[243] genügend klar bewiesen, daß Platon sein Lehrer war? Und werden wir etwa Platon einen Asianer nennen, ihn, der gewöhnlich mit Dichtern verglichen wird, die vom Anhauch göttlichen Geistes inspiriert werden? Und wie ist es mit Perikles? Können wir glauben, sein Redestil sei ähnlich schlicht gewesen wie der des Lysias, wenn die Komödiendichter selbst in ihren Schmähungen die Kraft seiner Rede mit Blitz und Donner vom Himmel vergleichen? 25. Was ist also der Grund dafür, daß diese Leute glauben, der feine attische Ton fände sich allein bei denen, die wie ein feines Rinnsal über Kieselsteine rieseln, und daß sie sagen, dort allein spüre man den Duft des Thymians aus Attika? Ich glaube, falls diese Leute einen Streifen fruchtbareren Bodens und

[242] Redner um 460–390 v. Chr. Der erstere soll ein Schüler des Isokrates gewesen sein, der zweite war wegen seines schlichten Stils bekannt. – Zu Isokrates und Lysias vgl. *Brutus* 32 und 35.

[243] In der *Rede vom Kranz* (§ 208), in der er seine Politik eines freien Hellas rechtfertigt.

ein ergiebigeres Feld innerhalb der Grenzen von Attika entdeckten, so würden sie leugnen, daß dies Attika sei, da der Boden mehr hervorgebracht hat, als er erhalten hat; denn Menander spricht ja im Spott von der Zuverlässigkeit dieses Landstriches[244]. 26. Gesetzt den Fall, jemand fügt heutzutage den Vorzügen des Demosthenes, die ihn zum Fürsten der Redner machten, doch noch etwas hinzu, was ihm dem Anschein nach gefehlt hat – sei es seinem Temperament oder der Verordnung seiner Vaterstadt zufolge –, daß er nämlich die Gemüter seiner Zuhörer noch stärker in Erregung brächte – sollte ich da von diesen Kritikern zu hören bekommen: »Das hat Demosthenes nicht getan«? Und angenommen, jemand besitzt eine angemessenere rhythmische Fügung – das kann vielleicht gar nicht sein, aber setzen wir einmal den Fall –, wäre das dann nicht attisch? Diese Kritiker sollten eine bessere Meinung von diesem Stilbegriff haben und überzeugt sein, daß attisch reden so viel ist wie vollkommen reden[245].

27. Ich würde es noch eher hinnehmen, wenn es die Griechen wären, die auf einem solchen Standpunkt verharrten. Die lateinische Beredsamkeit aber ist zwar, was Gedankenfindung, Aufbau, kritisches Urteil und das übrige aus diesem Bereich angeht, der griechischen ähnlich und mag geradezu als ihre Schülerin angesehen werden. Doch hat sie, was die sprachliche Gestaltung angeht, kaum die Möglichkeit, das Griechische nachzuahmen. Sie ist von vornherein schon rauher in ihrem Klang – wir besitzen ja auch die beiden so wohlklingenden Buchstaben aus dem griechischen Alphabet nicht: der eine ein Vokal, der andere ein Konsonant, die angenehmer als alle anderen klingen[246]; wir müssen sie uns borgen, wenn wir griechische Worte gebrauchen. 28. Und wenn dies glückt, so bekommt unsere Sprache auf einmal einen irgendwie heitereren und glänzenderen Ausdruck. Man nehme zum Beispiel Worte wie *zephyris* und *zophoris*. Schreibt man diese nach dem lateinischen Alphabet, so ergibt dies einen gewissermaßen stumpfen und barbarischen Klang, denn an die Stelle dieser Buchstaben treten solche von düsterem und rauhem Charakter, die das Griechische nicht besitzt. 29. Denn der sechste Buchstabe in unserem Alphabet ist ein Ton, der kaum als Klang der menschlichen Stimme oder überhaupt einer Stimme zu

[244] D. h. der Boden von Attika gebe nur das wieder, was man in ihn gelegt habe, und nicht mehr (*Georgos [Der Bauer]* 35 ff.).

[245] Vgl. Cicero *Brutus* 291, *De optimo genere oratorum (Von der besten Art der Redner)* 13.

[246] Φ und Y, die in den genannten Worten durch F und U ersetzt werden.

erachten ist und der entsteht, indem man die Luft durch die Zahnreihen bläst. Ein solcher Buchstabe klingt wie herausgestoßen, selbst wenn ein Vokal folgt; doch wenn er mit einem Konsonanten zusammentrifft – wie im Wort *frangit* –, wird es noch rauher. Dann gibt es den äolischen Buchstaben[247], wie er uns in Worten wie *servum* und *cervum* begegnet. Wir haben zwar diesen Buchstaben in seiner Form nicht übernommen, doch seine Lautqualität wirkt auch in unserer Sprache. 30. Auch der Buchstabe Q, der nur in der Verbindung mit ihm folgenden Vokalen wirksam, sonst aber überflüssig ist, verursacht hartklingende Silben, so wenn wir zum Beispiel *equos* und *aequum* schreiben. Die Verbindung mit den zwei Vokalen schafft einen Klang, den es bei den Griechen gar nicht gibt und der nicht durch ihre Buchstaben wiedergegeben werden kann. 31. Weiter enden bei uns manche Worte mit dem Buchstaben M, der sich wie das Muhen einer Kuh anhört, ein Buchstabe, mit dem kein griechisches Wort endet. An seiner Stelle verwenden sie das Ny, einen angenehmen und besonders am Wortende gleichsam klingenden Ton, der bei uns als letzter Buchstabe eines Wortes äußerst selten ist. 32. Außerdem haben wir Silben, die sehr rauh in einem B oder D ausklingen, so daß nicht nur die Dichter ganz alter Zeiten, sondern auch solche aus einer noch nicht so weit zurückliegenden Vergangenheit dies zu mildern versuchten, indem sie nicht nur *aversa* für *abversa* gesagt, sondern auch bei der Präposition an das B noch ein S angefügt haben, obwohl dieses für sich genommen auch einen rauhen Klang ergibt. 33. So sind auch die Akzente (d. h. Wortbetonungen) bei uns weniger schön als bei den Griechen, einmal infolge einer gewissen Starrheit und dann eben wegen ihrer Gleichförmigkeit. Denn die letzte Silbe eines Wortes ist niemals durch einen Akut betont und wird niemals gedehnt wie bei einem Zirkumflex, sondern endet immer mit einem Gravis oder sogar zweien[248].

Die griechische Sprache ist also viel wohlklingender als die lateinische, daher schmücken unsere Dichter, wenn sie wollen, daß ihre Verse harmonisch klingen, sie mit griechischen Namen aus. 34. Noch mehr fällt ins Gewicht, daß wir für sehr viele Dinge keine Bezeichnung haben, so daß wir sie durch Metaphern oder Umschreibungen ausdrücken müssen. Und selbst in Fällen, wo es Benennungen gibt, zwingt uns die ungemeine Armut unserer Sprache sehr oft zu

[247] Das Digamma, dessen Schreibweise dem großen F ähnlich war, der V- oder W-Laut, der in klassischer Zeit nicht mehr geschrieben, sondern durch ου ersetzt wurde.

dieser Methode. Die Griechen dagegen haben nicht nur eine reiche Fülle an Worten, sondern auch an verschiedenen Dialekten.

35. Wer daher vom Lateinischen die berühmte Anmut des Attischen fordert, der sollte mir erst einmal für denselben Wohlklang und die gleiche Wortfülle sorgen. Wenn uns das versagt ist, dann müssen wir unsere Gedanken den Worten anpassen, die uns zur Verfügung stehen, und dürfen sehr schlichte Themen nicht in Worten ausdrücken, die, ich will nicht sagen zu üppig, aber doch zu kräftig dafür sind. Sonst wird eben durch diese unglückliche Mischung die Kraft beider zerstört. 36. Denn je weniger Unterstützung wir durch unsere Sprache finden, desto mehr müssen wir mit der Waffe unserer Erfindungsgabe kämpfen. Wir müssen erhabene, durchschlagende Gedanken entwickeln. Wir müssen alle Gefühlsregungen zu wecken verstehen, unser Stil muß sich mit dem Glanz von Metaphern schmücken. Wir können nicht so anmutig sein, also wollen wir kraftvoller sein. An Feinheit sind wir unterlegen, so wollen wir durch Gewichtigkeit überlegen sein. Ihre Worte haben die größere Treffsicherheit; wir wollen durch Ausdrucksreichtum siegen. 37. Bei den Griechen finden auch Talente minderer Güte ihren Ankerplatz, während wir gewöhnlich mehr Segel setzen. So soll uns ein stärkerer Wind die Segel blähen, doch wollen wir nicht immer nur die hohe See befahren, sondern bisweilen auch einmal an der Küste entlangsegeln. Sie kommen leicht auch durch seichte Stellen hindurch ans Land, ich muß eine etwas – ich will nicht sagen viel – tiefere Fahrrinne suchen, in der mein Kahn nicht auf Grund läuft. 38. Wenn die Griechen auch auf dem Gebiet des Feineren und Knapperen besser sind und wir allein darin hinter ihnen zurückstehen – weswegen wir auch in der Komödie nicht mit ihnen

[248] D. h. unbetont. Den Gravis haben die Griechen, wie wir aus Papyri wissen, nicht nur auf die letzte Silbe, sondern auf alle Silben gesetzt, die schwächer betont wurden. Quintilian meint, daß im Lateinischen die letzte und oft auch die vorletzte Silbe unbetont bleiben, während die Endbetonung den Wortfluß des Griechischen auflockert. – Die Ausdrucksarmut der lateinischen Sprache gilt besonders für wissenschaftliche Termini, um deren lateinische Wiedergabe sich Cicero immer wieder bemüht. Vgl. auch Lukrez 1, 136 ff. (deutsch von K. L. von Knebel):

> Zwar ich weiß es gar wohl, wie schwer es werde, der Griechen
> Dunkle Erforschungen klar in lateinischen Versen zu machen:
> Namentlich da wir hierzu noch neuer Wörter bedürfen,
> Weil die Sprache zu arm und die Gegenstände noch neu sind.

Ähnlich äußern sich auch Cicero *Orator* 163, Horaz *Ars Poetica* 323 und Seneca *Epistolae* 57, 1.

wetteifern –, so dürfen wir deshalb doch diese Stilart nicht gänzlich vernachlässigen, sondern müssen uns darin vervollkommnen, so gut wir können. Wir können den Griechen aber ähnlich werden in der Anwendung des rechten Maßes und eines richtigen Urteils, die Gefälligkeit der Sprache aber, die wir selbst nicht besitzen, müssen wir durch Zutaten von außen her erreichen. 39. Spricht Cicero in seinen Privatprozessen nicht eine klare und wohlabgewogene Sprache, ohne sich über ein gewisses Maß zu erheben? Zeichnet sich nicht Marcus Calidius durch den gleichen Vorzug aus? Waren nicht Scipio, Laelius, Cato in ihrem Stil sozusagen die Attiker Roms? Wem genügt aber das nicht, was besser gar nicht sein könnte?

40. Da gibt es ferner Kritiker, die keine Art der Beredsamkeit als natürlich ansehen, wenn sie dem Alltagston nicht möglichst ähnlich ist, in dem wir mit unsern Freunden, Gattinnen, Kindern und Sklaven reden, wobei man damit zufrieden ist, seine Meinung zum Ausdruck zu bringen, ohne dabei erlesene oder besonders ausgearbeitete Stilmittel für nötig zu halten. Alles, was man darüberhinaus hinzufügt, glauben sie, sei affektiert und eine Art anspruchsvoller Zurschaustellung der Rede. Das habe nichts mit der Wirklichkeit zu tun, sondern sei nur erdichtet um der Worte willen, denen aber von Natur aus dies als einzige Aufgabe gegeben wurde: Diener der Gedanken zu sein. 41. Man könne eine solche Sprache mit den Körpern von Athleten vergleichen: Wenn diese auch durch Training und Diät kräftiger würden, so seien sie doch nicht natürlich und überschritten in ihrem Aussehen das menschliche Maß. Wozu ist es gut, sagen diese Kritiker, Dinge durch Umschreibungen oder Metaphern, d. h. durch eine größere Anzahl von Worten oder durch Worte aus einem anderen Zusammenhang, wiederzugeben, wenn doch jedes Ding seinen eigenen Namen habe? 42. Schließlich behaupten sie, die frühesten Redner hätten am meisten den Regeln der Natur gemäß gesprochen, später aber habe es Redner gegeben, die den Dichtern ähnlicher waren, zwar sparsamer als diese in ihrer Ausdrucksweise, aber doch ähnlich, und diese hätten einen falschen und unpassenden Wortgebrauch als einen Vorzug angesehen. In dieser Argumentation ist manches Wahre, und daher sollten wir nicht so weit, wie einige Redner das tun, vom eigentlichen und allgemein üblichen Wortgebrauch abweichen. 43. Wenn aber jemand, wie ich das bei der Behandlung der Wort- und Satzfügung ausgeführt habe[249], zu dem Allernotwendigsten noch etwas Besseres hinzufügt,

[249] IX 4.

dann soll ihn dieser Vorwurf nicht treffen. Denn ich bin der Ansicht, die Alltagssprache hat einen anderen Charakter als die Rede eines redegewandten Mannes. Für die erstere genügt es, Tatbestände mitzuteilen, und sie gibt sich keine Mühe, über den sachlich gegebenen Wortgebrauch hinauszukommen. Der Redner jedoch hat die Aufgabe, seine Zuhörer zu erfreuen, auf ihre Gefühle einzuwirken und ihren Sinn zu ganz verschiedenen Ideen hinzulenken. Er bedient sich dabei der Hilfsmittel, die uns die Natur zur Verfügung gestellt hat. 44. Seine Muskeln durch Training zu straffen, seine Kräfte zu stärken und eine gesunde Farbe zu bekommen, das ist natürlich. So hält man auch bei allen Völkern einen für beredter und angenehmer in seiner Redeweise als den anderen – wäre das nicht der Fall, so wären alle Redner gleich, aber dieselben Männer sprechen über jede Sache jeweils anders und wahren individuelle Unterschiede. Je wirkungsvoller einer spricht, desto mehr wird er folglich in Übereinstimmung mit der Natur der Beredsamkeit sprechen[250].

45. Daher habe ich auch nicht allzu viel gegen die Meinung derjenigen einzuwenden, die glauben, man müsse auch einige Zugeständnisse an die Zeitumstände machen sowie an die Zuhörer, die eine etwas elegantere und gefühlsbetontere Art zu sprechen fordern. Daher glaube ich, man sollte keinen Redner auf den Stil der Vorgänger des Cato und der Gracchen festlegen, ja auch nicht auf diese selbst. Und ich sehe, daß auch Cicero es so gehalten hat, daß er sich zwar hauptsächlich nach den Erfordernissen seines Falles richtete, aber sich doch auch die Unterhaltung der Zuhörer angelegen sein ließ, er sagte nämlich, er führe auch seine eigene Sache, obwohl natürlich der Klient im Mittelpunkt stehe. 46. Denn was Gefallen fand, nützte ihm auch bei der Sache. Ich finde nichts, was man seinem Stil an Unterhaltsamem noch hinzufügen könnte, nur daß wir heute mehr Sentenzen gebrauchen. Freilich kann man das auch tun, ohne daß die Behandlung des Falles oder die Würde der Sprache leiden muß, wenn diese Glanzlichter nämlich nicht zu häufig und eins an das andere gereiht auftauchen und sich gegenseitig ihrer Wirkung berauben. 47. So weit gehe ich in meinen Zugeständnissen, doch keiner soll mich einen Schritt weiter bringen. Ich stimme der heutigen Auffassung zu, indem ich sage, die Toga soll nicht

[250] Die Kritik stammt von den Stoikern; Quintilian wendet ihre oberste Maxime: »in Übereinstimmung mit der Natur leben« hier auf die Rhetorik an. – Zur folgenden Konzession an den Zeitgeist vgl. auch Tacitus *Dialogus de oratoribus* 20.

aus struppiger Wolle sein, aber sie braucht auch nicht aus Seide zu sein. Das Haar braucht nicht ungeschnitten herabzuhängen, aber es braucht auch nicht in Flechten und Ringellöckchen frisiert zu sein. Denn wenn wir nicht vom Standpunkt eines Stutzers und Schwelgers urteilen, dann ist etwas umso schöner, je ehrenhafter es ist. 48. Diese Stellen, die wir gemeinhin Sentenzen nennen, hat es im übrigen bei den Alten und zumal bei den Griechen nicht gegeben – ich finde sie nämlich erst bei Cicero –, wer könnte aber ihre Brauchbarkeit leugnen, wenn sie Substanz besitzen, nicht im Überfluß vorhanden sind und auf den Erfolg abzielen? Sie haben eine schlagende Wirkung auf den Hörer, vermögen einer Sache den letzten Stoß zu geben, bleiben gerade durch ihre Kürze besser im Gedächtnis haften und überreden durch das Vergnügen, das sie bereiten.

49. Es gibt jedoch Kritiker, die der Meinung sind, daß man diese lebhafteren Formen rednerischer Brillanz zwar während des Vortrags gebrauchen dürfe, daß sie aber von einer schriftlich niedergelegten Rede ausgeschlossen bleiben müßten. Daher darf ich auch diesen Punkt nicht übergehen, ohne mich dazu geäußert zu haben. Sehr viele Gelehrte haben nämlich die Ansicht vertreten, Reden und Schreiben seien zwei ganz verschiedene Sachen, deshalb hätten auch einige der berühmtesten Redner wie Perikles und Demades der Nachwelt nichts in dauerhafter literarischer Form hinterlassen. Andererseits habe es einige gegeben, die zum Schreiben höchst begabt gewesen seien, aber nicht geeignet zum Reden in der Öffentlichkeit, zum Beispiel Isokrates. 50. Außerdem benötige man beim Reden gewöhnlich mehr Lebhaftigkeit und stilistische Reize, zuweilen ein wenig freiere Natur, und die Gemüter eines ungebildeten Publikums müßten in Erregung versetzt und gelenkt werden. Was man dagegen in Buchform gebracht und als Muster herausgegeben hat, das müsse nicht nur geglättet und gefeilt, sondern auch in Übereinstimmung gebracht sein mit den Gesetzen und Regeln künstlerischer Gestaltung. Es komme ja in die Hand von Sachverständigen, und Künstler würden seinen Kunstcharakter beurteilen. 51. Diese feinsinnigen Meister – daß sie solche sind, davon sind sie ja selbst wie viele andere überzeugt – haben festgelegt, daß

[251] Beides sind Schlußfolgerungen. Das Beispiel (in der Form der Induktion) bedarf der – in der Rede echten oder fingierten – Antwort, zum Beispiel: Welches Pferd ist das beste? Das edelste. Also ist mein Zeuge der beste, denn er ist der edelste. Beim Enthymem entfällt die Gegenrede, der Redner bzw. der Schreibende zieht sogleich den Schluß. Das sensualistische Element wird dem Sprechen, das rationale dem Schreiben zugeordnet.

das παράδειγμα (Beispiel) für die Rede das Geeignetere ist, das ἐνθύμημα (Enthymem) aber das Passendere in der geschriebenen Darstellung[251]. Für mich ist gut reden und gut schreiben ein und dasselbe, und eine niedergeschriebene Rede ist nichts anderes als das Dokument einer gehaltenen Rede. Also muß sie meiner Meinung nach alle Vorzüge besitzen, Vorzüge, sage ich, nicht Fehler. Denn daß den Ungebildeten bisweilen Fehlerhaftes gefällt, das weiß ich wohl. 52. Worin besteht unter diesen Verhältnissen der Unterschied? Hätte ich lauter Weise zu Richtern, so würde ich eine große Zahl von Stellen nicht nur aus den Reden Ciceros herausschneiden, sondern sogar aus denen des Demosthenes, der doch viel knapper ist. Da bedürfte es ja gar keines Appells an das Gefühl, noch müßte man ihnen einen Ohrenschmaus bereiten oder sie besänftigen; sogar ein Prooemium wäre überflüssig, meint Aristoteles[252], wenn es sich an solche Personen richtete, denn Weise lassen sich davon nicht beeinflussen. Genau und klar die Fakten darzulegen und die Beweise zu erbringen wäre genug.

53. Da unsere Richter aber das Volk oder aus dem Volk genommen sind und oft ungebildete oder zuweilen bäurische Leute ihre Stimme abgeben werden, müssen wir alle Mittel einsetzen, die wir zum Erreichen unseres Zieles für nützlich erachten. Und diese müssen wir sowohl beim Sprechen zum Ausdruck bringen als auch in der geschriebenen Rede sichtbar werden lassen, wenn es denn beim Schreiben unser Ziel ist zu lehren, wie gesprochen werden sollte. 54. Ist eine Rede des Demosthenes in der Form, in der er sie geschrieben hat, etwa als schlecht zu bezeichnen – oder eine Rede Ciceros? Und daß sie die hervorragendsten Redner waren – woher wissen wir das sonst als aus ihren schriftlichen Dokumenten? Sprachen sie also besser, als sie schrieben, oder schlechter? Wenn besser, so sollten sie lieber auch so geschrieben haben, wie sie sprachen. 55. Wie nun? Soll der Redner immer so sprechen, wie er schreibt? Wenn möglich immer. Wenn aber einmal die vom Richter genehmigte Zeit zu knapp ist, wird der Redner vieles von dem, was zu sagen wäre, weglassen, die veröffentlichte Rede wird jedoch alles enthalten. Was aber nur in Hinsicht auf die Person der Richter gesagt wurde, braucht der Nachwelt nicht in dieser Form überliefert zu werden, damit nicht als die wahre Meinung des Redners erscheint, was nur ein Zugeständnis an die damalige Situation war. 56. Es kommt nämlich sehr darauf an, in welchem Maße der Richter zum Zu-

[252] *Rhetorik* III 1; 13; vgl. Quintilian IV 1,72 (hier nicht abgedruckt).

hören geneigt ist, sein Gesichtsausdruck kann dem Redner oft zum Anhalt dienen, wie Cicero rät[253]. Daher müssen wir beharrlich bei den Punkten bleiben, von denen wir gemerkt haben, daß sie den Richtern gefallen, und müssen von denen Abstand nehmen, die bei ihnen keine Aufnahme finden. Unser Vortrag muß bezwecken, dem Richter alles möglichst leicht verständlich zu machen. Das ist nicht verwunderlich, wenn wir bedenken, daß auch die Rücksicht auf die Zeugen manche Änderung erfordert. 57. Klug hat der Redner es gemacht, der einen Zeugen vom Lande befragte, ob er einen Amphion kenne. Als dieser verneinte, ließ er bei dem Namen den Hauchlaut weg und sprach die zweite Silbe kurz aus. Darauf sagte der Mann, den kenne er sehr gut. Situationen dieser Art führen dazu, daß man einmal anders spricht, als man schreibt, wenn man sich nicht in der Schriftsprache ausdrücken kann.

58. Es gibt noch eine andere Einteilung, die auch drei Teile umfaßt, mit Hilfe derer sich die verschiedenen Stilarten wohl auch richtig voneinander unterscheiden lassen. Denn als erster wird der schlichte Stil festgesetzt *(genus subtile)*, den die Griechen ἰσχνόν (mager, trocken) nennen, als zweiter der erhabene und kraftvolle *(genus grande)*, der bei ihnen ἁδρόν (voll, kräftig) heißt, einen dritten fügen sie hinzu, den die einen den mittleren von diesen beiden *(genus medium)*, die anderen aber den blumigen nennen, den sie als ἀνθηρόν (blühend) bezeichnen[254]. 59. Der Charakter dieser Stilarten ist kurz folgender: Der erste erscheint am besten geeignet für die Aufgabe des Informierens, der zweite für den Appell an die Gefühle, der dritte aber, wie man ihn auch nennen mag, eignet sich besonders, um die Zuhörer zu unterhalten oder, wie andere sagen, zu gewinnen. Als die wichtigste Fähigkeit erscheint beim Informieren eine scharfsinnige Denkweise, beim Gewinnen der Zuhörer eine sanfte Art, beim Erregen der Affekte ein energisches Zupacken. Folglich werden wir unsere Tatbestandserzählung und die Beweisführung hauptsächlich im schlichten Stil halten; dieser Stil ist für sich genommen oft ausreichend, auch ohne die Vorzüge der anderen Stilformen. 60. Der mittlere Stil enthält häufiger Metaphern und wirkt gefälliger durch seinen Gebrauch von Redefiguren, erfreu-

[253] *Pro Cluentio (Für Cluentius)* 89.

[254] Die Lehre von den drei Stilarten wurde besonders von den Peripatetikern vertreten und von Theophrast formuliert. Im Lateinischen finden wir sie zuerst beim *Auctor ad Herennium* IV 11 ff., dann ausführlich bei Cicero *De oratore* III 177, 199, 212, *Orator* 20. Den drei Aufgaben des Redners werden die drei Stilarten zugewiesen bei Cicero *Orator* 69.

licher durch seine Exkurse; er ist gehörig abgerundet durch den Gebrauch des Prosarhythmus und anziehend durch seine Sentenzen. Er fließt freilich sanfter dahin, wie ein klarer Strom, der beiderseits von grünenden Ufern umschattet ist. 61. Doch ein Stil, der wie ein Fluß ist, der Felsen herabrollt, »die Brücke unwillig abschüttelt[255]« und sich selbst sein Bett bahnt, wird mit unaufhaltsamer Strömung den Richter umreißen, selbst wenn er sich dagegenstemmt, und ihn zwingen, ihm zu folgen, wohin er ihn trägt. Wer so redet, wird auch die Toten zu neuem Leben erwecken, wie es Cicero mit Appius Caecus tat[256], bei ihm wird auch das Vaterland selbst laut aufschreien, so wie es mit Cicero spricht in der Rede gegen Catilina im Senat. 62. Dieser Redner wird seinen Stil durch Steigerungen erhöhen und sich zuweilen auch zur Hyperbel (Übertreibung im Ausdruck) erheben: »Welche Charybdis war je so gefräßig? Der Ozean selbst, weiß Gott . . .«[257] Diese Glanzstellen sind ja den Studenten bekannt. Solch ein Redner wird sogar die Götter unter seine Zuhörer versetzen und sozusagen mit ihnen ein Gespräch führen: »Ihr Albanerhügel und Haine, euch nämlich meine ich, euch rufe ich an und fordere euch zu Zeugen, ihr zerstörten Altäre Albas, gleichgestellt und verbündet mit den Heiligtümern der Römer!«[258] Er wird Zorn, er wird Mitleid erregen; wenn er spricht, wird der Richter die Götter anrufen, Tränen vergießen, durch alle Höhen und Tiefen des Gefühls gerissen werden, ihm überallhin folgen und keine weiteren Beweise mehr verlangen. 63. Wenn man aus den drei Stilformen eine einzige auswählen müßte, wer könnte da zögern, diesen Stil allen anderen vorzuziehen, zumal er der durchschlagendste überhaupt ist und sich am besten für Fälle von höchster Bedeutung eignet? 64. Auch Homer weist ja Menelaos eine Beredsamkeit zu, die knapp ist, gefällig und exakt – das bedeutet nämlich: »Niemals irrt' er im Wort« – und die alles Überflüssige vermeidet, und das sind die Vorzüge jenes ersten Stils. Von Nestor sagt er: »Süßer als Honig floß ihm das klingende Wort von der Zunge« – man kann sich sicherlich kein größeres Ergötzen vorstellen. Doch wenn er die höchste Stufe der Beredsamkeit bei Odysseus in Worte fassen will, dann spricht er

[255] Vergil *Aeneis* 8, 728.

[256] *Pro Caelio* 33; vgl. Quintilian III 8, 54 (hier nicht abgedruckt). – Gegen Catilina: *Erste Rede gegen Catilina* 27.

[257] ». . . hätte nicht so schnell so viele Reichtümer verschlingen können, wie es Antonius in seiner Habgier tat« (Cicero *Zweite Philippische Rede* 67).

[258] Cicero *Pro Milone (Für Milo)* 85.

bei ihm von einer gewaltigen Stimme und einer Kraft der Rede, die er in ihrer Wortfülle und ihrer drängenden Bewegung mit winterlichem Schneegestöber vergleicht. 65. »Dann wohl (d. h. wenn er sprach) hätte kein Mensch es gleichgetan dem Odysseus: Er scheint den Unsterblichen ähnlich an Bildung.«[259] Dieses kraftvolle Vorwärtsdrängen bewundert Eupolis auch an Perikles, Aristophanes verglich es mit Blitzen, das ist die wahre Macht der Beredsamkeit.

66. Doch ist die Redekunst nicht auf diese drei Stilmuster beschränkt. Denn gerade wie es etwas Drittes gibt zwischen dem feinen und dem erhabenen Stil, so gibt es auch Abstufungen zwischen diesen, und dazwischen wiederum gibt es eine mittlere Form, die eine Mischung aus zwei Abstufungen darstellt. 67. Es gibt nämlich Stilformen, die voller sind als der schlichte Stil oder noch schlichter, und ruhiger oder noch heftiger als der heftige Stil, während sich der sanfte Stil entweder zu größerer Stärke erhebt oder zu milderen Tönen herabstimmt. So finden wir geradezu unzählige Stilformen, die sich durchaus in irgendeinem Punkt voneinander abheben. So ist es auch mit den Winden: Wir wissen, daß die vier Winde aus den vier Himmelsrichtungen wehen, aber indessen stellen wir fest, daß es eine Vielzahl von Winden gibt, die aus einer dazwischenliegenden Richtung kommen, verschiedene Namen haben und zuweilen auch auf bestimmte Gegenden oder Flußläufe beschränkt sind. 68. Dieselbe Art der Abgrenzung findet sich in der Musik. Der Kithara hat man fünf Töne zugewiesen, doch füllt man die Zwischenräume zwischen den Noten mit einer Fülle von Zwischentönen, und diesen fügt man wieder andere ein, so daß jene wenigen Töne viele Übergänge haben.

69. Die Beredsamkeit hat also mehrere Erscheinungsformen, aber es wäre töricht zu fragen, welche sich der Redner zum Muster nehmen solle, denn jede richtig ausgeführte Form hat ihren Nutzen, und was wir gemeinhin Stil nennen, ist nicht jeweils einem Redner zuzuordnen. Er soll nämlich, wie es die Sache erfordert, alle gebrauchen, und nicht nur einen bestimmten Stil in einem bestimmten Fall, er soll sogar in den einzelnen Teilen eines Falles verschiedene Arten anwenden. 70. Er wird auch nicht in der gleichen Weise in einem Kriminalprozeß sprechen wie in einer Erbschaftsstreitigkeit

[259] *Ilias* 3, 215; 1, 249; 3, 223; *Odyssee* 8, 173. Die Zuordnung der drei Stile zu den drei homerischen Helden stammte aus den Rhetorikschulen, vgl. auch X 1, 46 f., Cicero *Brutus* 50. – Eupolis wirkte gleichzeitig mit Aristophanes. – Zu der Aristophanesstelle über Perikles vgl. II 16, 19 und Anm. 98.

oder bei Interdikten oder Sponsionen[260] oder bei einer Darlehenssache. Auch wird er Unterschiede machen bei seiner Meinungsäußerung im Senat, in der Volksversammlung oder bei privaten Beratungen. Vieles wird er auch in Hinsicht auf die Verschiedenheit der Personen sowie von Ort und Zeit in unterschiedlicher Darstellung bringen. Geradeso wird er in einer und derselben Rede einen Stil verwenden, um seine Zuhörer in Erregung zu versetzen, einen anderen, um sie zu gewinnen, er wird nicht aus denselben Quellen schöpfen, wenn er Zorn und Mitleid hervorruft, und er wird andere Kunstmittel anwenden, wenn er den Richter informiert, als wenn er auf seine Gefühle einwirkt. 71. Er wird nicht einen und denselben Ton für die Einleitung, für die Darlegung der Fakten, für die Beweisführung, den Exkurs und den Schluß verwenden. In der gleichen Rede wird er folgendermaßen sprechen: würdevoll, streng, scharf, heftig, leidenschaftlich, wortreich, bitter, freundlich, ruhig, schlicht, einschmeichelnd, sanft, gefällig, kurz, witzig; er wird nicht immer der Gleiche sein, aber er wird sich selbst immer treu bleiben. 72. So wird man das Ziel erreichen, für das man sich überhaupt der Rhetorik bedient: nutzbringend und mit der nötigen Kraft zu reden, um Erfolg zu haben und Anerkennung zu finden, und zwar nicht nur bei den Gebildeten, sondern auch bei der breiten Masse.

73. Es ist ein großer Fehler von einigen zu glauben, ein Stil eigne sich besser dazu, Popularität und Applaus zu gewinnen, der fehlerhaft und verdorben ist, ein Stil, der sich etwas auf seinen freien Wortgebrauch zugute tut, sich in kindischen kleinen Sentenzen ergeht, über alle Maßen bombastisch und aufgeschwollen ist, der Triumphe feiert mit inhaltslosen Gemeinplätzen, sich mit Stilblüten schmückt, die abfallen, wenn sie nur leicht geschüttelt werden, der Extravagantes mit Erhabenem verwechselt oder sich unter dem Vorwand einer freimütigen Rede wie toll gebärdet. 74. Das gefällt vielen, ich leugne es nicht, und ich wundere mich auch nicht darüber[261].

Denn Beredsamkeit gleich welcher Art ist dem Ohr wohlgefällig und willkommen. Jeder, der redet, zieht die Aufmerksamkeit auf

[260] Vgl. II 10, 5 und Anm. 59.

[261] Vgl. auch Tacitus *Dialogus de oratoribus* 26, den sog. Longinos *Über das Erhabene* Kap. 5 und Seneca *Epistolae* 114, der die entartete Redeweise und den Beifall, den sie findet, als Folge eines Sittenverfalls ansieht und das griechische Wort zitiert: »Der Mensch redet, wie er lebt« (114, 1); vgl. Quintilian VIII Einleitung (hier nicht abgedruckt).

sich, indem er auf eine natürliche Art Vergnügen bereitet. Nichts anderes ist der Grund für die Menschenansammlungen auf dem Forum oder auf der Promenade am Wall, und daher muß man sich nicht wundern, daß jeder, der eine Rede in einem Prozeß hält, auch einen Haufen Volks um sich hat. 75. Wenn nun ein etwas ausgefallener Ausdruck an die Ohren der ungebildeten Hörer dringt, ganz gleich von welcher Güte, wenn sie nur glauben, sie hätten so etwas nicht fertiggebracht, dann findet er Bewunderung. Und nicht unverdient, denn auch das ist gar nicht leicht. Doch solche Dinge verblassen und lösen sich in nichts auf, sobald man sie mit Besserem vergleicht, gerade wie auch Wolle gefällt, die mit gewöhnlicher roter Farbe gefärbt ist, solange nur kein Purpur da ist. Hält man aber ein Gewand aus tyrischem Purpur dagegen, dann verblaßt sie angesichts der besseren Farbe, wie Ovid sagt[262]. 76. Wenn man jedoch mit einem kritischen Urteil als Prüfstein an diese Zeichen einer entarteten Redekunst herangeht, wie man gefärbte Stoffe mit Hilfe von Schwefel prüft, dann werden sie sofort die Lügenfarbe verlieren, mit der sie uns getäuscht haben, und zu unbeschreiblicher Häßlichkeit verbleichen. Leuchten können sie nur, wenn die Sonne nicht scheint, gerade wie es kleine Tierchen gibt, die in der Dunkelheit wie kleine Feuerpünktchen glühen. Schließlich ist es so, daß viele etwas Schlechtes billigen, doch niemand etwas Gutes mißbilligt.

77. Doch wird der wahre Redner dies alles, von dem wir gesprochen haben, nicht nur mit höchster Vollendung, sondern auch mit größter Leichtigkeit handhaben. Denn die überlegene Macht seiner Rede und die Sprache, die ihren Beifall wohl verdient, sollen nicht von dauernder unfruchtbarer und ängstlicher Sorge verfolgt werden, die unseren Redner aufzehrt und peinigt, wenn er mühselig seine Worte hin und her dreht und bei ihrem Abwägen und Zusammenfügen dahinsiecht. 78. Glanzvoll, erhaben und reich ist unser Redner, und er ist Herr über all die Schätze der Beredsamkeit, die ihn umgeben. Denn wenn einer den Gipfel erreicht hat, braucht er keine Widerstände mehr zu überwinden. Unten ist der Aufstieg mühsam, doch je höher man hinaufkommt, desto sanfter wird die Steigung und desto reicher der Boden. 79. Und wenn er durch beharrliche Arbeit diese nun sanfter ansteigenden Gebiete durchquert hat, dann bieten sich ihm Früchte, um die er sich nicht zu mühen braucht, ganz von selber an, und alles sprießt von selbst

[262] *Remedia amoris (Heilmittel gegen die Liebe)* 707 f.

hervor, doch muß es täglich gepflückt werden, sonst vertrocknet es. Aber auch die Fülle soll ihr Maß haben, ohne dieses ist nichts lobenswert oder ersprießlich, der glänzende Stil muß der Schmuck eines Mannes sein, die Gebilde seiner Phantasie aber müssen für sein gesundes Geschmacksempfinden zeugen. 80. Auf diesem Weg wird er Größe erreichen ohne Übertriebenheit, Erhabenheit ohne Schroffheit, Kühnheit ohne Unbesonnenheit; sein Werk wird ernst, aber nicht traurig, bedeutungsvoll, aber nicht langweilig, reich, aber nicht üppig, gefällig, aber nicht weichlich, großartig, aber nicht bombastisch sein. Es ist gerade wie bei allen anderen Dingen: Der Mittelweg ist der sicherte, weil Extreme aller Art von Übel sind.

11. Kapitel

Der Abschluß der Anwaltslaufbahn

1. Nachdem der Redner von dieser vollkommenen Art der Beredsamkeit Gebrauch gemacht hat, und zwar vor Gericht, im Rat, im Senat, in der Volksversammlung, kurz, bei der Ausübung aller Aufgaben eines guten Bürgers, wird er seine Laufbahn beenden in einer Weise, wie sie eines hervorragenden Mannes und einer so geachteten Aufgabe würdig ist. Damit soll nicht gesagt sein, man könne jemals genug Nutzen gestiftet haben, oder es sei etwa nicht wünschenswert, daß man im Besitze eines solchen Geistes und einer solchen Befähigung sein herrliches Amt so lange wie möglich ausübe. Man muß jedoch vorausschauend Sorge tragen, daß man nicht hinter seinen einmal erbrachten Leistungen zurückbleibt. 2. Denn der Beruf des Redners beruht nicht nur auf seinen Kenntnissen, die mit den Jahren zunehmen, sondern auch auf seiner Stimme, seiner kräftigen Lunge und seiner guten Konstitution. Und wenn diese angeschlagen oder geschwächt sind durch Alter oder Krankheit, darf es der Redner nicht dahin kommen lassen, daß man etwas von seiner Meisterschaft vermißt, daß er vor Ermattung innehalten muß, daß er merkt, man versteht ihn nicht mehr gut, oder daß er sich danach sehnt, so zu sein, wie er einmal war. 3. Ich habe Domitius Afer gesehen – bei weitem der größte Redner von allen, die ich erleben durfte –, als er schon hochbetagt war: Mit jedem Tag verlor er mehr von der Autorität, die ihm seine Könnerschaft erworben hatte. Wenn er nun sprach, er, der früher allgemein als der Fürst

des Forums galt, da lachten einige, was wohl schändlich ist, andere erröteten, und dies gab Anlaß zu dem boshaften Ausspruch, er wolle lieber ein Ende nehmen als ein Ende machen. 4. Und doch sprach er trotz seiner Mängel nicht schlecht, sondern nur weniger gut.

Daher soll der Redner, bevor er in den Hinterhalt gerät, den ihm das Alter bereitet, zum Rückzug blasen und den Hafen anlaufen, solange sein Schiff noch heil ist. Wenn er dies tut, werden ihm seine Studien keine geringeren Früchte tragen. Er wird entweder die Geschichte seiner Zeit der Nachwelt überliefern oder, wie es sich Lucius Crassus in Ciceros Werk *Vom Redner* vorgenommen hat[263], denen, die seinen Rat suchen, juristische Auskünfte geben, ein Lehrbuch der Rhetorik verfassen oder aus berufenem Munde Regeln für die ehrenvollste Art zu leben aufstellen. 5. Wie in alter Zeit werden sich die hoffnungsvollsten jungen Männer in großer Zahl in seinem Hause einfinden und von ihm wie von einem Orakel den Weg zur wahren Redekunst erfragen. Gleichsam als ihr Vater in der Beredsamkeit wird er sie ausbilden, und wie ein alter Steuermann wird er sie über Küsten und Häfen belehren, über die Anzeichen eines heraufziehenden Unwetters, und was bei günstigem Wind und bei Gegenwind zu tun ist. Dazu wird ihn nicht nur seine Verpflichtung gegenüber der menschlichen Gesellschaft, sondern auch die Liebe zu seinem Beruf führen. 6. Denn niemand will einen Niedergang auf dem Gebiet, auf dem er Meister war. Und was kann vollends ehrenhafter sein, als das zu lehren, was man am besten beherrscht? So, sagt Cicero, sei Caelius von dessen Vater zu ihm gebracht worden, so hielt er als Lehrer Übungen ab mit Pansa, Hirtius und Dolabella[264], indem er täglich selber vortrug und ihre Vorträge abhörte.

7. Wir müssen es wohl als die glücklichste Zeit im Leben des Redners ansehen, wenn er sich vom öffentlichen Leben zurückgezogen hat und allgemeine Verehrung genießt, wenn er frei von Anfeindung und allen Streitigkeiten entrückt seinem Ruhm eine sichere Stätte bereitet hat und sich zu Lebzeiten solcher Ehren er-

[263] *De oratore* I 199 f., dort auch der Vergleich mit einem Orakel. S. auch Cicero *De legibus (Von den Gesetzen)* I 10.

[264] Jüngere Caesarianer in hohen Stellungen, Dolabella Ciceros Schwiegersohn. Cicero unterrichtete sie, als er sich während Caesars Alleinherrschaft nicht politisch betätigen konnte (46 v. Chr.; vgl. Cicero *Ad familiares* IX 16, 7; 18, 1, *Pro Caelio* 9).

freut, wie sie einem Menschen gewöhnlich erst nach dem Tode zuteil werden, und wenn er außerdem schon sieht, welches Ansehen er bei späteren Generationen genießen wird.

Zusammenfassung

8. Ich kann nun mit gutem Gewissen sagen, ich habe, soweit es meine schwachen Kräfte zuließen, meine bereits vorhandenen Kenntnisse sowie die Ergebnisse meiner Studien zu diesem Werk ehrlich und aufrichtig denjenigen zur Kenntnis gebracht, die sich dafür interessieren. Und das ist für einen ehrenhaften Mann die größte Genugtuung, sein Wissen weitergegeben zu haben. 9. Ich befürchte freilich, es scheint, als hätte ich mir ein zu hohes Ziel gesetzt, indem ich die Forderung aufstellte, der Redner solle zugleich auch ein ehrenwerter Mann sein, oder ich hätte zuviel verlangt, indem ich zu den vielen Fächern, die in der Kindheit zu lernen sind, auch noch die Lehren der Ethik und die Kenntnis des bürgerlichen Rechts hinzugefügt habe, ganz abgesehen von den überlieferten Regeln der Rhetorik. Und schließlich fürchte ich, daß selbst diejenigen, die diese Dinge als unentbehrlich für unsere Aufgabe ansehen, doch vor der dadurch verursachten Verlängerung der Ausbildungszeit zurückschrecken und die Waffen strecken, noch bevor sie die Probe aufs Exempel gemacht haben. 10. Sie sollten sich vor Augen halten, wie groß die Leistungsfähigkeit des menschlichen Geistes ist, wie gewaltig seine Kraft, das durchzusetzen, was er will: Die Menschen haben es fertiggebracht, die Meere zu überqueren, die Bahnen und Gesetzmäßigkeiten der Sterne zu erkennen, das Weltall selbst geradezu auszumessen – geringere, doch schwierigere Künste. Dann sollen sie bedenken, welch hohes Ziel sie erstreben, und daß man für den in Aussicht stehenden Lohn keine Mühe scheuen darf. 11. Wer sich dies aber zu eigen gemacht hat, der wird auch zu diesem Teil seiner Aufgabe leichter Zugang finden, so daß er diesen Weg nicht für ungangbar, ja nicht einmal für beschwerlich hält. Denn das erste und größte Ziel, nämlich daß wir ehrenhafte Männer sind, beruht hauptsächlich auf unserem Willen. Wer den Vorsatz dazu ehrlich und wahrhaftig faßt, wird sich leicht die Wissensgebiete aneignen, die den Weg zur sittlichen Vollkommenheit lehren. 12. Die Vorschriften sind ja nicht so kompliziert oder so zahlreich, daß man sie nicht in nur wenigen Jahren eifrigen Stu-

dierens erlernen könnte. Verlängert wird die Zeit des Studiums nur dadurch, daß wir widerstreben; kurz ist der Bildungsgang für ein ehrenvolles und glückliches Leben, wenn man der Natur folgt[265]. Die Natur hat uns nämlich für die höchste geistige Vollkommenheit geschaffen, und so leicht ist das Lernen für die, die nach dem Besseren streben, daß jemand, der den Blick auf das Wesentliche richtet, sich eher darüber wundern wird, daß es so viele Schlechte gibt. 13. Denn wie das Wasser das natürliche Element ist für die Fische, das Trockene für die Landtiere und die Luft um uns herum für die geflügelten Tiere, so ist es ja leichter, im Einklang mit der Natur zu leben als im Widerspruch zu ihr. Was die übrigen Kenntnisse angeht, so werden wir Jahre genug zur Verfügung haben, um sie uns anzueignen, wenn wir unsere Lebenszeit nicht an der Spanne des Alters, sondern am Zeitraum der Jugend messen. Alles wird ja abgekürzt durch Ordnung, System und Methode. 14. Doch die Hauptschuld liegt bei den Lehrern, die die Schüler, deren sie sich bemächtigt haben, gerne bei sich festhalten, teils aus Begierde, ihr armseliges bißchen Schulgeld noch länger zu erhalten, teils in der ehrgeizigen Absicht, dadurch die versprochenen Lernstoffe noch schwieriger erscheinen zu lassen, zum Teil aber auch infolge ihrer mangelnden Kenntnisse oder ihrer Nachlässigkeit im Unterricht. Eine weitere Schuld trifft uns, indem wir es für besser halten, bei dem zu bleiben, was wir schon kennen, als etwas zu lernen, was wir noch nicht wissen. 15. Denn um hauptsächlich von meinem Fach zu reden, was hat es für einen Zweck, so viele Jahre, wie es jetzt Mode ist bei den meisten – ich will gar nicht von denen reden, die ihr halbes Leben damit zubringen –, so viele Jahre also in der Schule zu deklamieren und soviel Mühe für wirklichkeitsfremde Dinge aufzuwenden, während es doch genügte, sich in einer kurzen Zeit ein Bild zu machen von den Problemen eines realen Falles und die Regeln der Redekunst zu lernen? 16. Dabei gehe ich aber nicht so weit zu sagen, daß Redeübungen überhaupt abgeschafft werden sollten, ich meine nur, daß man nicht bei der Ausübung einer einzigen Art alt und grau werden soll. Wir können uns Kenntnisse auf verschiedenen Gebieten aneignen, uns mit den Regeln für ein rechtes Leben vertraut machen und unsere Kräfte auf dem Forum erproben, solange wir Schüler in der Rhetorikschule sind. Die Theorie der Rhetorik ist nicht so schwierig, daß sie viele Jahre zum Studium erforderte. Jedes dieser

265 Das stoische Prinzip, vgl. 10, 44. – Zu § 13 vgl. das Cicerozitat aus XII 6, 4.

Wissensgebiete, die ich erwähnt habe, läßt sich in der Regel in wenigen Bänden zusammenfassen, also bedarf es auch keiner unbegrenzten Zeit, um es zu lehren. Das übrige tut die Praxis, diese bringt unsere Kräfte rasch zur Entfaltung und erhält sie, wenn sie einmal entwickelt sind. 17. Die praktischen Kenntnisse nehmen mit jedem Tag zu, und doch bedarf es auch noch der Lektüre vieler Bücher: Die Muster für die Darstellung der Fakten holt man sich von den Geschichtsschreibern, die für die rednerische Ausgestaltung von den Rednern, dazu die Lehren der Philosophen und die Auslegungen der Rechtsgelehrten, wenn wir nur Nutzbringendes zu lesen wünschen und nicht das Unmögliche versuchen, nämlich alles durchgehen zu wollen. Doch wenn unsere Zeit knapp ist, dann sind wir selbst daran schuld[266]. 18. Wie viel Zeit wenden wir denn für unsere Studien auf? Einige Stunden raubt uns die eitle Mühe der Morgenvisiten, einige verschwenden wir mit leerem Geschwätz, andere mit dem Besuch von Spielen, wieder andere mit Gastmählern. Man rechne dazu noch die vielen Arten von Zeitvertreib beim Spiel, das ungesunde Ausmaß der Körperpflege, Reisen, Landaufenthalte, die ängstliche Sorge um Gewinn, die Verlockungen zu Liebesabenteuern und Trinkgelagen. Und dazu muß man noch bedenken, daß bei unserer Sinnesart, die auf alle Arten von sinnlichem Vergnügen begierig ist, auch die noch verbleibende Zeit keine passende Verwendung findet. 19. Würde diese ganze Zeit dem Studium gewidmet, dann schiene uns unser Leben auf einmal lang genug und die Zeit zum Lernen mehr als ausreichend, auch wenn wir nur die Tageszeit rechneten und nicht die Nächte dazunähmen, obgleich ein gut Teil der Nacht selbst für den ausgiebigsten Schlaf zu lang ist. Nun ist es aber so, daß wir die Lebens-, nicht die Studienjahre rechnen. 20. Wenn Mathematiker, Musiker und Literaturwissenschaftler sowie die Professoren aller übrigen Wissensgebiete ihr gesamtes Leben, wie lang es auch ist, beim Studium einer einzigen Wissenschaft zubringen, so folgt daraus nicht, daß wir uns viele Leben wünschen müßten, um vieles zu lernen. Denn diese lernen ihre Fachgebiete ja nicht bis ins hohe Alter hinein, sondern sind damit zufrieden, diese Dinge einmal gelernt zu haben, und verwenden ihre Mühe all diese Jahre hindurch nicht aufs Lernen, sondern aufs Lehren.

[266] Quintilian schwankt hier zwischen seiner stets mit Nachdruck vertretenen Auffassung von der Größe des Rednerberufs und seinem Bemühen, niemanden dadurch abzuschrecken; dies hat einige Unklarheiten zur Folge. Auch ist der Text öfters korrupt bzw. suspekt. – Zu § 18 vgl. I 12, 18.

21. Im übrigen – ich will nichts von Homer sagen, bei dem wir Meisterwerke jeder Art oder doch zumindest untrügliche Anzeichen dafür finden, ich will auch Hippias von Elis[267] übergehen, der sich nicht nur seiner Kenntnisse in den freien Künsten rühmte, sondern der auch ein Gewand, einen Ring und Sandalen trug, die er alle mit eigener Hand verfertigt hatte, und der sich darauf eingerichtet hatte, keine fremde Hilfe in Anspruch nehmen zu müssen –, wir schenken auch der griechischen Überlieferung Glauben, Gorgias habe der zahllosen Gebrechen seines hohen Alters gespottet und seine Hörer aufgefordert, ihm beliebige Fragen zur Beantwortung vorzulegen. 22. Und auf welchem Gebiet, das wissenschaftlicher Betätigung wert ist, zeigte Platon Mängel? Wieviele Generationen brauchte Aristoteles zum Studium, um sich nicht nur die Kenntnisse aus dem Gebiet der Philosophie und Rhetorik anzueignen, sondern auch die Natur jedes Tieres und jeder Pflanze zu erforschen? An ihnen war es, all diese Dinge zu entdecken, an uns ist es, sie kennenzulernen. So viele Lehrer und so viele Vorbilder hat uns das Altertum geschenkt, daß man sich kein größeres Glück vorstellen kann, als in unserem Zeitalter geboren zu sein, zu dessen Unterrichtung die früheren Zeiten so viele Mühe aufgewandt haben. 23. Marcus Cato war zugleich ein großer Feldherr und ein Weiser, zugleich Redner und Geschichtsschreiber, ein Experte auf dem Gebiet des Rechts wie auch der Landwirtschaft, und ungeachtet seines häufigen Kriegsdienstes, seiner ausgedehnten politischen Fehden zu Hause und obwohl die Zeit, in der er lebte, wenig kultiviert war, lernte er als alter Mann noch Griechisch, um den Menschen zu zeigen, daß sogar Greise das noch lernen können, was sie sich vorgenommen haben. 24. Wie groß, ja universal ist das Wissen, das uns Varro[268] überliefert hat: Welches rhetorische Rüstzeug hat Cicero gefehlt? Was soll ich noch mehr sagen? Hat doch sogar Cornelius Celsus, ein Mann von ganz durchschnittlicher Begabung, nicht nur über alle schönen Künste geschrieben, sondern darüber hinaus noch Werke über das Kriegswesen, über Landwirtschaft und Medizin hinterlassen, und zumindest der hohe Anspruch seines Werkes läßt uns daran glauben, daß er diese Wissensgebiete sämtlich beherrscht hat.

[267] Sophist, älterer Zeitgenosse des Sokrates; die Geschichte findet sich in Platons Dialog *Hippias Minor (Der kleinere Hippias)* 368 b sowie bei Cicero *De oratore* III 127.

[268] Vgl. Anm. 156.

25. »Doch ein solches Ziel zu erreichen ist schwer, und niemand ist vollkommen.« Zunächst ist es eine hinreichende Ermunterung für unsere Studien, daß die Natur mit uns im Einklang ist. Außerdem folgt daraus, daß etwas noch niemals geschehen ist, nicht, daß es unmöglich sei, weiter haben alle großen bewundernswerten Schöpfungen einmal ihre Anfangszeit gehabt. 26. Die Dichtung hat dank Homer und Vergil eine so glanzvolle Höhe erreicht wie die Beredsamkeit durch Demosthenes und Cicero. Schließlich gilt für jedes Meisterwerk, daß es auf einer früheren Stufe noch nichts dergleichen gab. Doch selbst wenn jemand keine Hoffnung hat, die höchste Stufe zu erreichen – warum sollte er dies aber, wenn es ihm an Talent, Gesundheit, Fähigkeit und Lehrern nicht fehlt? –, so ist es doch, wie Cicero sagt[269], auch schön, den zweiten oder dritten Platz einzunehmen. 27. Wenn ein Soldat den Kriegsruhm des Achill nicht erringen kann, so wird er doch nicht den Ruhm des Aias oder Diomedes verschmähen, und wer kein Homer werden kann, wird doch ein Tyrtaios[270] werden wollen. Wären die Menschen immer davon überzeugt gewesen, daß niemand noch besser werden könne als der, der gerade der Beste war, dann hätte es die, die nun die Besten sind, gar nicht gegeben: nach einem Lukrez und Macer keinen Vergil und nach Crassus und Hortensius keinen Cicero, und wiederum nicht diejenigen, die nach ihnen kamen. 28. Doch auch wenn wir keine Hoffnung haben können, die Werke der großen Meister zu übertreffen, so ist es doch eine große Ehre, in ihre Fußstapfen zu treten. Haben Pollio und Messalla, die ihre Rednerkarriere begannen, als Cicero die Zitadelle der Beredsamkeit besetzt hielt, etwa nicht genügend Ehre in ihrem Leben genossen oder war ihr Ruhm bei der Nachwelt nicht groß genug? Andernfalls würden die Künste, die bis zur Vollkommenheit entwickelt wurden, der Menschheit schlechte Dienste leisten, wenn das Beste jeweils auch das Letzte gewesen wäre.

29. Man bedenke dazu noch, welche reichen Früchte auch eine mäßige Beredsamkeit trägt, und wenn man diese Studien allein nach ihrem Nutzen bemißt, dann ist eine solche Art mit der vollkommenen ziemlich auf die gleiche Stufe zu stellen. Es wäre nicht schwierig, anhand von Beispielen aus der älteren und neueren Zeit nachzuweisen, daß die Menschen keine andere Quelle zur Vergrößerung ihres

[269] *Orator* 4.

[270] Vgl. Anm. 122. – Zu Lukrez und Macer vgl. Anm. 146. – Crassus ist der Redner aus *De oratore*, Hortensius der Rivale Ciceros. – Zu Pollio und Messalla vgl. Anm. 170.

Reichtums, von Ehrungen, Freundschaften, Ruhm und Nachruhm haben. Doch wäre es wissenschaftlicher Betätigung unwürdig, von einer so herrlichen Aufgabe, bei der die Aneignung und der Besitz selbst den reichsten Lohn für alle Mühe bilden, eine so geringe Form des Entgelts zu fordern. Das ist die Art derjenigen, die sagen[271], sie suchten nicht die Tugenden, sondern das Vergnügen, das aus diesen entsteht.

30. Die wahre Würde des Redens, das beste Geschenk der unsterblichen Götter an die Menschen, ohne das alles stumm ist und des gegenwärtigen Glanzes wie auch des Gedächtnisses bei der Nachwelt beraubt, diese laßt uns also mit ganzem Herzen erstreben und laßt uns stets alle Kräfte aufbieten, um zur Vollkommenheit zu gelangen! Wenn wir so handeln, werden wir entweder den Gipfel erreichen oder doch sicherlich viele hinter uns lassen.

31. Das, lieber Marcellus Victorius, ist meine Lehrmeinung, durch deren Niederschrift ich vielleicht, soweit das in meinen Kräften steht, eine hilfreiche Ergänzung der rhetorischen Regeln bieten kann. Die Kenntnis meiner Anschauungen wird den jungen Leuten wenn keinen großen Nutzen, so doch auf jeden Fall das verleihen, woran mir noch mehr liegt, den Willen zum Guten.

[271] Die Anhänger des Aristipp (vgl. Anm. 209) und Epikur; vgl. Cicero *De officiis* III 116, Seneca *Epistolae* 85, 18.

LITERATURHINWEISE

Der Übersetzung liegen zugrunde:

M. Fabius Quintilianus, Institutionis oratoriae libri XII, ed. L. Radermacher, red. V. Buchheit, Stuttgart (Teubner) 1959

M. Fabius Quintilianus, Institutionis oratoriae liber I, ed. F. H. Colson, Cambridge 1924 (Nachdruck Hildesheim 1973)

M. Fabius Quintilianus, Il libro secondo della Institutio oratoria, ed. G. Ammendola, Turin 1928

M. Fabius Quintilianus, Institutionis oratoriae liber X, ed. E. Bonnell, Berlin 1912

M. Fabius Quintilianus, Institutionis oratoriae liber X, ed. W. Peterson, Oxford 1891 (Nachdruck Hildesheim 1967)

M. Fabius Quintilianus, Institutionis oratoriae liber XII, ed. R. G. Austin, Oxford 1948

Weitere Ausgaben:

M. Fabius Quintilianus, Institutionis oratoriae libri XII, ed. M. Winterbottom, Oxford 1970

M. Fabius Quintilianus, Ausbildung des Redners, lat.-dt. von H. Rahn, Teil I, Buch I–VI, Darmstadt 1972

The Institutio oratoria of Quintilian, lat.-engl. von H. E. Butler, London 1961

M. Fabius Quintilianus, Institutio oratoria, für den Schulgebrauch ausgewählt und erläutert von R. Löbl, Frankfurt o. J.

D. M. Gaunt, Quintilianus, The Institutio oratoria, Selections from the Latin Text, Melbourne 1952

H. H. Horne, Quintilian on Education, Selections from the Institutes of Oratory, newly translated by C. R. Smith, New York 1936

Ch. E. Little, The Institutio oratoria with an English Summary and Concordance, Nashville (Tennessee) 1951

W. M. Smail, Quintilian on Education, Oxford 1938

E. Bonnell, Lexicon Quintilianeum, Leipzig 1834 (Nachdruck Hildesheim 1962)

Darstellungen:

J. F. D'Alton, Roman Literary Theory and Criticism, New York 1962

B. Appel, Das Bildungs- und Erziehungsideal Quintilians nach der Institutio oratoria, Donauwörth 1914

J. W. Atkins, Literary Criticism in Antiquity, London 1952

C. S. Baldwin, Ancient Rhetoric and Poetry, New York 1924 (Nachdruck 1959)

H. Bardon, Le dialogue des orateurs et l'institution oratoire, Revue des Études Latines XIX 1941
K. Barwick, Der Dialogus de oratoribus des Tacitus, Sbb. Leipzig 1954
D. Bassi, Quintiliano, Rom 1929
A. Beltrami, La composizione del libro duodecimo di Quintiliano, Studi Italiani di filologia classica, XIX 1912
G. Bianca, La pedagogia di Quintiliano, Padua 1963
E. Bolaffi, La critica filosofica e letteraria in Quintiliano, Coll. Latomus, Brüssel 1958
H. Bukowski, Der Schulaufsatz und die rhetorische Sprechschulung. Rhetorische Methoden und Aufgaben in der Institutio oratoria Quintilians und die Theorie des Schulaufsatzes, Diss. Kiel 1956
E. B. Castle, Die Erziehung in der Antike, Stuttgart 1965
D. L. Clark, Rhetoric in Greco-Roman Education, New York 1957
M. L. Clarke, Die Rhetorik bei den Römern, Göttingen 1968
J. Cousin, Études sur Quintilien, Paris 1936
J. Cousin, Forschungsbericht 1935–1959, Lustrum 7, 1963
R. Dienel, Quintilian und der Rednerdialog des Tacitus, Wiener Studien 37, 1915
W. Eisenhut, Einführung in die antike Rhetorik, Darmstadt 1974
F. Greco, La pedagogia presso i Romani, Noterelle Quintilianee, Bologna 1961
W. J. Greer, Quintilian and the Declamation, Classical Weekly XIX 1925
R. Güngerich, Der Dialogus des Tacitus und Quintilians Institutio oratoria, Classical Philology XLVI 1951
A. Gwynn, Roman Education from Cicero to Quintilian, New York 1964
W. Jens, Artikel Rhetorik in: Reallexikon der deutschen Literaturgeschichte 3, 1971
G. Kennedy, Quintilianus, New York 1969
G. Kennedy, Fachbericht, American Journal of Philology LXXXIII 1962
J. Kopperschmidt, Allgemeine Rhetorik. Einführung in die Theorie der persuasiven Kommunikation, Stuttgart 1973
J. Loth, Die pädagogischen Gedanken der Institutio oratoria Quintilians, Diss. Leipzig 1898
H. I. Marrou, Geschichte der Erziehung im klassischen Altertum, Freiburg und München 1957
Ch. Neumeister, Grundsätze der forensischen Rhetorik, München 1964
E. Norden, Antike Kunstprosa, Darmstadt 1971
J. E. Sandys, A History of Classical Scholarship, Cambridge 1920
K. O. Schönberger, Die Klage über den Verfall der römischen Beredsamkeit im 1. Jahrhundert nach Christus. Ein Beitrag zum Problem der Dekadenz, Diss. Würzburg 1951
F. Sehlmeyer, Beziehungen zwischen Quintilians Institutio oratoria und Ciceros rhetorischen Schriften, Diss. Münster 1912
R. Volkmann, Die Rhetorik der Griechen und der Römer, München 1901

G. Weigel, Probleme der römischen Pädagogik. Eine Unterrichtseinheit für die Oberstufe, Der Altsprachliche Unterricht Reihe XV Heft 3, 1972

A. Wilkins, Roman Education, Cambridge 1905

M. Winterbottom, Quintilian and the Vir bonus, The Journal of Roman Studies LIV, 1964

M. Wychgram, Quintilian in der deutschen und französischen Literatur des Barock und der Aufklärung, Langensalza 1921

Die Taschenbuchreihe Goldmann KLASSIKER enthält deutsche, römische, griechische, französische, italienische, spanische, englische und russische Literatur. Auf den nachstehenden Seiten folgt ein Verzeichnis der griechischen und römischen sowie eine Auswahl der deutschen Klassikerausgaben.
Leser, die eine vollständige Übersicht über die Klassiker wünschen, bitten wir, unser Verlagsverzeichnis anzufordern.

ÄSOP: Fabeln und Äsopische Fabeln des Phädrus (591)
AISCHYLOS: Tragödien: Die Perser; Die Sieben gegen Theben; Die Orestie (446)
APULEIUS: Der goldene Esel (476)
ARISTOPHANES: Sämtliche Komödien in 3 Bänden:
– Band I: Die Acharner; Die Ritter; Die Wolken (919)
– Band II: Die Wespen; Der Frieden; Die Vögel; Lysistrate (926)
– Band III: Die Weiber am Thesmophorenfest; Die Frösche; Die Weibervolksversammlung; Plutos (949)
CAESAR: Sämtliche Werke in 2 Bänden:
– Der Bürgerkrieg (606)
– Der Gallische Krieg (7507)
CATULL - TIBULL - PROPERZ: Römische Liebeslyrik. Lateinisch und deutsch (542)
CICERO: Ausgewählte Werke in 12 Bänden:
– Reden gegen Catilina; 4. und 7. Philippische Rede; Rede für den Oberbefehl des Pompeius; Rede für Archias (7504)
– Staatslehre; Staatsverwaltung (458)
– Tuskulanische Gespräche (519)
– Vom pflichtgemäßen Handeln (De officiis) (534)
– Was Cicero vor 2000 Jahren über Greisenalter und Freund-

CICERO *(Fortsetzung)*
schaft schrieb (Cato maior de senectute; Laelius de amicitia) (718)
- Vom Redner (De oratore) (850/51)
- Von der Weissagung (De divinatione) (871)
- Vom Wesen der Götter (De natura deorum) (877)
- Vom höchsten Gut und größten Übel (De finibus bonorum et malorum) (1311)
- Der Redner; Brutus (1831/32)
- Briefe (1951/52)
- Reden: Rede für Sextus Roscius aus Ameria; Erste Rede gegen Verres; Rede für Sestius (2664)

DEMOSTHENES: Rede vom Kranz (1946)

EPIKUR: Schriften. Über die irdische Glückseligkeit (683)

EURIPIDES: Tragödien: Alkestis; Medea; Die Troerinnen; Iphigenie auf Tauris (536)

GESTA ROMANORUM: Die Taten der Römer (2634/35)

HERODOT: Historien. Gesamtausgabe in 5 Bänden:
- Historien I (KL 3)
- Historien II (767)
- Historien III (777)
- Historien IV (787)
- Historien V (797)
- Auswahl aus den Historien (2440)

HOMER: Sämtliche Werke in 2 Bänden:
- Ilias (411)
- Odyssee (KL 2)

HORAZ: Oden und Epoden. Lateinisch und deutsch (2563/64)

JOSEPHUS, FLAVIUS:
- Der Jüdische Krieg (KL 110)
- Der Jüdische Krieg. Auswahl (2481)

JUVENAL: Satiren (472)

LIVIUS: Ausgewählte Werke in 3 Bänden:

- Römische Frühgeschichte I: Auswahl aus den Büchern 1–5 der »Römischen Geschichte« (675)
- Römische Frühgeschichte II: Auswahl aus den Büchern 6–10 der »Römischen Geschichte« (831)
- Hannibal ante portas. Die Geschichte des 2. Punischen Krieges: Auswahl aus den Büchern 21–30 der »Römischen Geschichte« (7508)

MARTIAL: Römischer Witz. Ausgewählte Epigramme (599)

MUSAIOS: Hero und Leander; LONGOS: Daphnis und Chloe. Die beiden berühmten Liebespaare der Antike (552)

NEPOS, CORNELIUS: Berühmte Männer (7515)

OVID: Ausgewählte Werke in 4 Bänden:

- Briefe der Sagenfrauen (Heroides) (1350)
- Liebesgedichte (Amores) (1674)
- Liebeskunst; Heilmittel gegen die Liebe (421)
- Metamorphosen (7513)

PINDAR: Oden (499)

PLATON: Ausgewählte Werke in 8 Bänden:

- Apologie; Kriton; Euthyphron; Phaidon (710)
- Das Gastmahl (560)
- Gorgias; Protagoras (629)
- Ion; Hippias II; Hippias I; Laches; Charmides; Lysis; Menexenos (1484)
- Menon; Euthydemos; Kratylos (1447)
- Phaidros; Parmenides; Theaitetos (963)
- Philebos; Timaios; Kritias (1977)
- Der Staat (7516)

PLUTARCH: Lebensbeschreibungen. Gesamtausgabe in 6 Bänden:
- Theseus – Romulus; Lykurgos – Numa; Solon – Poplicola; Themistokles – Camillus; Perikles – Fabius Maximus (1430/31)
- C. Marcius Coriolanus – Alkibiades; Aemilius Paulus – Timoleon; Pelopidas – Marcellus; Aristeides – Marcus Cato der Ältere (1432/33)
- Philopoimen – T. Quinctius Flamininus; Pyrrhos – C. Marius; Lysandros – Sulla; Kimon – Lucullus (1434/35)
- Nikias – Crassus; Sertorius – Eumenes; Agesilaos – Pompeius; Alexandros – Caesar (1436/37)
- Phokion – Cato der Jüngere; Artaxerxes; Agis und Kleomenes – Ti. und C. Gracchus; Demosthenes und Cicero (1438/39)
- Aratos; Demetrios – Antonius; Dion – Brutus; Galba; Otho (1440/41)

PROKOPIOS: Aus der Geheimgeschichte des byzantinischen Kaiserhofs. Die »Anekdota« des Prokopios (2787)

PROPERZ: siehe CATULL

SALLUST: Die Verschwörung des Catilina; Der Krieg mit Jugurtha (489)

SENECA: Ausgewählte Werke in 3 Bänden:
- Moralische Briefe; Von der Vorsehung (7509)
- Vom glückseligen Leben; Trostschrift für Marcia; Von der Ruhe des Herzens (526)
- Von der Kürze des Lebens; Über den Zorn; Von der Muße (1391)

SOPHOKLES: Tragödien: König Ödipus; Ödipus auf Kolonos; Antigone (390)

SUETON: Kaiserbiographien. Gesamtausgabe in 2 Bänden:
- Kaiserbiographien I (KL 108)
- Kaiserbiographien II (731)

TACITUS: Ausgewählte Werke in 3 Bänden:
- Agricola; Über die Redner (972)
- Germania; Die Annalen (7518)
- Historien (660/61)

TIBULL: siehe CATULL

VERGIL: Sämtliche Werke in 3 Bänden:
- Hirtengedichte. Lateinisch und deutsch. Mit den echten Jugendgedichten, der Vergil-Vita des Sueton und der Einführung in die Hirtengedichte durch Donat (1994)
- Georgica. Vom Landbau. Lateinisch und deutsch (2587)
- Aeneis (447/48)

XENOPHON: Ausgewählte Werke in 2 Bänden:
- Anabasis. Der Zug der Zehntausend (512)
- Memorabilien. Erinnerungen an Sokrates (597)

BRENTANO, CLEMENS: Ausgewählte Werke in 4 Bänden:
- Erzählungen: Die Chronika des fahrenden Schülers; Der schiffbrüchige Galeerensklave vom toten Meer; Die Schachtel mit der Friedenspuppe; Die mehreren Wehmüller und ungarischen Nationalgesichter; Geschichte vom braven Kasperl und dem schönen Annerl (1459)
- Gedichte (1328)
- Märchen I. Italienische Märchen: Das Märchen von den Märchen oder Liebseelchen; Das Märchen von dem Myrtenfräulein; Das Märchen von dem Schulmeister Klopfstock und seinen fünf Söhnen; Das Märchen von Fanferlieschen Schönefüßchen; Das Märchen von Gockel und Hinkel (1363)
- Märchen II. Rheinmärchen: Das Märchen von dem Rhein und dem Müller Radlauf; Das Märchen von dem Hause Starenberg und den Ahnen des Müllers Radlauf (1454)

BÜCHNER, GEORG: Gesammelte Werke: Dantons Tod; Lenz; Leonce und Lena; Der Hessische Landbote (7510)

CHAMISSO, ADALBERT VON: Peter Schlemihls wundersame Geschichte. Weiterer Inhalt: Gedichte; Reise um die Welt (Auswahl) (1901)

DROSTE-HÜLSHOFF, ANNETTE VON: Gedichte; Die Judenbuche. Eine Auswahl aus dem Gesamtwerk: Lyrische Gedichte; Balladen; Geistliche Gedichte; Aus: Ledwina; Aus: Bilder aus Westfalen (704)

EBNER-ESCHENBACH, MARIA VON:
- Krambambuli und andere Erzählungen: Krambambuli; Die Freiherren von Gemperlein; Er laßt die Hand küssen; Der Kreisphysikus; Der Muff (2752)
- Die Sünderin. Erzählungen aus dem alten Österreich: Die Sünderin; Der Vorzugsschüler; Ein Spätgeborner; Der Herr Hofrat (2926)

EICHENDORFF, JOSEPH VON: Ausgewählte Werke in 2 Bänden:
- Aus dem Leben eines Taugenichts; Gedichte (428)
- Das Marmorbild und andere Novellen: Das Marmorbild; Eine Meerfahrt; Das Schloß Dürande; Die Glücksritter (1755)

FONTANE, THEODOR: Ausgewählte Romane und Erzählungen in 10 Bänden:
- L'Adultera; Unterm Birnbaum (1571)
- Cécile (1573)
- Effi Briest (1576/77)
- Frau Jenny Treibel (7522)
- Grete Minde; Ellernklipp (1570)
- Irrungen Wirrungen (7521)
- Die Poggenpuhls; Mathilde Möhring (1578)
- Schach von Wuthenow; Stine (1572)

WILHELM GOLDMANN VERLAG MÜNCHEN

FONTANE, THEODOR *(Fortsetzung)*
– Der Stechlin (7525)
– Unwiederbringlich (1575)
GOTTHELF, JEREMIAS: Ausgewählte Romane und Erzählungen in 3 Bänden:
– Uli der Knecht. Roman (1661/62)
– Uli der Pächter. Roman (1663/64)
– Die schwarze Spinne und andere Erzählungen: Wie Joggeli eine Frau sucht; Die schwarze Spinne; Elsi, die seltsame Magd; Wie Christen eine Frau gewinnt (2637)
GRILLPARZER, FRANZ: Ausgewählte Werke in 4 Bänden:
– Das Goldene Vließ. Ein dramatisches Gedicht. Der Gastfreund; Die Argonauten; Medea (724)
– Sappho; Des Meeres und der Liebe Wellen (1496)
– Weh dem, der lügt!; Der Traum ein Leben (1990)
– Der arme Spielmann; Das Kloster bei Sendomir. Erzählungen (2914)
HEBBEL, FRIEDRICH: Ausgewählte Werke in 2 Bänden:
– Maria Magdalena; Agnes Bernauer (1388)
– Herodes und Mariamne; Gyges und sein Ring (2304)
HEINE, HEINRICH: Ausgewählte Werke in 5 Bänden:
– Florentinische Nächte; Das Buch Le Grand; Aus den Memoiren des Herrn von Schnabelewopski; Der Rabbi von Bacharach (KL 237)
– Buch der Lieder (367)
– Deutschland, ein Wintermärchen; Atta Troll; Zeitkritische Schriften (7520)
– Reisebilder: Die Harzreise; Die Nordsee; Die Stadt Lucca; Die Bäder von Lucca (KL 233)
– Die Romantische Schule; Späte Lyrik (961)

KELLER, GOTTFRIED: Ausgewählte Werke in 7 Bänden:
- Der grüne Heinrich (KL 239)
- Die Leute von Seldwyla. Erster Teil: Pankraz, der Schmoller; Romeo und Julia auf dem Dorfe; Frau Regel Amrain und ihr Jüngster; Die drei gerechten Kammacher; Spiegel, das Kätzchen (440)
- Die Leute von Seldwyla. Zweiter Teil: Kleider machen Leute; Der Schmied seines Glückes; Die mißbrauchten Liebesbriefe; Dietegen; Das verlorene Lachen (602)
- Züricher Novellen: Herr Jacques; Hadlaub; Der Narr auf Manegg; Der Landvogt von Greifensee; Das Fähnlein der sieben Aufrechten; Ursula (KL 243)
- Sieben Legenden (Eugenia; Die Jungfrau und der Teufel; Die Jungfrau als Ritter; Die Jungfrau und die Nonne; Der schlimm-heilige Vitalis; Dorotheas Blumenkörbchen; Das Tanzlegendchen); Das Sinngedicht (1556/57)
- Martin Salander (1558/59)
- Gedichte und Schriften. Aus dem Inhalt: Gedichte; Vermischte Gedanken über die Schweiz; Jeremias Gotthelf; Am Mythenstein; Autobiographien (1560)

MEYER, CONRAD FERDINAND: Ausgewählte Werke in 6 Bänden:
- Jürg Jenatsch. Roman (KL 264)
- Gedichte: Vorsaal; Stunde; In den Bergen; Reise; Liebe; Götter; Frech und fromm; Genie; Männer (1414)
- Huttens letzte Tage. Lyrisch-epische Dichtung; Das Amulett; Der Schuß von der Kanzel. Novellen (1460)
- Gustav Adolfs Page und andere Novellen: Der Heilige; Plautus im Nonnenkloster (1470)
- Die Hochzeit des Mönchs und andere Novellen: Das Leiden eines Knaben; Die Richterin (1480)

MEYER, CONRAD FERDINAND *(Fortsetzung)*
- Die Versuchung des Pescara; Angela Borgia. Novellen (1490)

MÖRIKE, EDUARD: Ausgewählte Werke in 2 Bänden:
- Erzählungen und Gedichte: Mozart auf der Reise nach Prag; Das Stuttgarter Hutzelmännlein; Lucie Gelmeroth; Ausgewählte Gedichte (414)
- Maler Nolten. Ein romantischer Künstlerroman (790/91)

NIETZSCHE, FRIEDRICH: Gesammelte Werke in 11 Bänden:
- Die Geburt der Tragödie aus dem Geiste der Musik (587)
- Unzeitgemäße Betrachtungen (1472/73)
- Menschliches, Allzumenschliches I (676/77)
- Menschliches, Allzumenschliches II (741/42)
- Morgenröte (7505)
- Die fröhliche Wissenschaft (569/70)
- Also sprach Zarathustra (KL 252)
- Jenseits von Gut und Böse (990)
- Zur Genealogie der Moral (991)
- Der Fall Wagner; Götzendämmerung; Nietzsche contra Wagner (1446)
- Der Antichrist; Ecce Homo; Dionysos-Dithyramben (7511)

Zur Ergänzung dieser Ausgabe ist erschienen:
Nietzsche. Sein Leben in Selbstzeugnissen, Briefen und Berichten. Von Friedrich Würzbach (1753/54)

RAABE, WILHELM: Ausgewählte Werke in 3 Bänden:
- Der Hungerpastor (2454/55)
- Abu Telfan oder die Heimkehr vom Mondgebirge (1875/76)
- Die schwarze Galeere und andere Erzählungen: Aus dem Lebensbuch des Schulmeisterlein Michel Haas; Die schwarze Galeere; Holunderblüte; Die Gänse von Bützow (1750)

SCHOPENHAUER, ARTHUR: Ausgewählte Werke in 2 Bänden:
- Aphorismen zur Lebensweisheit (7519)
- Auswahl aus seinen Schriften. Aus dem Inhalt: Erkenntnistheorie; Religion; Erotik; Ästhetik; Moral; Freiheit des Willens; Geschichte und Literatur; Politik (837)

STIFTER, ADALBERT: Ausgewählte Werke in 10 Bänden:
- Studien I: Der Kondor; Feldblumen; Das Heidedorf; Der Hochwald (964)
- Studien II: Die Narrenburg; Die Mappe meines Urgroßvaters (994)
- Studien III: Abdias; Das alte Siegel; Brigitta (1306)
- Studien IV: Der Hagestolz; Der Waldsteig (1312)
- Studien V: Zwei Schwestern; Der beschriebene Tännling (1313)
- Bunte Steine: Granit; Kalkstein; Turmalin; Bergkristall; Katzensilber; Bergmilch (1375)
- Die drei Schmiede ihres Schicksals und andere Erzählungen: Der Waldgänger; Prokopus (1376)
- Der Waldbrunnen und andere Erzählungen: Nachkommenschaften; Der Waldbrunnen; Der Kuß von Sentze; Der fromme Spruch (1377)
- Der Nachsommer. Eine Erzählung (1378/79/80)
- Briefe (1381)

STORM, THEODOR: Ausgewählte Werke in 5 Bänden:
- Immensee und andere Novellen: Im Saal; Ein grünes Blatt; Im Sonnenschein; Auf dem Staatshof; Auf der Universität; Von jenseit des Meeres; Draußen im Heidedorf (7524)
- Pole Poppenspäler und andere Novellen: Beim Vetter Christian; Viola tricolor; Psyche; Aquis submersus (1410)
- Die Söhne des Senators und andere Novellen: Carsten Curator; Eekenhof; Zur Chronik von Grieshuus (1411)

STORM, THEODOR *(Fortsetzung)*
– Der Schimmelreiter und andere Novellen: Ein Fest auf Haderslevhuus; Ein Bekenntnis (1412)
– Gedichte und Märchen: Der kleine Häwelmann; Hinzelmeier; Die Regentrude; Bulemanns Haus u. a. (1413)

TIECK, LUDWIG: Ausgewählte Werke in 3 Bänden:
– Liebesgeschichte der schönen Magelone und des Grafen Peter von Provence und andere Erzählungen: Liebesgeschichte der schönen Magelone und des Grafen Peter von Provence; Die Geschichte von den Haimonskindern; Der getreue Eckart und der Tannenhäuser (2474)
– Der blonde Eckbert und andere Novellen: Der blonde Eckbert; Die Freunde; Der Runenberg; Liebeszauber; Die Elfen; Der Pokal (2558)
– Franz Sternbalds Wanderungen. Eine altdeutsche Geschichte (2597/98)

UHLAND, LUDWIG: Dichtungen und Schriften: Gedichte; Abhandlungen über die deutschen Volkslieder; Für ›zeitweilige‹ Wahl des Reichsoberhauptes; Briefe (1399)

WIELAND, CHRISTOPH MARTIN: Ausgewählte Werke in 6 Bänden:
– Oberon. Mit Goethes Rede »Wielands Andenken in der Loge Amalia« (1533/34)
– Musarion und andere Verserzählungen: Musarion; Das Urteil des Paris; Geron der Adeliche; Das Sommermärchen; Hann und Gulpenheh; Pervonte (1535)
– Geschichte des Agathon (1536/37/38)
– Die Abenteuer des Don Sylvio von Rosalva (1539/40)
– Menander und Glycerion; Krates und Hipparchia (1541)
– Geschichte der Abderiten (1542/43)

Goldmann Taschenbücher sind mit über 4000 Titeln die größte deutsche Taschenbuchreihe. Jeden Monat etwa 25 Neuerscheinungen. Gesamtauflage über 138 Millionen.

Aus dem WILHELM GOLDMANN VERLAG
8 München 80, Postfach 80 07 09 bestelle ich
durch die Buchhandlung

Anzahl	Titel bzw. Band-Nr.	Preis

Datum: Unterschrift:

4807 · 7049 · 3.000

Bitte mit
Postkarten-
Porto
frankieren.

Wilhelm Goldmann Verlag

8000 MÜNCHEN 80

Postfach 80 07 09